本书由福建商学院学术著作出版基金；福建商学院人才竞争力创新团队项目；福建商学院管理能力提升系列课程开发与建设项目资助出版

三维创业资本

对返乡农民工创业坚持的影响研究

黄美娇 ◎ 著

吉林大学出版社

·长春·

图书在版编目（CIP）数据

三维创业资本对返乡农民工创业坚持的影响研究 / 黄美娇著 . -- 长春：吉林大学出版社，2024.9.
ISBN 978-7-5768-4334-7
Ⅰ . F249.214；D669.2
中国国家版本馆 CIP 数据核字第 2024XX9192 号

书　　名：三维创业资本对返乡农民工创业坚持的影响研究
　　　　　SANWEI CHUANGYE ZIBEN DUI FANXIANG NONGMINGONG
　　　　　CHUANGYE JIANCHI DE YINGXIANG YANJIU

作　　者：黄美娇　著
策划编辑：李伟华
责任编辑：李伟华
责任校对：王　曼
装帧设计：中北传媒
出版发行：吉林大学出版社
社　　址：长春市人民大街 4059 号
邮政编码：130021
发行电话：0431-89580036/58
网　　址：http://www.jlup.com.cn
电子邮箱：jldxcbs@sina.com
印　　刷：三河市龙大印装有限公司
开　　本：787 mm × 1092 mm　　1/16
印　　张：19.25
字　　数：275 千字
版　　次：2025 年 6 月　第 1 版
印　　次：2025 年 6 月　第 1 次
书　　号：ISBN 978-7-5768-4334-7
定　　价：99.00 元

版权所有　翻印必究

前　言
PREFACE

近年来，我国返乡创业活动蓬勃发展，但随着同业竞争加剧以及在经济新常态下的结构性减速，许多返乡创业农民工面临着一些挫折与挑战。面对由这些内外环境变化所带来的挑战、挫折甚至创业失败，为什么有些返乡创业农民工会坚持下来促进企业成长而获得成功，有些农民工却在中途放弃？驱动少数返乡创业农民工坚持创业的因素和内在机制是什么？

实践和研究表明，创业坚持是创业成功的重要因素。初创企业的存活和长期发展依赖于创业者自身的资本存量。通常拥有丰厚创业资本的返乡创业农民工表现出更多的创业坚持行为。研究他们的人力资本、社会资本和心理资本状况，挖掘他们的行为特质，对培养新型农业创业人才、带动农业转型发展和实现乡村振兴，具有重要的历史意义和现实意义。因此，如何通过优化创业资本促进返乡创业农民工的创业坚持行为，以实现创业成功并持续助力乡村振兴，是实业界、理论界与各级政府亟待解决的重要问题。

返乡农民工创业者的资源禀赋包括人力资本、心理资本和社会资本，是影响农民工心理与行为的核心资本，在他们返乡创业的过程中发挥着重要的作用。本书旨在理清返乡农民工创业者人力资本、心理资本和社会资本等三大创业资本的内涵以及彼此之间的动态转化关系，探讨它们对返乡农民工创业者创业坚持行为的影响机理及获取途径，旨在为促进微观层面的返乡农民工创业者的创业活动和宏观层面的创业政策制定提供理论支持和实践指导。

本书深入探讨了三个核心议题：第一，分析三维创业资本的协同关系；第二，探究创业资本和创业坚持行为之间是否存在转化路径；第三，研究社会因素或者个体因素在创业资本推动创业坚持行为的过程中产生的影响。为了深入剖析上述问题，本书基于心理资本理论、社会资本理论、人力资本理论、社会认知理论、期望理论和社会支持理论，并结合探索性生命叙事访谈的结论，构建了一个理论框架，旨在为分析返乡农民工三维创业资本助力创业坚持行为提供实证支持与实践启示。

全书结合理论与实际，并进行系统分析，希望能为从事创业领域的理论研究者与实践者提供有价值的参考。本书由福建商学院学术著作出版基金、福建商学院人才竞争力创新团队项目、福建商学院管理能力提升系列课程开发与建设项目共同资助出版。本书依托福建商学院企业创新发展研究中心，得到了众多学术界、返乡创业朋友、地方政府的大力协助与支持，在此表示衷心的感谢。本书适合大中专院校师生、社会各界管理人员及研究人员学习参考。

黄美娇

2024 年 12 月

目 录

1 绪 论 …………………………………………………………… **001**

    1.1 研究背景与问题 ……………………………………………… 001

    1.2 研究对象与目标 ……………………………………………… 004

    1.3 研究意义与创新 ……………………………………………… 006

    1.4 研究思路与研究方法 ………………………………………… 009

    1.5 章节结构 ……………………………………………………… 013

    1.6 本章小结 ……………………………………………………… 015

2 文献综述与概念界定 …………………………………………… **016**

    2.1 关于返乡创业农民工的研究综述 …………………………… 016

    2.2 关于创业坚持行为的研究综述 ……………………………… 019

    2.3 关于创业心理资本的研究综述 ……………………………… 024

    2.4 关于创业人力资本的研究综述 ……………………………… 028

    2.5 关于创业社会资本的研究综述 ……………………………… 032

2.6 关于创业认知的研究综述 ……………………………… 036
2.7 关于创业能力的研究综述 ……………………………… 039
2.8 关于创业认同的研究综述 ……………………………… 041
2.9 关于预期后悔的研究综述 ……………………………… 043
2.10 关于社会支持的研究综述 …………………………… 045
2.11 本章小结 ……………………………………………… 047

3 理论基础与概念模型构建 ……………………………… 048

3.1 理论基础 ……………………………………………… 048
3.2 概念模型的构建 ……………………………………… 060
3.3 本章小结 ……………………………………………… 067

4 返乡创业农民工创业现状及特征分析 ………………… 068

4.1 返乡创业农民工创业现状分析 ……………………… 068
4.2 返乡创业农民工创业动态分析 ……………………… 072
4.3 返乡创业相关变量的描述性分析 …………………… 076
4.4 返乡创业农民工创业差异分析 ……………………… 079
4.5 返乡创业农民工创业存在的问题 …………………… 086
4.6 本章小结 ……………………………………………… 088

5 创业心理资本对返乡创业农民工创业坚持行为的影响研究 ……………………………………………………… 090

5.1 问题提出 ……………………………………………… 090
5.2 立论依据与研究假设 ………………………………… 092
5.3 研究设计与变量测量 ………………………………… 104

5.4 实证分析与结果讨论 …………………………………… 130

5.5 假设验证结果与结论讨论 ……………………………… 153

5.6 本章小结 ………………………………………………… 161

6 创业人力资本对返乡创业农民工创业坚持行为的影响研究 …………………………………… **162**

6.1 问题提出 ………………………………………………… 162

6.2 立论依据与研究假设 …………………………………… 163

6.3 研究设计 ………………………………………………… 168

6.4 实证研究及假设验证 …………………………………… 171

6.5 主要结论与讨论 ………………………………………… 177

6.6 本章小结 ………………………………………………… 179

7 创业社会资本对返乡创业农民工创业坚持行为的影响研究 …………………………………… **181**

7.1 问题提出 ………………………………………………… 181

7.2 立论依据与研究假设 …………………………………… 183

7.3 研究设计 ………………………………………………… 186

7.4 实证研究及假设验证 …………………………………… 189

7.5 主要结论与讨论 ………………………………………… 197

7.6 本章小结 ………………………………………………… 199

8 返乡创业农民工三维创业资本的协同关系与发展 ………… **200**

8.1 协同理论 ………………………………………………… 201

8.2 返乡农民工三维创业资本的协同关系 ………………… 202

　　　　8.3　创业心理资本对创业社会资本、创业人力资本
　　　　　　的巩固协同……………………………………… 204
　　　　8.4　创业人力资本对创业社会资本、创业心理资本
　　　　　　的巩固协同……………………………………… 206
　　　　8.5　创业社会资本对创业人力资本、创业心理资本
　　　　　　的巩固协同……………………………………… 208
　　　　8.6　本章小结………………………………………… 211

9　三维资本视角下促进返乡创业农民工
创业坚持行为的策略…………………………………… 212
　　　　9.1　促进创业坚持行为的内部驱动措施…………… 212
　　　　9.2　促进创业坚持行为的外部支持措施…………… 222
　　　　9.3　本章小结………………………………………… 227

10　研究结论与展望………………………………………… 229
　　　　10.1　研究结论……………………………………… 229
　　　　10.2　研究不足……………………………………… 235
　　　　10.3　研究展望……………………………………… 236

参考文献　…………………………………………………… 238

附　　录　…………………………………………………… 278

后　　记　…………………………………………………… 297

1 绪 论

1.1 研究背景与问题

1.1.1 研究背景

农民工就业、创业一直是国家"三农"政策的重要主题。在政策鼓励和乡村环境日益改善的背景下,随着经济形势下行、传统行业升级、城镇就业压力增加,越来越多的农民工选择返乡创业,希望通过自主创业获得更多收益。特别是国家出台并实施了一系列的"三农"优惠政策后,城乡间的技术、资金、信息、产品等各类要素的流通,打开了农村农业发展的新局面,吸引了大量有经验、有资源和创新思维的人才回归故里,投身于创业创新的浪潮中。返乡创业已经成为与城市创业并驾齐驱的创业选择。近年来,以"70后"和"80后"为代表的农民工群体,不仅拥有丰富的工作经验和资金,而且对农村情况和城市经济都有深刻的理解。他们既懂得生产,也了解市场需求,成为新时代促进乡村振兴的生力军。他们不仅解决了自身及家庭的就业和增收问题,也解决了一部分农村剩余劳动力的就业问题。农民工返乡创业或者就近开展创业创新活动，可以优化农村经济、产业发展格局，有效缓解农村"空心化"现象，是巩固脱贫攻坚成果、促进乡村振兴的有效路径。

当前，农民工返乡创业的行动在广阔县域、乡（镇）和乡村地区蓬勃发展，呈现出一片生机勃勃的景象。然而，与此同时，中止或退出返乡创业活动的农民工的比例也居高不下。由于创业本质上属于高风险、高失败率的经济活动，加之与城市创业相比，由于返乡创业农民工在资金、技术、心态等方面存在不足，返乡创业项目存在市场规模小和人才支撑不足的问题，以及县、乡（镇）、村地域情况、资源、设施、政策等方面存在差异，返乡创业之路更加艰辛。这些物质压力和心理压力使得返乡创业农民工在创业过程中经常遭遇各种挫折，由此产生的巨大创业压力，迫使部分返乡创业农民工萌生退意，转而从事农业或是再次外出务工。返乡创业是一个复杂、漫长且艰辛的过程，充满着各种困难、压力、阻碍和诸多不确定性，但是仍有一些返乡创业农民工坚持并获得了创业成功。实践证明，创业坚持可以显著提高创业者的成功概率。张秀娥等（2021）的研究证实了创业坚持行为与创业成功之间存在密切的正相关关系。因此，寻找促进农民工返乡创业坚持行为并获得创业成功的路径，是实现返乡创业农民工自身发展和为农业农村持续发展注入新动力的重要课题。同时，研究创业坚持行为的影响因素也变得至关重要。

大量的理论与实践研究成果表明，初创企业的生存和长期发展依赖于创业者自身的资本存量。在创业者复杂的资本构成中，心理资本、人力资本与社会资本尤为关键。现有研究更多是围绕创业者某一方面的创业资本来展开。资源是创业的关键，创业者的主要任务之一是寻求、获取并有效利用各种必需和适当的资源。创业者的资源禀赋包括社会资本、心理资本和人力资本，因此创业资本是这三者的综合体现。那么，这三个维度的创业资本具体包含哪些内容？它们究竟如何影响创业坚持的过程，各自的获取途径是什么？目前，相关研究相对缺乏。拥有积极的心理状态、丰富的社会资本，以及良好的人力资本的返乡农民工创业者，更能敏锐地感知创业的内外部环境，并更倾向于坚持创业以实现创业成功。积极的心理状态是促进农民工返乡创业成功的关键心理资本，是激发返乡创业农民工优化创业认知的内生动力，更是其创业坚持行为的核心驱动力；丰富的社会资本有助于返乡创业者获得更多的社会支持，增强对创业的认同感，从而激发创业坚持行为的产生；良好的人力资本能够优化创业者的个人能力，成为创业行为持续进行的内在动因。优化和扩大返乡创业农民工三维创业资本的构成和规模，将有效推动返乡创业的持续发展。

在农村创业研究领域，目前的研究主要集中在对返乡农民工创业的定性上，关于返乡创业经验的实证研究相对较少。现有的研究模型解释力不足，主要的关注点在于返乡创业者的返乡创业意愿及影响因素，或者创业绩效的短期表现，而对创业的长期可持续性，缺乏深入分析。现有研究无法全面了解返乡农民工的创业生态及持续创业潜力。鉴于创业坚持是创业成功的关键，探索哪些因素会对创业坚持产生影响，以及这些因素如何作用，具有重要的现实意义。因此，对创业坚持的研究成为国内外创业领域探索的新方向。本书旨在探索促进农民工返乡创业坚持行为的深层机理，通过分析创业心理资本、社会资本、人力资本之间的关系及其对创业坚持行为的影响，尝试找到促进理性创业坚持行为的新路径。

1.1.2 研究问题

本书主要对以下问题进行研究：一是由于返乡农民工创业者的创业心理资本、创业人力资本、创业社会资本是创业成功的资源保障，但是三者间的作用路径及关系尚不明确，需要深入研究三者间的协同发展以促进创业成功。二是关于创业心理资本、创业人力资本和创业社会资本三者对返乡农民工创业坚持行为的影响的唯一性需要进一步探讨。同时，是否存在不同的影响路径？如果存在不同的影响路径，需要明确这三者对返乡创业农民工的创业坚持行为作用路径的理论基础和具体路径，并考察是否有其他潜在影响因素。三是基于三维创业资本，如何有效探索促进创业坚持行为的策略和方法。具体而言，从返乡农民工创业者自身发展及外部支持两个维度出发，结合创业心理资本、人力资本、社会资本三个层面，探索并提出促进理性创业坚持行为的有效途径。本书重点关注农民工返乡创业者长远发展及创业活动的持久性，进而探索农民工如何理性地坚持返乡创业，提出促进其创业坚持行为的策略，以助力乡村振兴。

1.2 研究对象与目标

1.2.1 研究对象

返乡创业农民工指拥有农村户籍，在城市务工或经商一段时间后，积累了一定的知识、技能、信息、资金后，受到自身、家庭、社会、政策等因素的综合影响，返回县域、乡（镇）、村进行个体、家庭经营或开办创业企业的创业者。

1.2.2 研究目标

本书围绕"创业心理资本、社会资本、人力资本如何影响返乡创业农民工创业坚持行为"这一核心议题，旨在达成以下四个关键目标：一是深度阐释三维创业资本的内涵及三者的相互关系，并明确它们之间的内在联系与互动机制。二是探索三维创业资本分别对创业坚持行为的影响机理，并剖析个体因素及社会环境因素在这一过程中的中介、调节作用。三是通过调查数据剖析返乡创业农民工创业现状。四是基于三维创业资本对创业坚持行为的影响路径提出驱动返乡创业农民工创业坚持行为的有效措施。为了实现上述目标，主要从以下三个方面开展研究。

第一，三维创业资本对创业坚持行为的直接和间接影响。一是从农民工的个体特征、创业项目及所处环境中归纳影响创业坚持行为的因素。二是重点提取返乡创业者心理及情绪变量，如创业认知、预期后悔、社会支持、创业认同、创业能力等。三是在总结和归纳提取影响因素作用机理的基础上，进一步提炼出三维创业资本各自影响农民工创业坚持行为的中介变量和调节变量。四是根据心理资本理论、社会资本理论、人力资本理论、社会认知理论、期望理论、社会支持理论的基础理论框架，探索生命叙事访谈结论，探究返乡农民工三维创业资本对其创业坚持行为的影响。本书以创业心理资本为自变量，以创业认知为中介变量，以预期后悔为调节变量，构建了返乡农民工创业者创业心理资本与创业坚持行为的关系模型，并提出研究假设；以社会资本为自变量，以社会支持和创业认同为中介变量，以创业坚持行为为因变量，构建了返乡农民工创业者社会资本与创业坚持行为的关系模型。

第二，三维创业资本间的相关关系及协同发展分析。一是简单介绍了协同理论的概念。二是分别分析了每类资本对另外两种资本的巩固协同作用，探索三者相互影响的路径关系，即通过研究三维创业资本的相互关系，建立三者协同发展的内在机制。

第三，基于三维创业资本探索促进返乡农民工创业坚持行为的策略。本书将基于创业心理资本、人力资本、社会资本三个视角，分别针对农民工返乡创业者个体层面和外部支持层面提出促进创业坚持行为的有效策略。

1.3 研究意义与创新

1.3.1 研究意义

（1）理论意义

坚持是创业成功的关键因素，学术界越来越关注创业者的创业坚持行为。由于创业活动的动态性和长期性，返乡创业农民工在追求创业目标的过程中所经历的强烈的情感体验会影响创业坚持行为。本书力求结合中国国情，从管理学、心理学、社会学的视阈出发，形成一种多角度的研究范式，并通过融合创业理论、心理资本理论、社会资本理论、人力资本理论、期望理论、社会认知理论、社会支持理论，以返乡创业农民工为研究对象，构建基于三维创业资本对创业坚持行为影响的理论框架，并期待在以下方面有所建树。

第一，在创业研究结果变量框架中，本书探讨了返乡创业农民工的创业坚持行为。以往的研究主要关注潜在农民工创业者是否选择返乡创业，即研究返乡创业意向，或者关注返乡创业的最终创业绩效，而很少将创业坚持行为纳入结果变量进行分析。本书聚焦于返乡创业农民工的创业坚持行为，立足于"资源禀赋与行为"的关系这一理论界长期研究的基础性问题，贴合返乡创业的实际情境，分析创业心理资本、社会资本、人力资本对创业坚持行为的基础性作用，这将为创业资本理论与创业理论的融合研究添砖加瓦。

第二，本书系统解析了返乡创业农民工所拥有的三大创业资本与创业坚持行为之间内在作用机理的"黑箱"，本书研究是对现有创业研究的进一步深化和拓展。现有研究主要从内外资源禀赋的角度分析其对创业坚持行为的直接影响，少有研究系统地探讨不同因素对创业坚持行为的影响路径。首先，积极的心理状态是促进农民工返乡创业成功的关键心理资本，是激发返乡创业农民工优化创业认知的内生动力，更是创业坚持行为的核心驱动力。其次，依据人力资本理论，创业者的人力资本涵盖隐性和显性的知识与信息，丰富的人力资本有利于创业者及时调动其积累的知识、经验，以对创业机会和创业活动做出判断与决策，进而影响创业过程和行为。然而，创业者的人力资本并不能直接转化为创业行为，只有当创业者将人力资本内化为创业需要的能力时，才能影响其创业行为。最后，创业者的资源局限是影响其不能坚持创业的主要原因，而创业者所拥有的社会资本是克服此局限的决定性因素，因此，那些拥有更广泛的社会关系网络所带来的社会资本、能够感受到更多来自外界的社会支持、对创业有强烈认同感的创业者会表现出更多的创业坚持行为。本书聚焦于创业者为何坚持或者放弃，并基于三大创业资本深入分析其对创业坚持行为的影响机理，旨在为塑造理性创业坚持行为提供理论基础。

（2）实践意义

本书的研究，正值国家大力推动乡村振兴与巩固脱贫攻坚成果的关键时期，具有鲜明的时代特色。本书旨在探究返乡创业农民工三维创业资本对创业坚持行为的作用机理，并据此提出促进返乡创业农民工创业坚持行为的策略，这对促进农民工返乡创业成功具有重要的现实意义，具体如下。

第一，有助于为返乡创业农民工的创业坚持行为提供理论指导，有利于激发返乡创业农民工在个体层面上进行创业心理资本、社会资本、人力资本建设，从而有效提高创业认知水平和创业能力，实现自我跃升，进而提高返乡创业成功率。

第二，有助于教育、培训工作者实现创业教育和创业培训的普及化和高级化。通过明确农民工返乡创业的现状，以及对创业心理资本、社会资本、人力资本对创业坚持行为影响机理的阐释。本书能够为返乡创业培训和教育方案提供科学依据，尤其是为心理辅导、培育创业知识和能力、搭建社会关系网络线上线下交流平台提供理论依据，进而增强返乡创业教育与培训的针对性和适用性。

第三，有助于为政府部门出台相关的返乡创业政策提供参考。例如，地方政府可通过开设培育返乡农民工创业者积极心理和情绪的课程、提供学习创业知识和创业技能的线上平台、优化返乡创业环境等促进返乡农民工创业者三维资本的提升。通过这些政策支持，返乡创业农民工能够在培训中优化自身资本存量，同时借助政府的支持政策推动创业活动的持续开展。

1.3.2 研究创新

本书的创新点主要体现在以下三个方面。

第一，研究视角的创新。一是从创业心理资本、人力资本、社会资本的角度研究返乡农民工创业者的三维创业资本及其对创业坚持行为的影响。通过明确三大创业资本的内涵及关系，不仅优化了创业资本的内涵及外延，而且弥补了以往研究中单一资本的局限性。二是抛开了传统对创业者创业绩效和创业成功的关注，转而分析创业可持续性问题，是对创业结果变量分析的有效尝试。

第二，研究内容的创新。本书探索了创业资本在农民工返乡创业过程中的多重影响机理，并关注返乡创业农民工的心理发展历程、社会资本和人力资本存量对其创业坚持行为的影响。一是探索了创业心理资本、创业认知与创业坚持行为之间的内在联系，并分析了预期后悔及社会支持情况的调节作用。二是探索了创业社会资本与社会支持、创业认同与创业坚持行为的关系，分析了社会支持和创业认同的双重中介作用，从而进一步丰富了创业资本与创业成果之间关系的研究。

第三，对策建议的创新。本书提出了旨在促进农民工创业坚持行为的内部驱动措施和外部支持措施。创业坚持行为对返乡创业活动的可持续性具有重要意义。鉴于目前关于通过增强创业心理资本、优化创业社会资本、寻求创业人力资本等视角促进创业坚持行为的研究文献相对较少，因此本书提出的相关对策建议具有一定的创新性。

1.4 研究思路与研究方法

1.4.1 研究思路

在对国内外相关研究成果进行综述的基础上，本书界定了返乡创业农民工、创业心理资本、创业社会资本、创业人力资本、创业坚持行为等概念的内涵和外延，并阐明了创业心理资本、创业社会资本、创业人力资本之间的协同关系。基于创业理论、心理资本理论、社会资本理论、人力资本理论、期望理论、社会认知理论、后悔调节理论、社会支持理论的核心观点，分别构建基于创业心理资本、创业社会资本、创业人力资本对返乡创业农民工创业坚持行为的影响机理理论模型，并进行数据调研、样本收集，运用 Spss 和 Amos 等数据分析软件，从直接、间接、调节作用等方面探究创业资本对返乡创业农民工创业坚持行为的作用机制，最后根据数据结果，从返乡创业农民工个体、家庭、伙伴、朋友，教育机构，政府及其他机构的层面提出促进创业坚持行为的配套措施。技术路线图如图 1-1 所示。

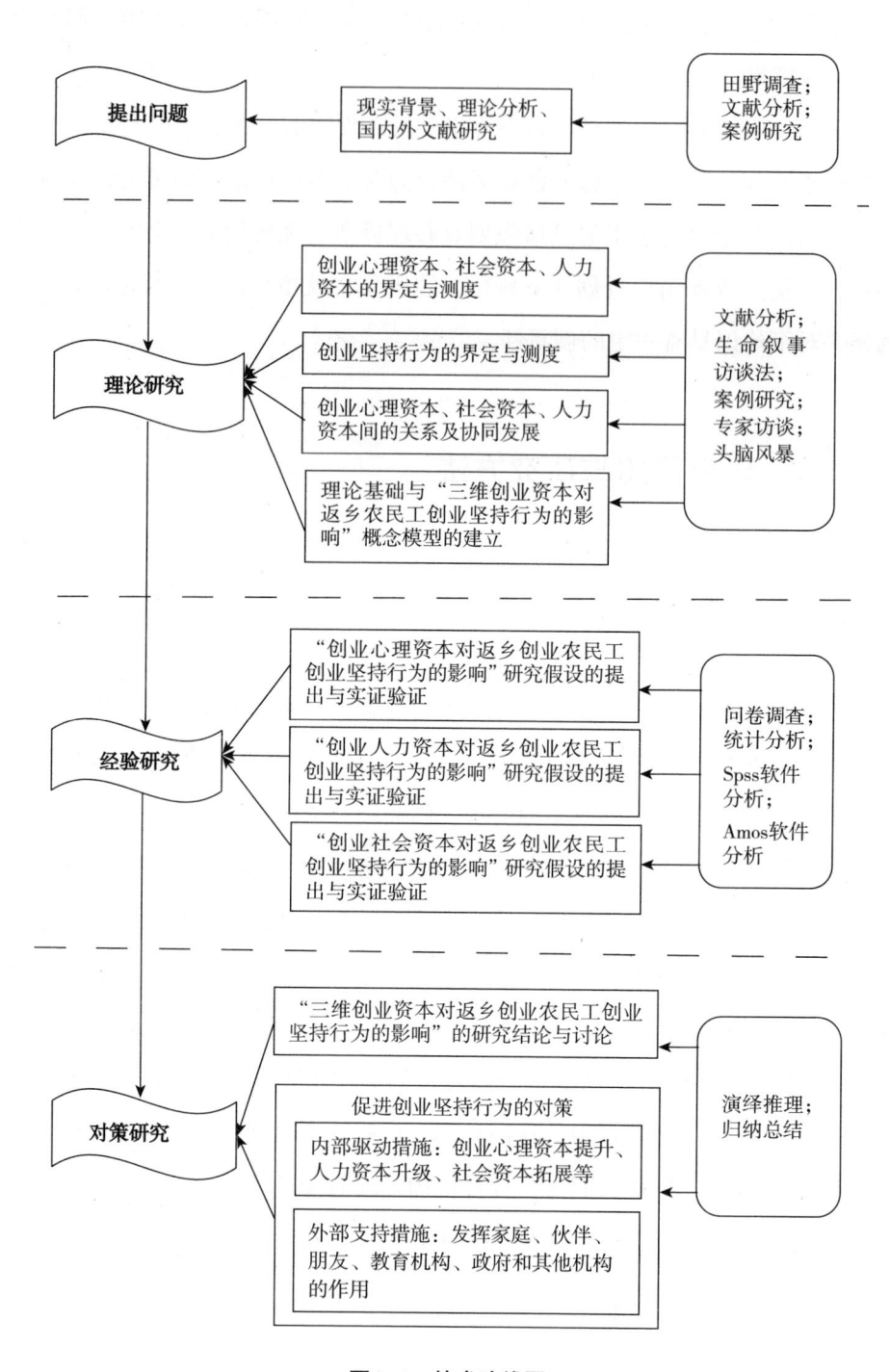

图1-1 技术路线图

1.4.2 研究方法

本书首先基于文献研究法、生命叙事访谈法，构建了初步的研究模型并进行理论推导；其次，采用大样本问卷调查法获得实证数据，并运用数据分析软件对样本数据进行深入分析，以验证研究模型中提出的假设，为制定相关对策提供了理论依据；最后，依据数据分析结果，对促进返乡创业农民工创业坚持行为的策略进行演绎，以确保对策的有效性。具体研究方法及其运用如下。

（1）文献研究法

本书以扎根理论为定性研究的框架，对创业领域的心理资本、社会资本、人力资本和创业坚持行为等关键概念，以及相关研究进行了深入的文献梳理。通过这一过程，本书不仅全面审视了现有文献的理论贡献和研究进展，而且揭示了研究的空白与不足，为后续的研究提供了明确的方向。在此基础上，本书提炼出了核心议题，明确了研究的范围，并构建了坚实的理论基础。同时，本书对研究中的关键概念进行了严格界定，并确立了相应的测量维度，包括但不限于创业心理资本、创业社会资本、创业人力资本、创业能力、创业认知、创业坚持行为等，为后续的实证研究奠定了坚实的基础。通过这种系统化的文献综述，本书旨在填补现有的研究空白，为创业领域的学术探讨和实践应用提供新的见解和理论支持

（2）生命叙事访谈法

生命叙事访谈法作为一种定性研究手段，其核心价值在于深入揭示个体经历与行为背后的复杂心理和社会动因。本书采用此方法，旨在阐释返乡创

业农民工的创业坚持行为及其内在逻辑。研究团队在福建省内返乡创业活动较为活跃的县域，精心挑选并确定了若干具有代表性的访谈对象。通过制定详尽的访谈提纲，围绕访谈对象的返乡创业历程，开展了深入的叙事访谈，旨在挖掘和理解他们在创业过程中对心理资本、人力资本、社会资本的积累与运用，以及这些资本与返乡农民工创业坚持行为之间的相互作用。访谈内容聚焦于创业者的个人经历，包括他们所面临的挑战、做出的决策以及经历的关键转折点，从而揭示创业坚持行为背后的深层次因素。通过这些生动的创业叙事，本书力图构建一个多维度的理解框架，阐释创业心理资本、人力资本、社会资本与创业坚持行为之间的相互关系和作用机制。此外，访谈所得的数据将为后续理论框架的提出和问卷设计提供宝贵的第一手资料，确保研究的理论模型能够真实地反映返乡创业农民工的实际情况和需求。通过这种质性研究方法，本书旨在为创业领域的学术探讨和实践指导提供更为丰富和细致的见解。

（3）问卷调查与计量分析法

在本书中，采用问卷调查与计量分析法，以实证方式探究三维创业资本对创业坚持行为的影响。在问卷设计阶段，依据扎根理论的核心原则，对文献资料、历史案例和访谈资料进行细致的整理工作，以确保问卷量表的设计与理论紧密结合。在这一过程中，形成了问卷的初稿，并以此为基础开展小样本调研，旨在通过信度和效度分析对问卷进行预测试，并据此对问卷题项进行必要的修订和完善。随后，采用完善后的问卷进行大样本调研，以收集足够的数据支持后续的统计分析。在数据分析阶段，本书运用了 Spss 24.0 和 Amos 21.0 等先进的统计分析软件，对收集到的数据进行全面的计量分析。这一分析过程不仅包括描述性统计，还涉及多元回归分析、路径分析等复杂的统计方法，旨在从统计学的角度验证研究中提出的理论假设和研究推断。

（4）演绎推理与经验总结法

本书采用演绎推理与经验总结法，旨在将理论研究与实际创业实践紧密结合。演绎推理作为一种逻辑推理方法，允许研究者从一般的理论原则出发，通过逻辑推演得到具体的预测或结论。而经验总结法则侧重于从实际案例中提炼经验，形成可操作的策略和措施。本书首先通过归纳推理，从广泛的文献回顾、历史案例分析和深度访谈中提取出创业心理资本、创业人力资本、创业社会资本对创业坚持行为影响的关键要素。随后，运用演绎推理，将这些关键要素转化为可检验的理论假设，并通过问卷调查和计量分析法对这些假设进行实证检验。在经验总结法的应用上，本书通过对返乡农民工创业者访谈内容的梳理，总结出其坚持创业过程中的经验和教训。这些经验总结不仅丰富了理论模型的内涵，也为制定促进创业坚持行为的对策措施提供了实践指导。最终，本书期望通过结合演绎推理和经验总结法，提出一系列既有理论依据又有实践价值的对策措施，以有针对性地促进返乡农民工创业者的创业坚持行为，增加其创业成功率。这一过程体现了理论研究与实践应用的有机结合，为创业领域的学术研究和实践指导提供了新的视角和方法。

1.5 章节结构

第1章是绪论，主要介绍研究背景与问题、研究对象与目标、研究意义与创新、研究思路与研究方法等。

第2章是文献综述与概念界定。基于国内外创业领域的研究前沿，结合中国返乡创业农民工创业坚持行为、创业心理资本、创业人力资本、创业社会资本、创业认知、创业能力、创业认同、社会支持的研究现状开展研究综述，并明确相关概念及维度。

第3章是理论基础与概念模型构建。主要梳理了心理资本理论、社会资本理论、人力资本理论、社会认知理论、期望理论、社会支持理论、后悔调节理论的核心观点及其运用，并以以上理论为依托，提出本书的整体理论研究框架及子研究内容，进而为三维资本对创业坚持行为的影响的实证研究奠定理论基础。

第4章是返乡创业农民工的创业现状及特征分析。在综合分析我国目前返乡农民工创业现状的基础上，进行调研和分析，然后重点阐述农民工返乡三维创业资本及创业坚持行为的情况，为后续提出促进创业坚持行为的对策建议提供现实基础。

第5章是创业心理资本对返乡创业农民工创业坚持行为的影响研究。笔者对15位返乡农民工创业者进行了访谈，根据访谈结论梳理了本书涉及的关键概念的定义、测量方式，并梳理了概念间的逻辑关系，为后续实证研究奠定了坚实的基础。本书界定了创业心理资本的概念，依托心理资本理论、期望理论和社会认知理论、后悔调节理论，以创业心理资本为自变量，以创业认知为中介变量，以预期后悔为调节变量，构建了返乡创业农民工创业心理资本与创业坚持行为的关系模型；继而通过收集和分析520份有效问卷，对所获数据进行直接效应与间接效应的实证检验，从而验证了理论部分提出的假设。

第6章是创业人力资本对返乡创业农民工创业坚持行为的影响研究。此章以人力资本理论、期望理论、社会认知理论为基础，重点探索人力资本对创业坚持行为的直接和间接影响。此章以人力资本为自变量，以创业能力为中介变量，以创业坚持行为为因变量，构建了返乡创业农民工人力资本与创业坚持行为的关系模型；通过调研数据开展实证研究，验证了此章提出的基本假设。

第7章是创业社会资本对返乡创业农民工返乡创业坚持行为的影响研究。此章以社会资本理论、社会支持理论、社会认知理论为依托，重点探索社会资本对创业坚持行为的直接和间接影响。此章以社会资本为自变量,以社会支持为中介变量,以创业坚持行为为因变量,以创业认同为调节变量,构建了返乡创业农民工社会资本与创业坚持行为的关系模型;继而依托 344 份有效问卷,对所获数据进行实证分析,基本验证了理论部分提出的假设。

第 8 章是返乡创业农民工三维创业资本的协同关系及发展。首先,此章对协同理论的概念进行了简单介绍,其次,对创业心理资本、创业社会资本、创业人力资本间的关系进行了深入分析与探讨,以明确三维资本间的协同关系及作用机制。

第 9 章是三维资本视角下促进返乡农民工创业坚持行为的策略。结合本书前面几个部分的内容,依托数据结论和返乡创业农民工发展的现实需要,从创业心理资本、人力资本、社会资本三个视角,分别从农民工返乡创业者个体层面和外部支持层面提出促进创业坚持行为的有效策略。

第 10 章是研究结论与展望。主要内容是对本书的主要研究结论进行说明,并指出不足,最后提出研究展望。

1.6　本章小结

本章在研究背景的基础上,提出了研究问题,阐明了研究对象与目标,然后阐述了本书的理论意义、实践意义与创新点,并对研究思路和方法进行了分析。研究背景部分详细描述了返乡农民工创业的社会经济背景,以及创业坚持行为在其中扮演的关键角色。研究意义部分则从理论贡献和实践应用两个层面,论证了本书对丰富创业领域理论和指导返乡农民工创业实践的重要性。本章对本书的创新点也进行了展望,包括创新、研究内容创新和对策建议创新。此外,本章还详细介绍了本书的研究思路与研究视角、研究方法,包括文献研究法、生命叙事访谈法、问卷调查与计量分析法、演绎推理与经验总结法等。

2 文献综述与概念界定

本书以返乡创业农民工为研究对象,基于后创业阶段(非创业意向形成阶段),旨在深入探讨三维创业资本对创业坚持行为的影响机制。本章充分梳理了返乡创业农民工相关研究内容,并对本书涉及的相关变量,即创业坚持行为、创业心理资本、创业人力资本、创业社会资本、创业认知、创业能力、创业认同、预期后悔、社会支持的内涵、维度及其研究现状进行了详尽的阐释。此外,本章节对相关变量的概念、维度进行了明确的界定,继而为后续研究提供了理论基础。

2.1 关于返乡创业农民工的研究综述

创业活动在促进经济增长、降低贫困水平和促进乡村发展等方面发挥着重要作用。在国外研究中,研究主要集中在两个方面:一是围绕创业者在城市务工积累的资本和个人偏好等因素分析其对农村劳动力回流的影响;二是围绕影响农民创业、农村创业的因素。由于国外关于农村劳动力回流、农村创业、农民创业的研究都是基于特定的国家背景开展的，与国内农民创业，尤其是返乡农民工创业情境有显著差异，因此本章主要关注国内的相关研究。中国家庭追踪调查（CFPS）的数据显示，有14%具备视野、技术、资金和市场理解能力的农民工选择返回家乡创新创业。近年来，由于城镇经济的相对疲软，激发了更多的农民工返乡创业。农民工返乡创业行为是在新型城镇化及农业现代化背景下的一种人口流动新趋势，它充分体现了城乡一体化发展的实际成效。农民工返乡创业对缓解城镇就业压力、稳定增加农民收入、缩小城乡差距和推进乡村振兴战略具有重要意义，因此，各级政府越来越重视和支持该项工作，农民工返乡创业呈现出良好的发展态势。

2.1.1 返乡创业农民工的定义与特征

目前，关于返乡创业农民工的内涵尚没有统一明确的共识。多数研究认为返乡创业农民工是指出于各种原因返回家乡开展创业活动的农民工。例如，姚上海（2013）和郑永君等（2016）将返乡创业农民工界定为出于自身生计需求、实现自我的目标以及外部环境带来的机遇和压力，利用其在外务工所积累的资金、技术和信息等不同资源，返回乡村或城镇开展创业活动或者开展个体经营活动的农民工群体。马欣悦等（2018）同样从返乡动机的角度出发，将返乡创业农民工定义为在充分考虑内外部环境的情况下，综合自身拥有的资源和优势，返回农村或者城镇开展创业活动的拥有农村户籍的农民工。从学者们的研究成果中可以发现，农民工返乡创业是内外部因素共同作用的结果，不仅有外界环境和政策的吸引，也有自身乡土情结、实现自我价值和增加收入等因素的内在驱动。返乡创业农民工以青壮年劳动力为主，他们整体文化素质较高、创业意向较强，但是创业知识与经验相对缺乏，人力资本和心理资本较为不足。

综合相关对农民工的研究及目前对农民工的定义的演变，笔者将返乡创业农民工定义为拥有农村户籍，在城市务工或经商一段时间，积累一定的知识、技能、信息、资金后，受到自身、家庭、社会、政策等因素的综合影响，返回县域、乡（镇）、村进行个体、家庭经营或创办企业的创业者。

2.1.2 返乡创业农民工的相关研究

现有研究主要从影响农民工返乡创业的动机、创业意向、创业机会识别、创业绩效等因素进行研究，如分析返乡创业农民工的人口特征变量（性别、年龄等）、人力资本变量（受教育程度、创业经验、培训经验等）、社会资本变量（社会网络、网络嵌入等）、所处外部环境（制度环境、政策环境等）等因素对其返乡创业活动的影响。农民工主要是受外在因素、内在因素和利益因素的共同驱动而主动选择返乡创业。返乡创业能让农民工获得更多的收益，既包括个人的收益（增加家庭的经济收入、实现家人团聚的幸福感、获得事业上的成就感），又包括社会层面的收益（带动更多农民就业增收，激发村民的创业热情；为农村经济发展带来新的活力；推动农村基础设施、精神风貌建设；巩固脱贫攻坚成果等），这些收益既涉及物质层面，也关乎精神层面。那些拥有更多社会网络资源的返乡农民工有更多的返乡创业热情，有城市务工经验和相关创业培训经验的农民工返乡创业意向更强烈。返乡农民工个人教育、务工经历以及创业培训对创业行为有显著影响。

2.1.3 返乡创业农民工的相关研究述评

综上所述，当前学术界的研究重点在于探讨返乡创业农民工返乡创业意向、创业动机的形成等前创业阶段，而对创业行为发生之后的后创业阶段的研究相对较少。此外，从三维创业资本视角出发，研究农民工返乡创业行为的文献也不多见，尤其是缺乏对创业心理资本、创业人力资本、创业社会资本如何影响返乡创业农民工创业坚持行为的深入探讨。现有研究尚未能充分回答"为什么有些返乡创业农民工能坚持下来达到创业成功,而有些却不能?"等问题,也未能充分揭示返乡农民工的创业过程及内在机理。目前,学术界越来越倾向于通过多学科融合探索创业问题,更关心创业者要拥有什么样的资源禀赋或者资本才能更有效地解决在创业过程中遇到的问题。本书拟从创业资本入手,分析创业坚持行为的理论背景。

2.2 关于创业坚持行为的研究综述

在创业研究领域,学者们更多关注创业者的创业绩效,即事业的"高度",而对创业者的创业坚持,却少有人关注,而"永不言弃"的精神,实际上可能是创业者的"非官方座右铭"。在创业过程中,创业坚持行为会增加那些致力于实现目标的创业者成功的概率。创业坚持行为是一种以目标为导向的行为,其目的是创建并维持一家企业,确保其在创业后期阶段的持续发展。创业之路充满着各种艰辛、不确定性和挑战,通常只有那些能够坚持不懈追求目标的创业者才更有可能获得成功。尽管创业坚持不一定会获得成功,但创业坚持对创业者是极其重要的,并且已经成为创业研究的重要议题之一。

2.2.1 创业坚持行为的内涵与维度

(1)创业坚持行为的内涵

坚持是创业者创业成功的关键,即使在不利的环境中,坚持行为可以为企业带来卓越的财务业绩。以往研究将创业坚持视为一种增强创业持续性动机的特质。同样,也有研究将坚持视为应对逆境的一种控制感,指出创业者相较于非创业者,往往有更强的控制感。而以 Gimeno 等(1997)和

Detienne 等（2008）为代表的学者，他们把坚持视为一个复杂的决策过程，它是人和环境共同作用的结果。Holland（2008）将创业坚持视为一个决策过程，其核心在于继续创业的基本选择，其响应了 Shane 等（2003）的研究，即通过动机来区分那些继续追求机会的人和那些放弃努力的人。本书倾向采纳 Wu 等（2007）的研究成果，该研究超越了特质论、控制感及决策结果的视角，认为创业坚持是基于"时间"和"逆境"的"坚持行为"。其中，从时间角度看，创业坚持是指从机会识别到机会开发的过程中创业者表现出的持续不懈的努力；从逆境角度看，创业坚持是指创业者在面对创业逆境时的坚持行为。国内学者也开始探索创业坚持的相关研究，吕斐斐等（2017）认为，创业坚持是指创业者在面对其他有利选择的干扰时，依然坚定不移地追求创业机会直到创业成功的行为选择。张秀娥（2018）认为，创业坚持是创业者为了实现创业成功，而不断努力的坚持行为。在国内研究中，也出现了与创业坚持相近的概念，如强调对创业的认同和情感投入的创业承诺，或是身处逆境时可以持之以恒并迅速复原以取得成功的心理韧性，以及对长期目标的热情和坚持的毅力。

本书认为创业坚持是一个可供深入考察的行为变量，而非心理变量。参考 Wu 等（2007）、Holland 等（2013）的研究，本书将创业坚持行为界定为创业者长时间追求先前选定的创业机会，而且能够在遇到困难时依旧追求实现该机会的努力行为。

（2）创业坚持行为的维度

创业坚持行为一直以来被视为单维度变量，学者们采用了不同的测量方式对创业坚持行为进行测量。Wu 等（2007）从二分变量的角度来测量创业坚持行为，通过询问被试者"是否依然追求在三个月前所设定的目标和想法？"来测量创业坚持行为，被试者仅需回答"是"或"否"。Detienne 等（2008）则通过询问被试者"未来打算如何处理经营不善的公司？"来测量创业坚持行为,并采用李克特11点量表给出了11个不同程度的回答(即从"肯定在市场中留存"到"坚决不继续经营"),以此来评估被试者的创业坚持程度。Holland等(2013)用"您继续当前业务的可能性有多大?"的问题来测量创业坚持行为,并采用李克特9点量表(即从"不大可能继续"到"非常可能继续")评估被试者的创业坚持程度。Cardon等(2015)、Adomako等(2016)、黎常等(2018)、张秀娥等(2019)则采用Baum等(2004)的6题项量表中的6道或3道题来测量被试的创业坚持行为,如"当别人劝我放弃时,我仍然要继续克服困难完成工作"等问题。而吕斐斐等(2017)从三个方面考察创业坚持行为,包括对管理权、股权、贯彻企业方针等方面的坚持。可见,对创业坚持行为的测量更多采用自我评价的方式,而近年来的研究多采用Baum等(2004)的6题项量表。本书拟采用该研究成果对创业坚持行为进行测量。

2.2.2　创业坚持行为的相关研究

学界对创业坚持行为的前置因素、形成过程、结果做了初步探索,具体如下。

(1)对创业坚持行为前置因素的研究

为提升创业者的决策智慧,现有研究关注驱动创业坚持行为的因素。创业者的个人特质和外部环境因素均会影响其创业坚持行为。具体而言,如创业者的人口统计变量(如年龄、受教育程度、家人是否创业等)、积极的心理状态或者情绪(如成就需求、自我效能感、乐观情绪、创业激情、创业幸福感、角色认同、承诺等)均会对创业坚持行为产生影响。相关研究已证实,积极的心理状态或情绪能够激发创业者更多的创业坚持行为,如幸福感常被用来解释创业者在创业过程中在没有获得较多的盈利的情况下依然会坚持下来的主要原因,并被视为创业失败后选择持续创业的突破口。对创业成功的期望与价值评估也会影响创业坚持行为。Holland等(2011)基于期望理论,通过联合实验研究了效价(继续创业的预期结果的吸引力)和期望(实现这些结果的相对概率)在决定创业者是否继续创业时的作用,发现期望和效价与创业坚持行为密切相关,当期望值和效价均处于高水平时,坚持创业的动机更加强烈。创业者对创业活动的承诺升级也会影响创业坚持行为。创业者的人力资本(先前经验)和社会资本变量对其创业坚持行为具有显著的正向影响。此外,环境复杂性和环境动态性会动摇创业者坚持下去的决心,而有利的外部环境能够促使创业者保持坚持不懈。Holland等(2013)在其研究中指出,逆境对创业坚持决策具有直接的负面影响,环境越复杂,创业者坚持下去的可能性越低。Detienne等(2008)的研究探讨了可能影响创业者创业坚持行为的因素,认为对外部环境的感知、个人投资水平、个人选择的可用性、组织效能都在创业者决定是否继续经营业绩不佳的公司方面发挥了作用。

(2)关于创业坚持行为形成过程的研究

Holland(2008)依据期望理论,研究了逆境和价值观对105名创业者的创业坚持行为的影响。研究结果表明,创业坚持会因创业者所经历的逆境程度和持有的不同的个人价值观而存在差异。在高逆境情境下,创业者选择坚持的可能性更小(见图2-1)。Cardon等(2015)提出了一个研究模型,论证了创业效能感通过创业热情(包括创新热情、创建热情和发展热情)影响创业坚持行为,并识别了创业热情的中介作用。Adomako等(2016)以创业者乐观为自变量,以创业坚持行为为因变量,以创业认知方式为调节变量,构建了创业乐观对创业坚持行为的影响模型,通过实证研究发现创业乐观对创业坚持行为有积极影响,以及创业认知方式发挥正向调节作用。Klyver等(2017)将社会支持分为工具性支持和情感性支持,并分析了社会支持对创业坚持行为的影响，并以创业阶段和创业者年龄作为调节变量，探讨了其限制性影响。国内学者宣星宇（2017）构建了一个研究模型，该模型探讨了创业学习通过创业能力影响创业坚持行为，并且通过实证检验验证了模型的有效性。此外，也有研究从创业激情、创业效能感、社会支持等方面分析了其对创业坚持行为的影响，吕斐斐等（2017）探索了家族期望对创业坚持的影响，并考虑"参考点"的调节作用。

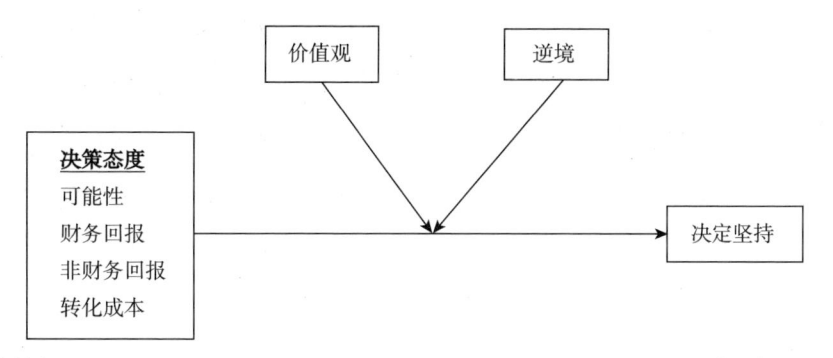

资料来源：HOLLAND D V, GARRETT R P, 2015. Entrepreneur start-up versus persistence decisions: a critical evaluation of expectancy and value [J]. International Small Business Journal, 33(2), 194-215.

图2-1 创业坚持模型

（3）关于创业坚持行为的结果研究

创业坚持行为与实现创业成功目标紧密关联。创业坚持给予创业者更多的时间来应对创业中的难题，是创业者获得创业成功的关键。国内已有实证研究证实，在创业激情对创业成功的影响机理中，创业坚持起中介作用。学术界普遍认为创业坚持对创业绩效具有积极且显著的影响，但创业坚持可能导致负面后果。例如，对失败创业活动的持续投入，可能会导致创业者增加投资，最终可能导致资源浪费，或者将资源分配给一个没有成果的机会（如果这些资源可以得到更有效的利用），这可能会给创业者带来高昂的代价。尽管创业坚持存在一定的负面影响，但是本书立足创业研究主流，肯定了创业坚持行为的积极作用，并在对策研究中提倡优化理性创业坚持行为。

2.2.3 创业坚持行为的相关研究述评

综上所述，国内外对创业坚持行为的研究包括创业坚持行为的内涵、测量、前置因素、形成过程、结果等多个方面，但研究数量较少且较为分散。本章认为，创业坚持行为并非返乡农民工创业者一时兴起或者在激情驱动下的盲目行为，而是返乡农民工创业者在综合考虑内外部环境的情况下，经过充分评估后的理性行为。坚持是创业成功的关键，探究创业坚持过程中涉及的影响因素及其作用机理，对返乡创业农民工具有重要的实际意义。本章关注返乡创业农民工的创业坚持行为，将基于现有研究，重点从个体资源禀赋，尤其是从创业心理资本、创业人力资本、创业社会资本等方面入手，从创业资本角度系统地分析其对创业坚持行为的影响及作用机理，旨在为创业坚持研究领域做出一定的贡献。

2.3 关于创业心理资本的研究综述

众多返乡创业农民工在明知创业面临风险和压力，甚至会遭遇失败的情况下，却执着地坚持创业的原因是什么？哪些因素赋予了返乡创业农民工承担在创业过程中的不确定性的勇气？在企业创立的不同时期，人力资本和社会资本发挥了不同的作用。然而，整个创业过程始终离不开创业者心理资本的支撑，心理资本不仅能够有效弥补人力资本的短板，而且能够系统地集聚整合社会资本。对于返乡创业农民工而言，他们的经济资本、人力资本、社会资本存在着先天不足，因此，强大的心理资本主要支撑其开展创业活动。心理资本能够调节个体的行为模式，并对创业成功以及创业绩效有重要影响。

2.3.1 创业心理资本的内涵与维度

创业心理资本对创业者的创业行为有积极影响，有助于维持创业者的积极心态，更好地应对创业环境中出现的不确定性，使创业者积极投身于创业活动中，坚持创业。目前，对创业心理资本的研究处于初级阶段，将"创业心理资本"的中英文作为搜索关键词在国内外主流数据平台进行搜索，发现相关文献数量有限。现有研究主要采用 Luthans（2002）关于心理资本的内涵和维度的理论框架，即认为心理资本主要包括自我效能感、乐观、希望、韧性四个维度，并将其直接运用到创业心理资本的研究中，如陈东勤等（2018）认为创业者的核心心理资本包括自我效能、乐观、希望、韧性，且对创业能力有重要影响。

目前，创业心理资本的概念和测量量表尚未成熟，已有的创业者心理资本量表多是以成熟企业中的员工或管理者为对象开发的，不一定适用于创业领域。以往研究更多是通过希望、自我效能、韧性、乐观等维度来衡量心理资本情况。现阶段，越来越多的研究者认为，应该将个体心理特征和美德纳入心理资本的范畴，如幸福感、激情体验和自信等心理状态。事实上，在创业过程中，应立足创业者的创业情境，将体现创业积极心理状态的变量纳入分析体系中，如主观幸福感、创业激情等。基于心理资本理论及相关创业研究可知，创业心理资本是创业成功所需的心理资本，其与创业者的人格特质的不同，创业心理资本具有一般心理资本的属性，其是相对稳定、可开发的"类状态"属性的集合，涵盖创业积极心理状态及较为稳定的创业积极情绪体验，如创业效能感、创业韧性、创业激情、创业幸福感等。

根据相关的研究，可以看出对创业心理资本进行解读和测量是创业管理研究的重要环节。基于心理资本理论和创业领域的相关研究，本章认为创业心理资本是在创业过程中所展现的一种可持续、可发展的积极的心理状态或积极情绪体验的集合，是推动创业活动持续开展的内在动力。尽管创业心理资本会随着时间推移相应地增加或者消减，但是本书主要关注初创期到成熟期的新创企业，而这期间返乡创业农民工的创业心理资本相对稳定。本书充分考虑了返乡创业农民工所处情境与其他创业者有所不同，也结合心理资本的四个维度，融合近年来对创业积极心理状态及情绪方面的研究，经过与创业领域研究专家的多次讨论，拟从创业效能感、创业激情、创业韧性、创业乐观、创业幸福感五个方面分析返乡创业农民工的创业心理资本。创业效能感是自我效能感在创业情境的应用，即个体相信能够完成创业任务并实现创业成功的信念。创业激情是指激发创业者选择充满风险的创业事业的可持续、可发展的积极情绪，在创业过程中创业激情表现为积极情绪和身份认同。创业韧性，表现为创业者的韧性，即尽管经历困境，返乡农民工创业者依然拥有坚定和健康的情绪和心态。创业乐观是一种相对稳定的积极情绪状态，表现为对创业结果具有积极的期望和信心。创业幸福感，即创业所带来的在精神和经济上的满足感。创业心理资本贯穿于返乡创业农民工创业过程的始终，对其获得创业成功的作用明显高于人力资本和社会资本。创业心理资本的积累可以让其在创业过程中增强抗挫折能力与自我效能感，从而乐观地面对在创业过程中的各种困难。自我效能感强的农民工面对返乡创业所带来的挑战时能够拼尽全力；乐观的农民工在面对创业困难时能够拥有良好的心态，较快地想到解决问题的方法；农民工所具备的坚韧的特质能够使他们在创业困境中具有百折不挠的斗志；创业激情和幸福感高的农民工更愿意投入时间和精力，从而在返乡创业实践中实现自我价值。

2.3.2 创业心理资本的相关研究

因为心理资本的概念植根于工作场所的组织行为学研究，所以目前围绕心理资本及其相关因素的研究以组织行为领域为主。心理资本能够优化员工工作态度、改善工作行为、提高工作绩效。现有研究证实心理资本的强弱能够调节个体的行为，但大部分研究主要关注心理资本在组织行为领域和人力资源管理领域的运用，侧重分析心理资本对员工组织绩效的正向影响。心理资本在优化人力资源管理和提高组织绩效方面意义非凡，心理资本结构研究呈现出动态化、精细化以及本土化趋势。

近年来，学界逐渐将心理资本研究运用到创业理论中，创业心理资本的"心"超越了经济资本的"物"、人力资本的"智"、社会资本的"关系"形态，是促进创业成功的关键资本，是推动创业活动开展的内在动力。现有研究主要关注心理资本对创业精神、创业意向、创业能力、创业成功、创业绩效的直接影响。关培兰（2009）研究发现，在促进女性创业企业发展的过程中，创业心理资本比人力资本和社会资本发挥了更为重要的作用。王洁琼等（2018）验证了新型农业创业人才心理资本与创业企业绩效呈显著的正相关关系，其研究发现，包括心理资本在内的个人资本对农民工返乡创业意向及创业成功具有显著的积极影响。程聪（2015）通过实证分析验证了创业心理资本对创业绩效具有显著的正向影响，讨论了创业导向和团队氛围在其中的中介（调节）混合作用。但目前相关研究对创业心理资本及其对结果变量的影响机理的关注较少。此外，国内主要关注大学生这一单一群体，对返乡创业农民工这一创业主体关注较少。

2.3.3 创业心理资本的相关研究述评

综上所述,创业心理资本对创业结果的解释力远高于其他创业资本。将来自组织行为领域的心理资本的概念直接运用到创业领域中,缺乏应有的情境和针对性。目前对创业心理资本的内涵及维度的界定尚不明晰,现有研究将创业者的心理资本作为自变量,分析其对创业意向、创业能力、创业绩效等变量的直接影响,但是分析影响机理的研究较少。本书将在原有的心理资本理论的基础上,结合心理资本理论在创业领域的运用,完善创业心理资本的内涵及其构成。本章认为创业心理资本是在创业过程中的一种积极心理状态或情绪体验的集合,包括创业效能感、创业激情、创业幸福感、创业韧性、创业乐观五个方面。本章后续的研究将验证该维度划分的准确性,并进一步探索创业心理资本对创业坚持行为的影响机理,最后还将根据研究结论对创业心理资本的开发提出有针对性的对策,以期更好地提高返乡创业农民工创业行为的可持续性。

2.4 关于创业人力资本的研究综述

2.4.1 创业人力资本的内涵及维度

人力资本是体现在劳动者身上的资本,是对劳动者进行普通教育、职业教育等支出和其接受教育的机会成本等价值在劳动者身上的凝结,它表现为蕴含在劳动者身上的生产知识、劳动、管理技能,以及健康素质的存量总和。在近年来,越来越多的研究关注创业人力资本的构成、评估和转移等方面。创业人力资本是指创业者和创业团队所拥有的资源,包括技能、知识、经验、人际关系和其他资源，这些资源对创业公司的成功至关重要。创业人力资本的维度是创业人力资本研究的关键问题之一，其可以帮助创业者和创业团队了解自己在不同方面的优势和不足，从而更好地发挥自己的人力资本优势，从而提高创业成功的概率。不同学者根据研究需要，将创业者的内在资源禀赋，如技能、知识、经验、人际关系、资源、动机等纳入分析。知识和技能是创业人力资本的核心，经验和人际关系则可以为创业人力资本提供补充和支持。相关研究认为，创业人力资本的技术维度指创业者的管理能力、领导能力、市场营销能力、财务能力和创新能力等。创业人力资本的知识维度指创业者所掌握的商业知识、技术知识和市场知识等。创业人力资本的经验维度指创业者在创业过程中所获得的经验，如创业历程、失败经验和成功经验等。创业人力资本的人际关系维度指创业者所拥有的社交网络和人际关系，如导师、顾问、投资人、合作伙伴和客户等。创业人力资本的资源维度指创业者所拥有的资源，如资金、设备、技术、专利和品牌等。由于大部分研究将人际关系纳入社会资本进行考虑，而且资源维度较为宽泛，因此，基于创业人力资本的相关研究及人力资本的原始内容以及研究需要，本书认为创业人力资本泛指返乡农民工创业者拥有的知识、技能和经验的总和，包括初始人力资本和务工积累人力资本两部分。初始人力资本主要指其进入城市务工前的人力资本水平，以其受教育年限来表示；务工积累人力资本主要指外出务工者进入城市后所累积的人力资本。返乡创业农民工的人力资本主要受年龄、受教育程度、外出务工经验、劳动技能培训、职业技术培训、创业知识培训等变量的影响。根据研究的需要，本书主要借鉴胡江霞等（2016）、王洁琼等（2018）的测量方法，将人力资本划分为知识、能力、经验三个维度来进行研究。

2.4.2 创业人力资本的相关研究

关于创业人力资本的研究主要涉及以下四个方面。

一是创业人力资本对创业绩效或者创业成功的影响，相关研究表明，创业人力资本对创业绩效有着显著的影响，尤其是创业者的技能、知识和经验等方面。创业人力资本对创业绩效的影响是创业领域的研究热点。Acs 等（2010）的研究表明，创业者的技术知识能力和管理经验对高科技初创企业的成长具有显著的正面影响。Chimucheka 等（2016）在对南非中小企业的研究中发现，创业者的教育背景和行业经验直接正向影响企业绩效。Rauch 等（2009）的研究也指出，创业导向与企业绩效之间存在正相关关系，其中，创业者的人力资本是关键因素。尽管这些研究强调了创业人力资本的重要性，但研究的重点大多集中在创业者的个人特质和静态的人力资本上，对创业者在创业过程中如何持续积累和应用人力资本的研究相对较少。此外，对创业失败后的坚持行为，即创业者如何利用其人力资本从失败中恢复并持续创业的研究也相对不足。

二是创业人力资本的获取和发展。相关研究表明，创业人力资本的获取和发展是创业公司成功的关键因素之一，创业者应该在创业前积极获取和培养自己的人力资本，Gartner 等（2004）强调了创业人力资本对创业成功的重要性。他们提出了"创业生态系统"的概念，认为创业者需要不断学习、积累和运用自己的人力资本，才能在竞争激烈的市场中取得成功。现有研究对创业人力资本的动态发展过程缺乏深入的探讨，特别是对创业者如何在面临创业挑战和失败时调整和提升自己的人力资本的研究不足。未来的研究可以探讨创业者如何通过持续学习和网络建设来积累自己的人力资本，以及在此过程中创业人力资本如何影响其创业坚持行为。

三是创业人力资本的评估。研究表明，创业人力资本的评估可以帮助创业者了解自己的优势和不足，并有针对性地改进自己的人力资本，从而提高创业成功的概率。Klyver 等（2013）提出了一种"人力资本评估模型"，可以帮助创业者评估自己的人力资本，了解自己的优势和不足，并有针对性地提高自己的人力资本，从而提高创业成功的概率。尽管评估模型为创业者提供了自我评估的工具，但现有研究对如何将评估结果转化为实际行动，以及对这些行动如何影响创业坚持行为的探讨还不够充分。未来的研究可以进一步探讨评估结果的应用过程，以及如何通过改进人力资本来提高创业者的韧性和促进创业坚持行为。

四是创业人力资本的转移。相关研究表明，创业人力资本的转移对创业者的创业成功和职业发展具有重要意义，创业者应该注重在不同的创业环境中充分发挥自身人力资本的作用。Kerr 等（2014）研究结果表明，创业者的实验性思维对创业成功和职业发展具有重要影响。其研究认为，创业者应该注重在不同的创业环境中充分发挥实验性思维的作用，实现人力资本的转移和转化。现有研究对创业人力资本转移的情境因素和机制的理解还不够深入。未来的研究可以深入探讨不同创业环境对人力资本转移和转化的影响，以及创业者如何通过人力资本的转移适应和影响创业环境，进而影响其创业坚持行为。

2.4.3 创业人力资本的相关研究述评

基于上述分析，人力资本是在创业不同阶段中起决定性作用的一类资本变量，人力资本的规模和增幅对返乡创业行为具有重要的影响。创业人力资本的研究对理解创业者的成功和职业发展具有重要意义，同时也为创业者提供了有益的指导和参考。创业人力资本是影响创业成功的关键因素，但其对创业坚持行为的影响机制尚未得到充分研究。返乡创业农民工的人力资本主要影响其创业机遇的选择、创业的敏感度、创业初期的评估以及创业的再生产能力等方面。目前学术界对人力资本对创业坚持行为的影响机制尚不清晰，相关实证研究缺乏有效验证。未来的研究需要关注创业者如何动态地积累和应用人力资本，以及如何通过人力资本的评估、应用和转移来促进其创业坚持行为。通过深入分析这些过程，可以为创业者提供更具针对性的建议，帮助他们在创业旅程中更好地应对挑战，从而提高创业成功率。本书旨在探讨创业人力资本对创业坚持行为的影响。研究问题集中在以下几个方面：创业者如何通过持续的学习和经验积累，在面对创业失败时调整和提升自己的人力资本？创业者如何将人力资本评估的结果转化为实际行动，以增强其在创业过程中的韧性和促进其创业坚持行为？在不同的创业环境中，创业者如何实现人力资本的有效转移和转化，以及这些过程如何影响其创业坚持行为？通过探讨这些问题，本书将为理解创业人力资本的动态发展、评估与应用，以及在不同创业环境中的转移和转化提供新的见解，并为创业者在面对挑战和失败时如何更好地利用其人力资本提供实践指导。

2.5 关于创业社会资本的研究综述

2.5.1 创业社会资本的内涵及维度

社会资本的实质是通过人际互动所形成的特定社会关系网络，及其所蕴含的潜在的社会资源。它体现在人们的互动关系中，只有当这些关系被行为者利用和调动时，它们才会成为一种现实资本。越来越多的研究者关注创业社会资本的内涵和维度，创业社会资本是指创业者在创业过程中所依赖的社会网络、关系和信任等方面的资源，是创业成功的关键因素之一。目前，学者主要从以下几个角度对社会资本开展研究。

一是社会网络是创业社会资本的重要组成部分。创业者的社会网络影响创业成功的概率以及其在创业过程中所获得的资源和支持。社会网络涵盖家庭、朋友、同事、合作伙伴、投资人等。若创业者的社会网络越广泛和多样化，则其创业成功的概率越高。

二是关系是创业社会资本的另一个核心要素。研究表明，创业者通过建立和维护关系能够获得更多的资源和支持，从而可以提高创业成功的概率。关系包括商业合作关系、供应链关系、客户关系等。创业者的关系越稳定越亲密，创业成功的概率越高。

三是信任是创业社会资本的第三个重要组成部分。研究表明，创业者需要建立信任关系，才能获得更多的资源和支持。信任可以包括个人信任、组织信任等。在创业者所处的社会环境中，信任水平越高，创业成功的概率越高。

创业社会资本的维度包括结构维度、关系维度和文化维度。结构维度是指创业社会资本的网络结构和组织形式等方面的特征；关系维度是指创业社会资本的人际关系和商业关系等方面的特征；文化维度是指创业社会资本的文化背景和价值观等方面的特征。研究表明，在创业者所处的社会环境中，这些维度的不同方面都可以影响创业者创业成功的概率和职业发展。

本书主要从关系视角开展对创业社会资本的研究，认为返乡创业农民工的社会资本主要包括家族、亲族、乡土等社会关系，业缘、友缘的创业支持，政府创业政策与支持，创业信息传递、创业咨询、创业环境、信贷等要素支持。本书认为创业社会资本是创业者所拥有的社会网络及其带来的社会资源的总和，表现为强关系的黏合型社会资本和表现为弱关系的桥接型社会资本。

2.5.2 创业社会资本的相关研究

关于创业社会资本的研究，目前主要从以下三个方面开展，具体如下。

一是创业社会资本的影响因素。相关研究探讨了社会网络的结构和特征、社会资本的类型和来源、社会资本的文化和价值观等因素对创业社会资本的影响。Li 等（2021）研究了社会网络结构和文化价值观对创业社会资本影响的交互作用，当社会网络密度较高且文化价值观偏向于社会资本时，创业者能够获得更高的社会资本，并产生更好的创业绩效。虽然 Li 等学者的研究提供了社会网络结构和文化价值观对创业社会资本影响的见解，但学界需要进一步研究在个体层面上的社会资本的形成机制，如个体如何通过个人努力在社会网络中建立信任和获取资源。

二是创业社会资本对创业绩效及创业行为的影响。Wang 等（2021）研究了社会资本、创业激情和创业韧性对创业成功的影响。其通过对中国创业者的调查研究发现，社会资本对创业成功有显著正向影响。此外，创业激情和创业韧性在社会资本与创业成功之间起到中介作用，即创业激情和创业韧性可以促进创业者更好地利用社会资本，提高创业成功的可能性。虽然 Wang 等学者的研究揭示了社会资本与创业成功之间的关系，但社会资本对创业行为的具体影响，尤其是对创业坚持行为的影响，以及这种影响随着时间推移在不同创业阶段的变化情况，仍需研究者进一步研究。

三是创业社会资本的获得。获得和提高社会资本的途径，包括建立和维护良好的社会网络、培养和维护良好的社会关系和信任、参与社会组织和活动等。Lin（2008）提出了一个获得和提高社会资本的网络理论。Lin 认为，应通过建立和维护社会网络获得和提高社会资本。在这种理论下，社会网络包括个人与个人之间、个人与群体之间、群体与群体之间的联系，可以通过以下途径进行建立和维护。首先，建立社会网络，即通过社交场合、介绍、社交媒体等途径建立初步的社会联系。其次，拓展社会网络，即通过与已有社交网络中的联系人建立新的联系，扩大社会网络的范围和密度。再次，培养和维护社会关系和信任，即通过正面的社交互动、帮助和支持等方式促进人际交往。最后，参与社会组织和活动，即通过参加社会组织和活动，扩大社交圈子。虽然学者Lin的研究为社会资本的获得提供了一个框架，但量化和评估社会资本的获得过程和效果的方法，以及不同社会资本类型对创业的具体影响，目前尚缺乏系统性的研究。

基于上述分析，本书旨在探讨创业社会资本对创业坚持行为的影响。研究问题集中在以下方面：在个体层面上，创业者如何通过个人努力在社会网络中建立信任和获取资源？社会资本如何具体影响创业行为，尤其是创业坚持行为？如何量化和评估社会资本的获得过程和效果，以及不同社会资本类型对创业的具体影响？通过探讨这些问题，本书将为理解创业社会资本的形成、评估、影响机制提供新的见解，并为创业者在面对挑战和失败时如何更好地利用社会资本提供实践指导。

2.5.3 创业社会资本的相关研究述评

社会资本是创业者所拥有的社会网络及其带来的社会资源的总和，是支持创业活动开展的资源池，是创业活动持续开展的保障。近年来，对创业社会资本的研究逐渐受到关注，相关文献也逐渐增多。创业社会资本是影响创业成功的关键因素，但其对创业坚持行为的影响机制尚未得到充分研究。因此从关系角度分析创业社会资本对创业坚持行为的影响有待进一步深入研究。创业社会资本和创业坚持行为之间存在着显著的关系，并且社会支持、创业认同在其中起到了重要的作用，通过深入分析这些过程，可以为创业者提供更有针对性的支持，帮助他们在创业旅程中更好地应对挑战，从而提高创业成功率。

2.6 关于创业认知的研究综述

从 20 世纪 80 年代开始，学者们开始结合认知心理学和社会认知理论，关注创业认知对创业行为的影响，将创业认知理论运用于解释"个体选择成为创业者的原因"。现有研究越来越重视分析选择创业后创业者的认知和行为发生的变化。学者 Shepherd 等（2015）充分考虑创业情境，深入探索了创业者的认知范式及其决策模式，相关研究认为创业者自身不同的内在状态将引发创业者不同的认知方式或思维模式，进而导致创业者创业行为和结果的不同。

2.6.1 创业认知的内涵与维度

创业者与非创业者相比，在反事实思维、归因风格和计划设计等方面存在较大的差异。创业认知往往具有直觉性，是以特定的模式对复杂的创业信息进行简化加工和判断的过程。Mitchell 等（2000）在研究中指出，创业认知是创业者在机会评价和创业企业成长过程中用于做出评价、判断和决策的知识结构，不同层次和水平的创业认知结构将导致不同的创业行为。Mitchell 等（2000）将创业认知划分为创业准备（arrangements）脚本、创业意向（willingness）脚本、创业能力（ability）脚本三个维度。Mitchell 等学者对创业认知的界定和维度划分具有一定的科学性，并且得到了学术界的普遍认可。其中，脚本是一种认知机制，包括情境决策中的关键要素和事件的可能顺序，是一种高度发展的有序知识，可以塑造个体基于行动的知识结构。创业准备脚本是创业者具有的为创业收集一切资源的知识结构；创业意向脚本是创业者是否愿意从事创业活动的知识结构；创业能力脚本是由创业者的知识、技能、态度构成的知识结构，其对创业绩效有较高的预测效度。这三种认知脚本可以清晰地解释创业认知和创业行为之间的联系。

本书基于 Mitchell 等学者的研究，认为创业认知是由创业者对创业机会识别和企业发展等重要问题做出评价、判断与决策时所需的创业准备、创业意向、创业能力三方面脚本所构成的知识结构，后续研究将沿用三个维度，测度返乡创业农民工的创业认知水平。

2.6.2 创业认知的相关研究

Mitchell 等（2007）开启了对创业认知的实证研究范式，丰富了对创业认知的定量研究，认为创业情绪对创业认知和创业行为有直接且显著的影响，此项研究具有里程碑意义，使得创业认知研究逐渐进入成熟阶段。关于创业认知的研究，目前主要从以下三个方面开展。

一是影响创业认知的因素。大部分的研究认为创业者的情绪、先前经验、外部环境均会影响创业认知。研究通常将影响因素分为内部因素（如情绪、先前经验）和外部因素（如外部环境）。然而，现有研究往往忽视了因素之间的交互作用对创业认知的影响。此外，学者对文化、社会网络等宏观层面的因素对创业认知的影响也缺乏系统性的研究。

二是创业者的不完全理性的反事实思维、过度自信等认知偏见对创业行为或创业过程的影响。相关研究通常集中于个体层面的认知偏见，如过度自信可能导致创业者过度乐观地评估创业机会。然而，还需要进一步深入研究这些认知偏见如何与创业过程中的实际决策和行为产生联系，以及它们如何影响创业坚持行为。

三是创业者的认知模式如何作用于创业行为、创业机会识别、创业成功、创业绩效等。尽管这些研究为分析创业者的认知模式与创业行为之间的关系提供了宝贵的见解，但忽视了创业者的认知模式在不同创业阶段的动态变化。此外，关于创业者的认知模式如何通过影响创业资源的整合和机会识别对创业坚持行为产生影响的研究也相对有限。

此外，创业认知研究还关注那些先前创业准备充足、具有坚定创业意向和拥有更高创业能力的创业者，探寻他们是如何通过整合、利用与过去成功经验的信息和资源，进而识别创业商机，在创业过程中积极应对所面临的创业资金不足、创业信息不畅、创业技术不精等常见的问题，并且探索这些创业者在面对创业艰辛时的情绪。

2.6.3 创业认知的相关研究述评

创业是一个动态变化的过程，可分为前创业阶段和后创业阶段，前创业阶段泛指创业者创业意向的形成阶段。在后创业阶段，由于农民工返乡创业前所从事的行业、所承担的工作、所掌握的技术、所接受的教育和培训存在差异，因此其创业认知结构和水平也具有巨大差异，这些差异影响了创业者前创业阶段的创业意向和后创业阶段的决策和行为。创业心理状态与情绪体验、创业认知在创业过程中同时发挥作用，并且影响创业者的创业行为，而创业认知在创业情绪和创业行为间发挥着中介作用。创业认知是影响创业行为的核心要素，但是其在创业心理资本与创业坚持行为之间发挥的中介作用尚未得到充分研究。因此，在未来的研究中，需要关注创业认知的影响因素、认知偏见以及认知模式的动态变化，并探讨这些因素如何共同作用于创业坚持行为。通过深入分析创业过程的变化，可以为创业者提供更有效的心理支持和决策指导，帮助他们应对在创业过程中的挑战，从而提高创业成功率。

综上所述，返乡创业农民工在创业过程中的心理状态及情绪对调整创业认知、引发不同创业行为有重要作用。因此，从创业心理资本、创业认知及创业坚持行为的互动关系中来考虑返乡创业农民工的认知发展与行为表现，对理解其返乡创业行为有重要意义。

2.7 关于创业能力的研究综述

2.7.1 创业能力的内涵及维度

创业能力是一个非常复杂的概念，因此目前学术界对创业能力还没有一个明确和完善的定义。Chandler 等（1992）在研究中最早运用"创业能力"这一术语，他们将创业能力定义为"识别、预见并利用机会的能力"，将这种能力看作创业的核心能力。在此之后，不少学者从不同的研究视角对创业能力进行了界定和研究，但这些定义存在着共性。大部分学者都认为创业能力对创业活动和创业行为的具体潜在态度、技能和知识具有积极的影响，如 Man 等（2005）、Sánchez 等（2011）、Bird（2019）的研究所提出的观点，他们从创业过程和行为的角度对创业能力进行定义，认为其是一组与创业成功行为有关的特定属性，是一个多维度的概念，主要包括机会能力、关系能力、概念能力、运营能力、承诺能力、组织能力等。在返乡创业过程中，创业能力主要包括在不确定的环境中感知、识别和开发创业机会的能力，以及在创业过程中能充分利用现有资源积极改善创业绩效的运营管理能力。

2.7.2 创业能力的相关研究

关于创业能力的研究，目前主要从以下两个方面开展。

一是创业能力的影响因素。吴能全等（2020）基于心理与认知科学视阈，分别针对"你想成为什么"（心理资本）、"你知道什么"（人力资本）、"你认识谁"（社会资本）三个维度系统地分析了创业者复杂的创业资本构成，以及对其创业能力的影响，并利用结构方程模型来实证分析创业者心理资本、人力资本与社会资本对其创业能力的影响程度，并以此为基础研究创业者如何有效地通过优化自身资本配置，进而提高其创业成功率。学界通常将影响因素分为个体层面（如心理资本、人口因素）和外部层面（如人力资本、社会资本、组织环境和宏观环境）。然而，现有研究往往忽视了这些因素会通过交互作用来共同影响创业能力。此外，现有研究对文化、教育背景等对创业能力影响的潜在作用也缺乏深入探讨。

二是创业能力对创业绩效、创业成功的影响。创业能力对个体是否选择创业具有显著影响，对新创企业的成长、绩效和成功至关重要，甚至对创业失败后的恢复有重要作用。众多研究分析了创业能力与企业绩效（企业成功）之间的前置变量和调节变量的作用。吕惠明等（2021）从社会网络对资源获取的积极意义入手，探索了社会网络通过创业能力的中介作用转化为创业绩效的路径。尽管这些研究强调了创业能力对创业成功的重要性，但关于创业能力如何具体影响创业行为，尤其是创业坚持行为，以及这种影响在不同创业阶段的动态变化，仍需进一步深入研究。

2.7.3　创业能力的相关研究述评

目前对创业能力的研究存在以下问题：对创业能力概念的界定纷繁各异；对创业能力维度的划分存在一定的差异；对创业能力的形成缺乏系统性的认识与研究；对开发与提升创业能力的研究寥寥无几。已有的大量研究只是满足于识别创业能力的构成，只有少量的实证研究试图论证创业能力与企业绩效之间的关系。创业能力的形成与发展会受到诸多因素的影响，而这些因素通过影响创业者创业能力的内部组成属性（如知识、技能、特性），进而影响创业者创业能力的行为表征，并在一定程度上形成了不同水平的创业能力。据现有文献，目前针对创业能力影响因素的系统性研究较少，有的文献只提及某些因素，或将其作为实证研究的控制变量，而未深入探讨这些因素影响创业能力的内在作用机理。创业能力是影响创业成功的关键因素，但其在创业人力资本与创业坚持行为之间发挥的中介作用尚未得到充分研究。未来的研究需要关注创业能力的影响因素、作用机制，以及这些因素如何共同作用于创业坚持行为。通过深入分析这些过程，可以为创业者提供更有效的能力建设和决策指导，帮助他们在创业过程中更好地应对挑战，从而提高创业成功率。

2.8 关于创业认同的研究综述

2.8.1 创业认同的内涵及维度

创业认同是解释创业者行为的一种认知框架，创业者的自我认同具有重要的意义。根据认同理论研究发现，社会角色是构建各类认同的基础，特定社会类别（如创业者、医生、教师等）通过角色行为赋予职业意义，进而形成群体共享的认知体系。当这些角色被内化为个体的认知方式时，认同便会形成。换句话说，当个体将创业者角色的外部意义内化时，创业认同便会形成，并且形成自我定位，将自己称为"创业者"。当个体认识到创业者身份的意义时，他会将个体行为与创业认同相联系。创业认同作为个体自我概念的重要部分，所表现的社会角色会影响个体的行为选择，如创业认同会激励个体证明其存在感。但是，根据已有研究，创业认同的定性测量工具较为缺乏。Obschonka 等（2015）开发了以创业者自身为重点的创业认同量表，包括三个问项："将行为参与的想法商业化不符合我的自我概念""将行为参与的想法商业化对我来说完全是陌生的""将行为参与的想法商业化适合我，而且与自我价值和现在的科学研究是相符的"，其中前两个为反向题项。

2.8.2 创业认同的相关研究

创业认同是创业者将自我角色认知与特定创业行为匹配的过程。在创业活动中，外部环境因素（社会关系网络）和人口统计因素（年龄、性别和受教育程度等）会影响创业认同。积极的情感会提高创业自我评价，如创业激情是影响个体创业认同的因素。创业认同与识别、评价、探索机会的行为和意义相关，且与特定创业行为相关，如创新产品、创建和发展新企业，创业者的角色认同会影响创业者识别机会的方式。当个体具有较高的创业认同感时，会以创业者的视角深刻思考问题，并表现出较高的创业投入；较高的创业认同感还能够激励个体积极识别、利用创业机会，将创业想法转化为创业实践行动。创业认同既能直接影响创业者个体的态度和行为倾向，也能作为调节变量间接影响创业结果。Kim等（2013）发现，创业认同在个人经验、家庭创业者、社会支持三个变量与创业意愿之间发挥中介作用。同时，创业认同间接影响创业意愿。创业者追求自我验证的欲望是激励创业行为的内在动力，而创业认同使得个体产生强烈的自我验证的欲望以增强自我稳定性。创业认同最直接的结果是促进创业的成功。创业认同感会使个体产生创业的念头，在创业者自主构建创业认同的动态过程中，创业者已经变成勇于承担风险的人。创业认同促使创业者心甘情愿地投入时间和精力，能够提高识别和获取创业机会的概率，从而影响创业者的行为决策。此外，创业认同感高的创业者能更积极有效地应对突发状况，以提高创业成功的概率，增强创业的持久性。

2.8.3 创业认同的相关研究述评

综上所述，大部分学者对创业认同的前因变量和结果变量有所研究，但鉴于创业认同在创业过程中的重要性，其研究的深度还不够。返乡农民工创业认同的构建，需要个体在一定的社会环境下逐渐认识自我价值、明确创业者角色，形成一种主动意识和创新精神，以适应创业过程的需要。

2.9 关于预期后悔的研究综述

2.9.1 预期后悔的内涵与维度

预期后悔作为后悔情绪的一类，对个体的情绪体验、决策、认知、行为有着重要影响，常用于金融、财务、投资以及营销领域。预期后悔（anticipated regret）是指当人们面对各种反事实比较（counterfactual comparisons）时，预感到会产生后悔情绪，并试图采取各种措施把这种未来的后悔降低到最小限度。预期后悔是一种基于反事实思维的行动感受，是单维度变量，通常采用 Abraham 等（2003）研究中的 2 个题项来衡量预期后悔程度："如果我在未来 12 个月内不继续从事创业活动，我会感到后悔。""如果我在未来 12 个月内不继续从事创业活动，我会感到沮丧。"

本节则基于 Hatak 等（2017）的研究，认为预期后悔是对不作为感到后悔或沮丧的信念，即不继续某种行为可能会带来的后悔程度。在后续研究中，本书将结合具体返乡创业情境，基于 Abraham 等（2003）研究中对预期后悔的测量来进行题项的完善。

2.9.2 预期后悔的相关研究

预期后悔不仅会影响个体对事物的态度，也会影响人们的意图与行为，诱发个体产生后悔规避倾向。现有对预期后悔的研究主要运用在心理学和消费者行为领域，主要关注其对决策的影响。Loomes 等（1982）提出预期后悔促使个体尽可能地收集各种信息，以保障其选择安全的选项，还分析了预期后悔对决策过程中的风险寻求与规避的影响。Janis 等（1977）指出，预期后悔的核心作用是帮助人们谨慎地做出决策，尤其是当预期后悔发生时，促使人们在做选择前更多地收集足够的信息以保障判断的准确性，而非轻率地做出选择，以此降低可能的后悔程度。Zeelenberg 等（2007）认为，预期后悔可以促使创业者更加慎重地考虑放弃某种行为的后果，并采取有效策略进行应对，从而继续某种行为。因此，预期后悔在将原有的创业计划转变为后续的创业行动中扮演着关键角色。由此可见，预期后悔一个极具研究价值的课题。

2.9.3 预期后悔的相关研究述评

综上所述，预期后悔作为一种反事实思维，强调个人将未采取行动的预期结果与实际将要面对的结果进行比较，从而产生消极的情绪反应。在返乡创业过程中，农民工会遇到比城市居民创业更为艰难的创业环境和更大的创业压力。事实上，考虑到在返乡创业过程中已经投入的创业成本，若选择放弃，将来可能会产生更强烈的后悔情绪，因此大部分农民工会选择继续创业。预期后悔程度不同，引发的认知和行为也会不同。本书将预期后悔纳入研究框架中，以了解其对返乡创业农民工创业认知与创业坚持行为的影响。

2.10 关于社会支持的研究综述

2.10.1 社会支持的内涵及维度

不同的学者对社会支持的理解有所不同。Kaplan 等（1977）认为，社会支持是个体所感受到的来自他人的关心和支持。Gottlieb 等（2010）则认为，社会支持个体对来自社会的物质、情感支持的价值感知。事实上，社会支持不仅包括社会网络理论中提及的提供信息方面的支持，也涵盖情感因素等非物质层面的支持。社会支持通常源自由个体的家庭、密友、邻居、同事、社区和专业人员所构成的社会网络。国内研究大多采用学者姜乾金（2001）的理论框架，通过不同角色来源的社会支持来评估个体获得社会支持的情况，包含家庭支持、伙伴支持和机构支持三个分量表。

本书基于社会支持理论，不仅考虑社会支持的来源，也关注社会支持的内容。本书认为社会支持是个体感知到的社会环境为其提供的情感、信息以及财物资源等方面支持的情况。其中，社会环境的范畴主要包括家人、伙伴和各类机构。本书后续的研究将基于姜乾金（2001）的研究成果，从家庭支持、伙伴支持、机构支持三个方面来考量返乡创业农民工获得社会支持的情况。此外，根据本书需要，家庭支持、伙伴支持、机构支持分别指家庭成员、创业伙伴或者朋友、政府机构或社会机构所提供的在物质和非物质方面的帮助和支持，以满足创业者的生活和创业发展需要。这主要包括信息支持、物质支持和情感支持。社会支持可以对创业者的创业意愿和激情产生积极的影响，进而促进创业行为的产生和发展。

2.10.2 社会支持的相关研究

社会支持的影响因素可归纳为人口学变量（性别、学历、专业）、家庭环境因素（家庭韧性）和个人特质（内外向性和自尊、人格等方面）等。关于社会支持的结果变量的研究，集中在大学生心理健康方面，如学业成就感、主观幸福感、自我效能等方面，这表明社会支持影响个体的心理状态。社会支持理论表明，社会支持能够缓解个体压力，而创业面临诸多的不确定性因素和压力，因此，创业者可以从社会支持中受益。目前，在创业领域，已经有相关研究将社会支持作为一个新的环境变量分析其对创业者创业韧性的直接和间接影响；也有相关研究将社会支持作为外部环境变量，分析其在创业过程中对创业者创业行为和创业结果的调节作用。李慧慧等（2022）认为，社会支持可以通过提高创业者的心理资本（如自我效能、乐观情绪和韧性等），缓解创业者的压力和焦虑感，从而促进创业成功。

2.10.3 社会支持的相关研究述评

综上所述，现有研究更多探讨影响社会支持的前置因素以及社会支持所带来的结果效应，而对社会支持背景下各变量之间关系变化的调节作用的研究较少。在创业领域，相关研究较少运用社会支持理论进行分析，大多探讨的是社会支持对大学生创业意向的影响，事实上，已有研究证明家庭支持和他人支持对创业者的创业行为有重要作用。创业是一个社会嵌入的过程，本书将社会支持作为环境变量纳入研究以更好地剖析创业心理资本对返乡创业农民工创业坚持行为的影响，以及环境因素在其中发挥的作用。

2.11 本章小结

在本章中,笔者进行了系统性的文献综述,旨在全面梳理返乡创业农民工领域的研究现状。本章涵盖了创业坚持行为、创业心理资本、创业人力资本、创业社会资本、创业认知、创业能力、创业认同、预期后悔和社会支持等多个关键变量,并对这些变量的研究情况进行了详细的概述。通过这一梳理过程,不仅总结了各变量现有的研究成果,而且对每个概念的内涵和外延进行了清晰的界定。明确了本书的核心研究目标是深入挖掘影响返乡创业农民工创业坚持行为的潜在因素和作用机制,并试图通过综合分析上述变量,探索出能够促进创业坚持行为的新路径。这一探索对构建一个有利于"草根创业"的综合性建议体系至关重要,该体系旨在为返乡创业者提供更加精准和有效的支持,并为乡村振兴战略的实施提供理论和实践上的指导。促进返乡农民工的创业坚持行为可以激发乡村地区的创新活力,带动地方经济发展,从而为实施乡村振兴战略贡献力量。本章的综述工作为后续的实证研究奠定了坚实的理论基础,并为研究的深入提供了明确的方向。

3 理论基础与概念模型构建

为了更清晰地分析返乡创业农民工的创业资本如何影响创业坚持行为,本章首先对创业理论、心理资本理论、人力资本理论、社会资本理论、期望理论、社会认知理论、后悔调节理论、社会支持理论和创业认同理论进行了分析,然后基于理论,进一步分别阐释了创业心理资本、创业人力资本和创业社会资本分别作用于创业坚持行为的内在逻辑,进而构建出相应的理论模型。

3.1 理论基础

3.1.1 创业理论

自 1989 年开始,创业研究蓬勃发展,并经历了由低级到高级的发展阶段(见表 3-1)。《创业理论与实践》(*Entrepreneurship Theory and Practice*)期刊每 10 年就会对创业研究的进展进行总结、展望,并归纳整合创业理论的不同视角,探索能有效指导实践的创业理论。目前,创业理论尚不丰富,大部分学者主要从个人、团队、公司,甚至行业或国家层面探讨创业活动,主要涉及 7 个研究主题:创业者与创业团队、创业的商业机会、创业所需的资源与能力、创业导向、市场导向、社会网络、创业环境。经过近四十年的发展，创业研究最终形成了由创业前因、创业实施、创业结果、创业情境构成的创业文献框架（见图3-1）。在西方创业研究蓬勃发展的背景下，我国创业研究经历了三个不同阶段，分别是自主探索阶段、引进吸收阶段和中外融合阶段，获得了较大的研究进展。然而，针对中国特定情境下的创业问题研究，目前还处于初级阶段。

表3-1 创业研究发展阶段

阶段	创业阶段的特征	研究侧重点
第一阶段（1988年之前）	在传统理论下进行零星探索	1. 创业者的特征 2. 创业研究的边界在哪里？创业研究讨论的核心问题应该是什么？谁是创业者？如何创建新企业？
第二阶段（1989—1998年）	确定创业研究为一个独立的研究领域	1. 创业过程 2. 创业研究是否为一个独立的研究领域？研究的具体主题、具体范式、具体观点是什么？
第三阶段（1999—2008年）	对创业研究进行独立探索	1. 创业者、创业过程、创业企业行为 2. 创业领域的合法性问题，创业环境、情境及机会研究的重要地位；新企业或者新组织在社会发展中的作用
第四阶段（2009年至今）	创业研究向外延伸后的跨界融合	1. 个体、团队、公司、组织、网络、行业以及国家层面的创业研究 2. 创业研究的高度差异化；创业理论的丰富带来理论的完善；创业研究对其他主流管理理论的丰富与反馈

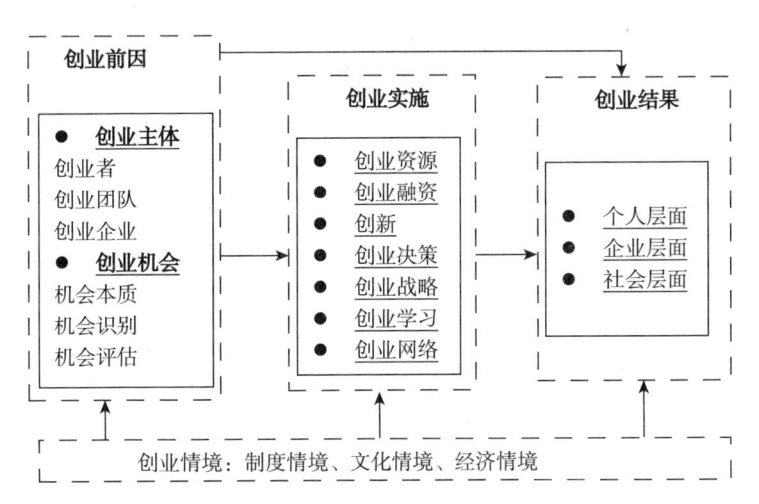

图3-1 创业研究框架

本书重点探讨创业坚持行为，该行为是将创业者个体因素与创业结果连接起来的重要中间路径。从王秀峰（2016）提出的创业行为研究框架（见图3-2），可以看出创业者的行为会受到其情绪、认知、动机的影响，该学者还进一步指出创业研究应深入地探讨创业活动背后的要素，如创业者心理特征、价值取向、情感变化、认知模式等对创业行为的影响。可见，从创业资本，尤其是从心理资本视角解析创业认知及其对创业坚持行为的影响，对拓展创业者行为研究具有重要的理论意义。

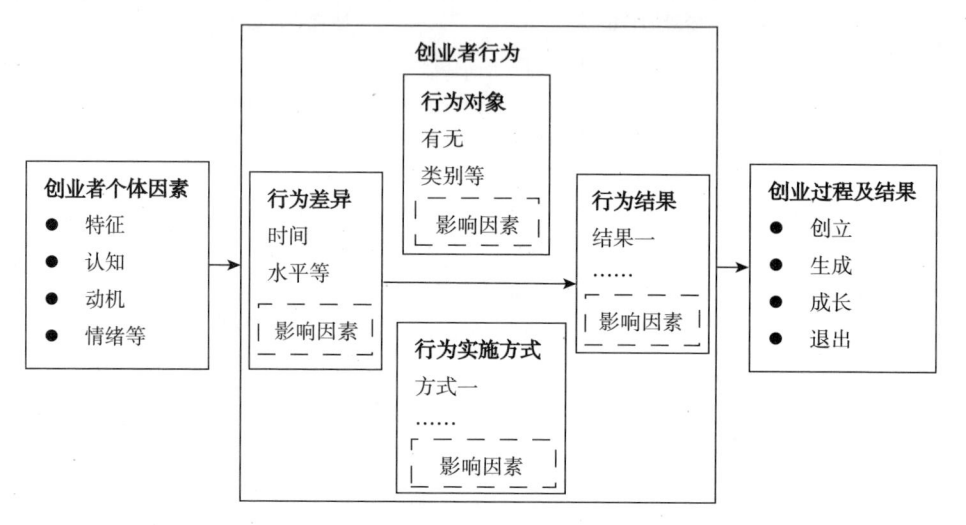

资料来源：王秀峰，2016.创业者行为研究文献综述——连接创业者个体因素与创业过程及结果［J］.科学学与科学技术管理，37(8):3-19.

图3-2 创业者行为研究分析框架

3.1.2 心理资本理论

1997年，美国经济学家Goldsmith等（1997）首次运用"心理资本"（psychological capital）分析影响个人绩效的个性特征。2000年，Seligman等（2000）发起了积极心理学运动，并将"心理资本"界定为促进个体积极行为的心理因素的总称。随后组织行为学家和管理学家弗雷德·卢桑斯（Fred

Luthans）构建了积极组织行为学（positive organizational behavior，POB），并将心理资本作为实现组织高绩效目标的人力资源优势和心理能力的主要概念。Luthans 等（2000，2004，2005，2007，2010，2023）认为心理资本是促进个体行为和个体发展过程中的一种积极心理状态，其超越了人力资本和社会资本，是一种良好社会性心理特征的积极发展状态，相对于"你有什么"（经济资本）、"你知道什么"（人力资本）、"你认识谁"（社会资本），心理资本强调"你是谁"（见图3-3），是实现人生可持续发展的原动力。

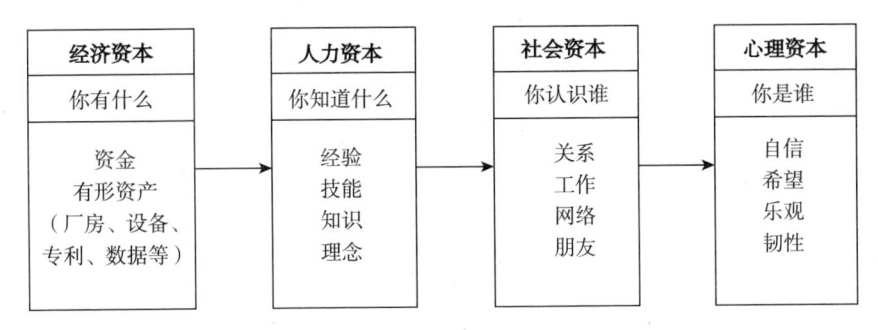

经济资本	人力资本	社会资本	心理资本
你有什么	你知道什么	你认识谁	你是谁
资金 有形资产 （厂房、设备、专利、数据等）	经验 技能 知识 理念	关系 工作 网络 朋友	自信 希望 乐观 韧性

图3-3　各资本之间的关系

Luthans（2002）等学者将心理资本界定为四个维度，分别是希望、韧性、乐观和自我效能感，具体情况如表3-2所示。Luthans 等（2007）学者对心理资本的概念、构成、特征等进行了一系列实质性的理论研究。后期学者对心理资本相关研究的探索主要基于 Luthans 的一系列研究，并拓展和完善了心理资本的维度。国内对心理资本的研究主要参考国外研究，如有学者认为心理资本包括事务型心理资本和人际交往型心理资本两大类，其中事务型心理资本包含自信、乐观、坚韧等心态。也有学者从自我效能感、乐观、希望、热情、创新、主动应对等方面进行分析。心理资本作为一种积极的心理状态不仅具有稳定性，而且能对其进行量化、塑造、开发。Luthans 等学者通过规范化的实证研究，认为可以通过一系列培训、指导对心理资本进行干预和开发。近年来，越来越多的学者通过研究发现心理资本会影响创业者的创业意向、创业行为、创业绩效。

表3-2 Luthans的研究中心理资本的构成

心理资本的维度	概　念
自我效能感	拥有表现和付出必要努力、成功完成具有挑战性的任务的自信
乐观	对当前和将来的成功做积极归因
希望	坚持目标，为了取得成功，在必要时能够重新选择实现目标的路线
韧性	当遇到问题和困境时，能够很快恢复和采取迂回途径取得成功

资料来源：LUTHANS F, 2002. The need for and meaning of positive organizational behavior [J]. Journal of Organizational Behavior, 23(6): 695-706.

创业者的个性差异，尤其是心理资本差异，对创业结果具有重要影响。将心理资本的概念引入创业领域，不仅能够丰富创业研究的内容，而且有助于更深入地阐释创业者的创业行为和创业结果。而心理资本是影响返乡农民工个人竞争力以及未来事业的核心素质之一，也是影响农民工心理与行为的深层次因素。因此，本书将借助心理资本理论，充分考虑中国特有的创业情境，为书中所涉及的创业心理资本的概念、结构，创业心理资本对创业坚持行为的影响，和对创业心理资本的开发提供理论基础。

3.1.3 人力资本理论

人力资本理论是经济学领域的一个重要分支，奠基人是美国经济学家西奥多·舒尔茨（Theodore Schultz），他在20世纪50年代提出了"人力资本"这一概念。他认为，人类的知识和技能可以被视为一种资本，个体可以通过教育、培训等增加自身的人力资本，从而提高工作能力和产出效率（Schultz, 1959）。舒尔茨的人力资本理论受到了其他经济学家的关注。其中最重要的是加里·贝克尔（Gary Becker），他在20世纪60年代进一步拓展了人力资本理论，并将其应用于婚姻、家庭和犯罪等领域。他认为，人力资本的积累不仅会受到教育和培训的影响，还会受到家庭和社会环境的影响（Becker, 1964）。随着经济、科技和社会的发展，人力资本理论也在不断演进和发展。

创业作为一种社会经济活动，风险与回报是同时存在的，因此创业者需要具备相应的素质和能力，才能最终获得商业价值和社会价值。人力资本理论为创业者提供了一个重要的思维框架，可以帮助他们更好地理解和应对创业过程中出现的各种挑战，提高创业的成功率。学者Marvel等（2016）回顾和展望了与人力资本理论相关的创业研究，并提出以下观点：一是人力资本理论是创业研究中一个重要的理论框架，可以解释个人的创业意愿、创业行为和创业成功的关系；二是人力资本的不同维度（如教育、经验、技能等）对创业成功和创业绩效有着重要的影响，而且创业者的人力资本水平可以影响创业准备、创业行为、创业过程和创业结果；三是目前的创业研究对人力资本的研究存在一些不足，如对人力资本维度的定义和测量不够精确；四是未来的创业研究需要更加准确地定义和测量不同维度的人力资本，并深入研究人力资本对创业者在不同行业和文化环境下创业的影响。此外，需要研究人力资本的动态变化和在创业团队中不同成员的人力资本的作用。

人力资本在农民工返乡创业行为中发挥着重要的作用。因此，人力资本理论是探索创业人力资本对创业坚持行为的影响的理论基础。在我国广大农村地区，返乡农民工进行创业活动，离不开知识、经验、技能、健康的支持，这表明人力资本理论可以为研究分析返乡农民工创业活动提供相应的指引。

3.1.4 社会资本理论

社会资本理论的起源可以追溯到20世纪70年代，当时一些社会学家开始研究社会网络和社交关系对个体和社会的影响。随后经济学、社会学、组织行为学等不同领域的学者们开始关注并从微观、中观和宏观的角度研究和阐释社会资本。本书的研究对象为返乡农民工创业者，因此，仅探讨微观层面的社会资本理论。微观层面的社会资本理论指出，社会资本是潜在的，或者实际存在的一种资源集合体，它以关系网络的形式存在，而且这种关系网络（如血缘、亲缘、地缘关系等）是个体可持续利用的某种资源。该理论强调社会资本是一种能够被用于实现自身目标的一种资源。

社会资本理论在创业领域中得到了广泛的应用。创业活动既是个人行为，也是一种社会活动，因此不能将创业孤立于社会之外。大量学者探讨了社会资本对创业的影响，并证实了创业的社会嵌入性。Bourdieu（1986）提出社会资本是实际或潜在的资源集合，这些资源与由相互默认或承认的关系所组成的持久网络有关，是社会关系的总和，而且这些关系在一定程度上是制度化的。在创业领域，一般从个人网络和社会网络层面分析创业者的网络。个人网络建立在相互认同和全面信任的基础上，其节点是由与创业者日常活动有直接关系的成员构成的，包括家庭成员、同乡、同事、同学、老师、朋友等；社会网络是在某一市场或产业中，创业者为了特定的目的而构建的较为松散的关系同盟，包括与代理商、供应商、消费者、竞争者、中介、政府等建立的关系同盟。在创业初期，在创业者个人网络中因网络节点之间的频繁交流与互动而形成的强关系联结，在创业者的社会化过程中扮演着重要角色。从远端来看，个体成年后的诸多行为，包括创业行为背后的价值观、创业意愿、创业技能以及相关信息的获取等，均受到童年时期家庭成员及其他亲密关系个体的影响；从近端来看，对于大多数人而言，在做出创业等重大决策时，倾向于向家庭成员及好友寻求心理支持。如果创业者个人网络成员之间的强关系联结可以为他提供正面反馈，并给予各种物质或非物质的支持，这将有助于增强创业的合法性，而合法性是影响创业承诺的重要因素之一。创业者的社会网络是一种重要的社会资本，可以影响其获得资源、信息和支持的能力，从而影响创业成功率。

Stam 等（2020）提出，创业者可通过拓展社交网络、建立信任与合作关系来提升社会资本，并探讨了社交网络对创业方向和绩效的影响。该研究认为，创业者的社交网络能够提供资源、信息和心理支持，进而促进创业成功。此外，研究还指出网络外部性的重要性：随着社交网络规模的扩大，其价值也会相应增加，因为更大的网络意味着更多的机会和资源。这一研究为鼓励创业者积极拓展社交网络、建立信任与合作关系以增强社会资本的观点提供了有力的佐证。

社会关系网络对农民工返乡创业具有重要意义，尤其是社会资本中的非正式网络。返乡农民工创业者高度重视关系网络的开发与维护，因为这一网络不仅影响返乡创业决策的制定，还对创业过程的有效开展起着至关重要的作用。因此，社会资本理论成为支撑返乡农民工创业相关研究的关键理论框架。此外，由于社会资本的广度和深度存在差异，这直接导致返乡农民工所获得的信息、资源、支持和指导有所不同。在这种背景下，返乡农民工创业者对社会资本的开发、获取、运用及维护，充分展现了其对社会资本的合理利用，这一过程不仅优化了创业资源配置，还有效提升了创业效率，从而有力地推动了农民工返乡创业目标的实现，为相关理论与实践研究提供了丰富的实证依据与理论参考。

3.1.5 期望理论

期望理论是研究激励个体行为的主要理论，其主张期望是引发个体行为的关键因素，而且期望的强度与个体发生某种行为的概率成正比。Vroom（1964）在研究中首次指出，个体在预期采取特定行动可能带来的结果时，会基于结果的吸引力（效价）和实现该结果的可能性（期望值）来决定是否采取某种行动。期望理论认为，当期望值和效价较高时，采取行动的可能性相应增加。个体的内在特质与外部环境因素均会对期望值和效价评估产生影响。在人力资源管理领域中，期望理论常被应用于设计员工激励机制，同时，该理论也被用来解释个体的职业选择，其中创业行为也是职业选择的一种形式，因为创业行为也涉及对未来的预期。在创业领域中，期望理论在解释创业决策方面得到了广泛的应用，主要体现在两个方面：一是创业对个体的吸引力，包括创业可能带来的财富增加、独立性、自由、幸福感等；二是个体对创业成功的期望值。然而，现有研究对期望理论的运用集中在创业初期，但对在创业过程中其他关键决策的分析相当不足。例如，Campbell（1992）证明了潜在的创业者在权衡创业机会和成为雇佣劳动力时，会综合考虑预期结果和成功的概率。如果预期收益较高，创业者倾向于选择创业。尽管期望理论在新创企成立相关决策中的应用已得到了广泛的研究支持，但对在创业过程中其他重要行为决策的分析却相对较少。

Holland 等（2011）通过联合实验，研究了期望和效价在个体决定是否继续创业行为中的作用，明确了期望和效价对创业坚持行为的直接影响。他进一步指出个人对创业成功的期望及创业带来的效价是由许多因素决定的，如积极心理因素的自我效能、自信、韧性均会对持续创业的期望和效价产生影响，进而需要运用期望理论解读积极心理因素对创业坚持行为的影响。本书将采用期望理论解释创业心理资本对创业坚持行为的影响，因为具备良好心理素质的个体能够更好地面对创业中的艰巨任务和各种不确定性，其对未来的期望值会更高，对创业带来的效价认知更高，促进其坚持创业。因此，期望理论有可能成为解释创业坚持行为的基础理论。

3.1.6 社会认知理论

Shaver 等（1992）强调了社会认知理论在创业研究中的重要性，目前社会认知理论已经作为创业研究的基础理论之一。社会认知理论（social cognitive theory）广泛用于解释个体在不同情境下的行为方式，该理论的主要代表人 Bandura 所建立的三元交互决定模型进一步解释了个人的行为会受到环境和个人主体因素的综合影响，并明确了环境、个人主体因素、行为三者间的相互作用关系（见图3-4）。其中，环境泛指外部资源或者物理条件等；个人主体因素包括性格、态度、思维、情绪、知识结构、认知风格等；行为指个体的行动或者选择。因为，环境和个人主体因素是影响创业行为的主要因素，所以社会认知理论已经成为研究创业者行为的重要理论。本书认为返乡创业农民工的创业行为不仅会受到自身主体因素，如心理状态、认知的影响，也会受到其所处的环境的影响。

本书把社会认知理论引入对创业坚持行为的研究中，认为创业心理资本、创业认知、预期后悔及社会支持等个人主体因素及环境因素均会影响个体的创业行为。并且进一步结合创业认知的相关研究和社会认知理论，分析创业心理资本如何通过创业认知影响创业行为，而且这个过程会受到哪些外部环境变量的影响。

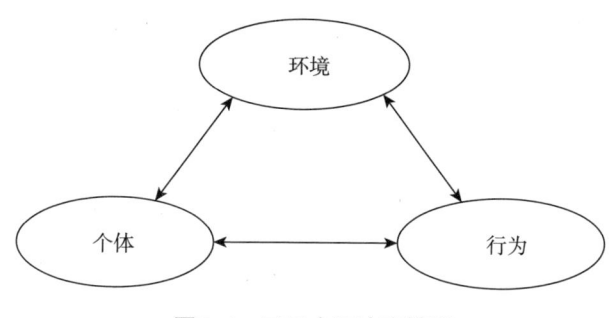

图3-4　三元交互决定模型

3.1.7　后悔调节理论

后悔是个体普遍存在的一种情绪体验，也是一种内部心理状态，类似的心理状态如失落感。后悔调节理论是决策学和经济学研究个体决策的理论基础。当个体通过比较发现实际结果与预期不一致时，往往会产生后悔情绪。这种后悔主要分为两种类型：一种是个体已经实施了某种行为，但结果并非如预期般理想，从而引发的后悔，即体验后悔；另一种是个体未实施某种行为，却担心未来可能会因此遭受损失而产生的后悔，即预期后悔。人们常常会尽可能降低自身的后悔情绪，因此倾向于选择那些可能带来最低后悔感的行为。Zeelenberg（1999）提出的后悔调节理论（regret regulation theory）认为个体感到"做的后悔"与"不做的后悔"取决于"做与不做"与所处具体情境的关系。在特定情境下，若个体本应采取行动却选择按兵不动，那么由此引发的后悔情绪，即预期后悔，将更为强烈。为了避免这种强烈的预期后悔，个体会变得高度警觉，会积极地从内外部环境中搜集信息，对各种可能的选项进行细致的分析和比较，最终决定是否坚持最初的行为。后悔调节理论认为，人们会主动调节自己的后悔情绪。短期内，他们可能会为坚持某种行为而感到后悔；但从长远来看，不作为可能带来更强烈的后悔。然而，如果决策过程越合理，个体体验到的后悔情绪就会越少。预期后悔会让人们在进行决策时，通过合理分析和判断选择更加安全的方式降低未来可能面临的后悔，该观点日益得到学者的关注。

目前，对预期后悔的调节作用，国外心理学已经开始探索这方面的研究。在创业过程中，创业心理资本对返乡创业农民工的行为具有显著影响。尽管创业心理资本可能促使部分返乡创业农民工盲目坚持，但并非所有创业心理资本水平较高的返乡创业农民工均会陷入盲目创业的困境。预期后悔作为一种具备调节性质的消极情绪，能够促使返乡创业农民工在创业决策过程中更加谨慎地进行分析与评估。因此，本书将充分考虑预期后悔的调节作用，以弥补返乡创业农民工在创业过程中可能存在的认知不足。

3.1.8 社会支持理论

社会支持理论指出，社会支持的作用机制表现为：当个体面临重大压力时，个体所感知到的社会支持越强烈，就越可能增强其对自身积极情绪的认知，从而保持良好的心理状态，并进一步优化个体的行为表现。社会支持的作用不仅涉及外部环境对个体的影响，还涉及个体认知对自身的影响。个体认知是指个体对他人（包括家庭成员、合作伙伴、朋友、政府机构等）所提供的物质支持、资源支持和精神支持作用结果的感知。以往的学者已从社会互动关系（即被支持者通过与他人的互动而感知到被他人关心、接纳和获得帮助的范畴）、信息传递（即感知到被关爱、被认可、被接纳的信息）和社会资源角度（即感知到的物质、精神和信息方面的支持）等方面对社会支持进行了分析。社会支持最初作为社会环境因素之一被引入创业领域，是创业领域中的新兴变量，主要用于分析其对创业行为的影响。

返乡创业事件本身蕴含着巨大的不确定性和风险。社会支持能够帮助返乡农民工创业者缓解所面临的各种创业压力，增加其所需的创业资源和支持，从而促进其形成积极心态，产生更加强烈的创业坚持行为。因此，本书将社会支持作为调节变量进行分析，并将社会支持理论纳入理论基础，以更好地论证本书的理论框架。

3.1.9 创业认同理论

创业认同理论的起源可以追溯到20世纪80年代，心理学家Bandura（1986）提出了自我效能理论，即个体对自己能力和行为的信心感知。随后，创业研究学者开始将自我效能理论应用于创业研究领域，并探讨了创业者的自我效能感和身份认同之间的关系。在此基础上，创业认同理论逐渐形成。2003年，美国心理学家Hornsby等学者在其发表的文章中首次提出了创业认同的概念，认为创业认同是个体对创业角色的认同和接受程度。创业认同理论作为理解创业者行为及其成功的关键理论框架，近年来受到了广泛关注。Calabrò（2017）等学者，创业认同感的强度与创业者在创业活动中的投入程度密切相关。具体而言，创业认同感强烈的创业者往往表现出更高的积极性和主动性，愿意投入更多的时间和精力推进创业项目。这种高度的投入不仅有助于他们在创业过程中更好地应对各种挑战，还能使他们更有效地利用资源和机会，从而显著提升创业成功的可能性。此外，创业认同理论在揭示创业者身份认同的形成机制方面也发挥了重要作用。身份认同的塑造是一个复杂的过程，受到多种因素的综合影响。Mathews（2021）等学者创业教育是塑造创业者身份认同的重要途径之一。通过系统的创业教育，创业者能够获得必要的知识和技能，同时还能增强对创业活动的价值认知和自我效能感。角色认同也在这一过程中扮演着关键角色。创业者往往会受到身边成功创业者的启发和激励，通过模仿和学习他们的行为模式和思维方式，逐步建立起自己的创业身份认同。社会文化背景同样对创业者身份认同的形成具有深远影响。不同的社会文化环境为创业者提供了不同的价值观念、行为规范和社会支持，这些因素共同作用，塑造了创业者对自身角色的认知和理解。

综上所述，创业认同理论不仅为理解创业者的行为动机和成功的因素提供了有力的理论支持，还为创业者身份认同的塑造机制提供了深刻的洞见。这一理论的广泛应用有助于进一步推动创业研究的发展，并为研究返乡农民工创业坚持行为的具体实践提供更具针对性的指导。

3.2 概念模型的构建

创业者的创业资本由心理资本、人力资本、社会资本三个维度构成，并且从不同层面影响创业坚持行为。为了更好地构建本章的理论框架，以下将分别基于心理资本理论、期望理论、社会认知理论、后悔调节理论、社会支持理论，论述创业心理资本对创业坚持行为的影响所涉及的相关变量的逻辑关系并构建理论模型；基于人力资本理论、期望理论、社会支持理论论述创业人力资本对创业坚持行为的影响所涉及的相关变量的逻辑关系并构建理论模型；基于社会资本理论、社会支持理论和创业认同理论论述创业社会资本对创业坚持行为的影响所涉及的相关变量的逻辑关系并构建理论模型。

3.2.1 创业心理资本对创业坚持行为的影响框架构建

要建立创业心理资本对创业坚持行为影响的概念模型，需梳理各变量间的关系。第一，创业心理资本、创业认知与创业坚持行为之间的关系。拥有积极心态和情绪的创业者往往对创业目标更坚定，更愿意坚持下去。创业心理资本是一种积极心理状态，表现为创业自我效能、创业激情、创业韧性、创业乐观和创业幸福感等积极情绪或心态。心理资本理论和情绪反应理论表明，个体在工作中的积极心态或情绪反应会对行为产生积极影响。对于返乡创业农民工而言，丰富的创业心理资本使他们对自身的创业能力充满信心，对创业结果的预期更乐观，更有激情且更善于应对创业中的艰难险境，更容易在创业中获得成就感和满足感，从而推动其创业坚持行为。根据期望理论，当个体预期通过努力能获得想要的结果时，更愿意付出行动，即使遇到困难也会保持热情并积极投入持续行动。在返乡创业过程中，拥有积极心态和情绪的返乡创业农民工更有创业热情和信心，更乐观，对当前创业活动及可能收益更易满足（高效价），更相信自身能获得创业成功（高期望值），因而更愿意坚持。创业心理资本能够显著提高个体对目标实现的期望，能够帮助创业者积极应对创业风险和困难，保持良好状态并长期投身于创业活动中，从而促进创业坚持行为。

根据社会认知理论及创业认知研究，个人的积极心理状态会通过触发信息的检索、编码、识别和转化，影响个体的认知和判断。拥有积极心态的人在创业中倾向于对事物和环境保持乐观，这会促进创业坚持行为。即创业心理资本促进创业认知的改变，并最终转化为创业坚持行为。主观信念是认知与行动的内核，可以为创业者的决策和行动提供心理支持。换言之，创业心理资本为返乡创业农民工的创业决策和行为提供了心理支撑。可见，返乡创业农民工的创业心理资本本质上是驱动力。这种驱动力能激发他们的潜力，将其转变为可实施的行为工具，不仅可直接转化为持续创业的行为，还能放大其他变量（如创业认知）对外部环境的反应，转化为实际的创业坚持行为，即创业认知在创业心理资本与创业坚持行为之间发挥中介作用。

第二，预期后悔的调节作用。创业心理资本作为一种反映长期积极倾向的心理状态，可能会降低返乡创业农民工对外部环境风险的感知，增加其对不确定性的偏好。然而，这种积极心理状态需要一个平衡点，以确保其不会对创业者和组织造成损害。在创业过程中，创业者的某些负面情绪，如恐惧、怀疑、厌恶等，虽然看似消极，但实际上可以鼓励他们适应创业过程，并在创业意向转化为实际创业行为的过程中产生积极影响。预期后悔是一种消极情绪，它强调当人们在面对各种反事实比较时，会预期自己可能会产生的后悔情绪。根据后悔调节理论，由于对后悔的厌恶，预期后悔会调节创业者的认知和行为，以降低后悔的可能性。与积极情绪相比，消极情绪与不同的认知过程和行为有关。积极情绪可能会降低个人进行复杂创业思考的能力，从而降低个人的认知能力，尽管积极情绪有利于开发创业机会，但容易使创业者忽视创业中的关键细节。相反，消极情绪会使创业者更注重在不确定和复杂的创业环境中的细节和自我调节，从而影响创业者的创业认知和后续的创业活动。因此，预期后悔作为一种消极情绪，可能在返乡创业农民工的创业心理资本、创业认知与创业坚持行为之间发挥一定的调节作用。

第三，社会支持的调节作用。创业活动具有社会嵌入性，尽管创业心理资本强调个人力量和自我驱动，但如果返乡创业农民工缺乏完成创业活动所需的情感、信息和资源支持，仅靠积极心理状态难以维持其创业行为。根据社会认知理论，外部环境会影响人的情绪和行为，社会支持作为一种"调节"变量，通过来自家庭、社会网络及他人的支持，进而对人的情绪和行为产生影响。返乡创业农民工是一群相对孤独的人，他人提供的情感、资源、信息支持可能会优化返乡创业农民工的创业心理资本，并且是促进他们创业坚持行为的关键因素。社会支持理论认为，社会支持能够有效缓解个体所面临的压力。Kim等（2020）在研究中较早明确了社会支持能够促进初创企业的发展，让创业者更好地应对创业过程中的困难和压力。因此，社会支持是创业心理资本与创业坚持行为之间的桥梁，促进了积极心理状态的有效传递，并转化为创业坚持行为。基于以上分析，提出以下理论框架（见图3-5）。

首先，在相关变量的维度方面，一方面是基于心理资本理论和创业领域的相关研究，经过与创业领域专家的讨论，将创业心理资本分为创业激情、创业自我效能、创业韧性、创业乐观、创业幸福感五个维度；另一方面是基于相关文献，将创业认知分为创业准备脚本、创业意向脚本、创业能力脚本，将创业坚持行为、预期后悔作为单维度变量，将社会支持分为家庭支持、伙伴支持、机构支持三个维度。其次，从框架的横向脉络看，创业心理资本对创业坚持行为具有正向作用机制，创业认知在其中发挥中介作用。最后，从框架的纵向脉络看，预期后悔具有调节作用及调节的中介作用，社会支持具有调节作用及调节中介作用。

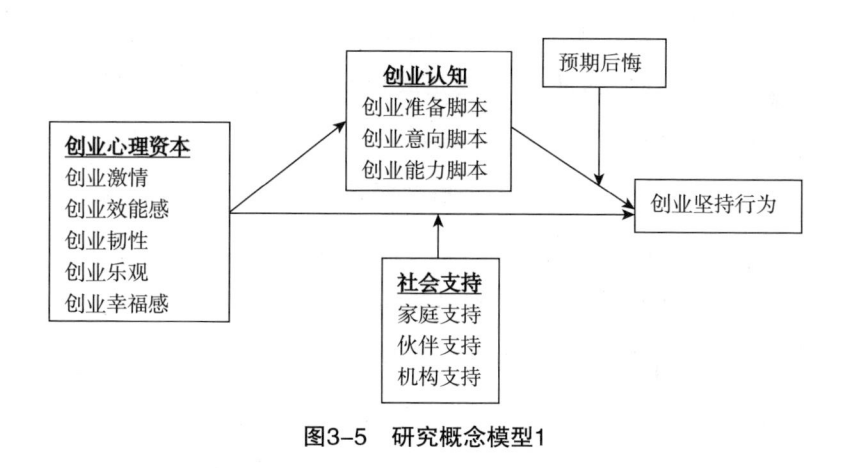

图3-5 研究概念模型1

3.2.2 创业人力资本对创业坚持行为的影响框架构建

人力资本理论认为，创业者的技能、知识、经验和教育是影响他们创业能力和行为的重要因素（Schultz，1959）。对于返乡创业农民工而言，人力资本由初始人力资本和务工积累人力资本两部分组成。初始人力资本主要指其进入城市务工前的人力资本水平，通常以其受教育年限来表示；务工积累人力资本则指外出务工者进入城市后所累积的人力资本。因此，返乡创业农民工的人力资本主要包括年龄、受教育程度、外出务工经验、劳动技能培训经验、职业技术培训经验、创业知识培训经验等。这些因素主要影响其创业机遇的选择、创业的敏感度、创业初期的评估以及创业的再生产能力等方面。创建企业是一项极具挑战性的活动，创业者不仅需要关注产品生产技术的发展，还要兼顾市场需求的变化；在整合外部资源的同时，还需维持内部管理的有序性。因此，创业者的特定人力资本，尤其是行业特定人力资本和创业特定人力资本，在很多情况下决定着创业的成败。一方面，在技术经济快速发展的背景下，新创企业需要大量的隐性知识，如技术发展趋势、市场需求特征、市场服务方式等，而这些知识通常来源于创业者在相关行业的工作经历。缺乏这些知识的创业者很难把握创业机会，即使看到了机会，也很难找到合适的途径去开发。另一方面，大量研究表明，新创企业面临的最大问题是成长的局限性，这源于企业在学习机制、合法性、资源与外部关系等方面的不足，可能导致企业难以实现成长，甚至面临生存危机。学者们从多个角度探索了新的发展路径，如行业特征、市场进入模式、战略联盟等。其中，创业者的创业经验，即创业特定人力资本，对新创企业的持续发展具有显著的影响。

丰富的人力资本可以转化为创业所需的能力，而具有高创业能力的个人更可能在面临困难和挫折时坚持不懈，从而增加创业成功的可能性。对于创业者来说，坚持创业需要大量的时间、精力和财务资源投入，而创业的回报通常不是即时的，需要经过一段时间的努力才能实现。期望理论认为，创业者的坚持取决于他们对回报的期望与实际回报之间的差距。具有高创业能力的个人更有能力应对挑战和风险，可能获得更高的实际回报，从而增加他们的预期回报。因此，具有高创业能力的个人更有可能坚持创业。总之，人力资本对返乡创业者的创业坚持行为的影响，是通过其内化为创业能力来实现的。

社会支持理论指出，个体通过获取社会支持来增强自身的能力，从而更好地应对挑战和压力。在创业过程中，家庭支持作为一种重要的社会支持形式，可以提供情感、物质和信息支持，进而影响创业者的行为。家庭能够为创业者提供情感支持，如鼓励、支持和理解，同时也能提供更多的市场信息和创业所需的资源。这种支持能够增强创业者的信心和决心，使他们能够更好地应对创业中的挑战和困难，促进他们坚持创业。

基于上述分析，本章构建了一个人力资本、创业能力、创业坚持行为和家庭支持的理论模型，如图 3-6 所示。其中，创业能力为中介变量，家庭支持为调节变量。

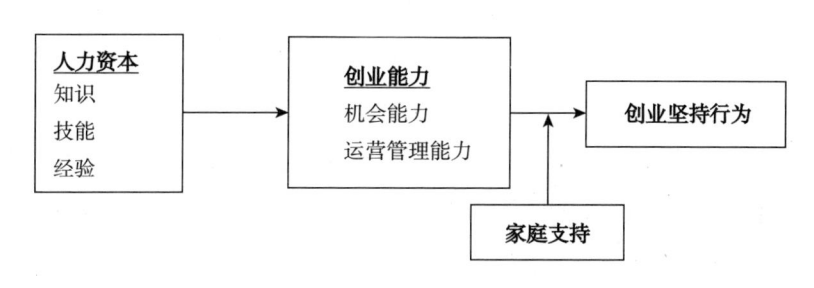

图 3-6　研究概念模型 2

3.2.3　创业社会资本对创业坚持行为的影响框架构建

社会资本理论和社会支持理论都表明，社会关系和社会支持是影响创业行为的重要因素。在创业过程中，创业者需要寻求各种形式的支持和资源，以应对创业过程中出现的挑战和困难，从而促进创业活动的持续发展。社会资本是指个体在社会交往中形成的信任、互惠和社会网络等资源。通过社会资本，创业者可以建立更广泛的社会网络和更多基于信任的互惠关系。在创业过程中，创业者为了提高企业创业成功的概率，会积极寻求新的社会资本。因此，创业者的个人网络不断延伸与拓展，并逐渐形成社会网络。与个人网络中的强关系联结不同，创业者的社会网络更多地由弱关系联结构成。Granovetter（1973）指出，强关系联结通常在具有相似性别、年龄、教育程度、职业身份、收入水平等社会经济特征的个体之间形成，而弱关系联结则在社会经济特征不同的个体之间发展。弱关系联结是获取信息资源的重要渠道。Li 等（2021）的实证研究结果显示，与其他创业者相比，拥有较多弱关系联结的创业者能够凭借其从社会网络中获取的异质信息，识别更多的创业机会。这不仅有助于改善新创企业的绩效，还能促进创业企业的持续发展。

社会资本对返乡农民工的创业活动有着多方面的显著影响，主要体现在信息渠道、创业意向、项目选择、可行性分析、资源利用效率以及创业成功率等方面。其核心作用在于为创业者构建丰富的社会关系网络，并提供坚实的社会支持，从而确保他们能够及时、准确地获取与创业相关的各类信息。在社会资本的构成中，同质性资本因其具备易交流性、高稳定性和强意愿性等特点，在返乡创业农民工的社会资本中占据较大比例。这种同质性社会资本是他们获取创业信息、寻找创业岗位的重要途径，有助于把握创业机会、确定合适的创业项目，并对创业的可行性进行有效的评估和判断。一方面，社会网络和关系能够通过提供丰富的信息、资源以及支持，直接增强农村返乡创业者在面对困难时的坚持力，使他们在创业过程中更具韧性。另一方面，社会资本能够帮助创业者拓展社会网络，使他们能够更广泛地获得社会支持，从而在创业过程中更加得心应手。农村返乡创业者的社会资本主要包括家族、亲族、乡土等社会关系，业缘、友缘的创业支持，政府的创业政策与支持等。在创业过程中，农村返乡创业者不可避免地会遇到各种挑战和压力。此时，社会支持的作用尤为重要，它能够以情感支持、资源提供、建议指导以及其他形式的帮助，助力农村返乡创业者应对这些挑战，使他们能够更加坚定地在创业道路上前行。

根据创业认同理论，创业认同是个体对创业行为的认识和接受程度，也是创业动机的重要来源。社会资本通过其所建立的社会关系和所提供的资源，能够增强农村返乡创业者的创业认同感，使他们更愿意投入时间、精力和资源促进创业发展。社会资本可以为农村返乡创业者提供更多的社会支持，这种支持可以让他们感受到更多的认可和帮助，可以增强他们的创业信心，给予他们更多坚持创业的动力。在已有的社会资本、社会支持和创业认同感理论的基础上，本书以"环境—认知—行为"的逻辑框架为指导，如图3-7所示，探讨社会资本如何通过社会支持和创业感认同感的中介作用影响创业坚持行为。具体而言，本书将考察社会支持和创业认同感在社会资本与创业坚持行为之间的链式中介效应。

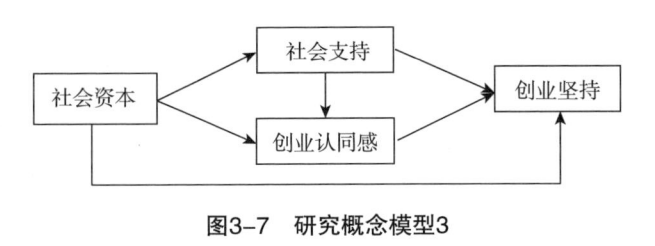

图3-7　研究概念模型3

3.3　本章小结

本章首先系统地介绍了创业研究领域内的多个理论基础，包括创业理论、心理资本理论、人力资本理论、社会资本理论、期望理论、社会认知理论、后悔调节理论、社会支持理论以及创业认同理论。这些理论共同构成了分析返乡农民工创业坚持行为的坚实理论基础。接着，本章基于上述理论框架，提出了三个理论模型，分别探讨创业心理资本、人力资本和社会资本对创业坚持行为的影响。具体而言：一是创业心理资本对创业坚持行为影响的理论模型：着重探讨创业者的内在心理资本如何激发其创业活力和持久性。二是创业人力资本对创业坚持行为影响的理论模型：分析创业者的教育背景、技能和经验如何为其创业活动提供必要的支撑。三是创业社会资本对创业坚持行为影响的理论模型：强调社会网络和关系对创业者获取资源和信息的重要性。通过这些理论的应用和模型的构建，本书旨在提供理解返乡农民工创业坚持行为的多维度视角，并为后续的实证分析奠定理论基础。这些理论模型的提出，不仅丰富了创业领域的理论研究，也为具体实践提供了促进创业坚持行为的潜在策略。

4 返乡创业农民工创业现状及特征分析

本书的研究对象为从事返乡创业活动的农民工，包括在县域、乡（镇）、村中开展创业活动的各类企业家、农场经营者、合作社负责人、种植大户和个体返乡创业者，样本涵盖福建省众多市、县、乡（镇）。本章基于正式调研所收集的 520 份有效样本的数据开展描述性统计分析、方差分析和 t 检验，从中了解了返乡创业农民工的基本特征、返乡创业现状以及返乡创业中存在的问题，以为后期提出促进返乡创业农民工创业坚持行为的建议奠定现实基础。

4.1 返乡创业农民工创业现状分析

本章采用 Spss 24.0 对正式调研收集的 520 份问卷进行描述性分析，了解返乡创业农民工及其创业企业的基本情况。

4.1.1 返乡创业农民工的基本特征

表4-1 返乡创业农民工样本的基本特征

基本特征	类别	频数	百分比（%）	基本特征	类别	频数	百分比（%）
性别	男	310	59.62	先前工作经验年限	1年及以下	25	4.81
	女	210	40.38		2~4年	85	16.35
年龄	25岁及以下	55	10.58		5~7年	180	34.62
	26~35岁	220	42.30		8~10年	160	30.76
	36~45岁	185	35.58		11年及以上	70	13.46
	46~55岁	55	10.58	创业经历	没有	332	63.85
	56岁及以上	5	0.96		1次	103	19.81
学历	没上过学	0	0		2次	64	12.31
	小学	80	15.38		3次及以上	21	4.03
	中学/中职	185	35.58	有无创业培训经验	没有	314	60.38
	高中/高职	125	24.04		有	206	39.62
	大学（包括大专）及以上	130	25.00				

由表4-1的相关数据，可以获得以下信息。

第一，在收集的520份有效问卷中，其中，男性返乡创业农民工为310人，占总数的59.62%，女性返乡创业者为210人，占总数的40.38%，可见，在返乡创业农民工中，男性居多。

第二，返乡创业农民工的年龄分为5个阶段：25岁及以下的有55人，占总数的10.58%；26~35岁的有220人，占总数的42.30%；36~45岁的有185人，占总数的35.58%；46~55岁的有55人，占总数的10.58%；56岁及以上的有5人，占总数的0.96%。可见，45岁以下的返乡创业农民工的占比在 80% 以上，其中以青壮年为主，而这一年龄段的返乡创业农民工正处于人生拼搏的关键期，加之之前在城市有一定的工作经验，积累了一定的资金和实力，更具有干一番事业的雄心和壮志。

第三，从返乡创业农民工的学历来看，初中及以下的有 265 人，占 50.96%；高中/高职的有 125 人，占 24.04%；大学（包括大专）及以上的有 130 人，占 25%。由此可见，返乡创业农民工的学历以初中、高中以上学历为主，普遍高于农民工的整体受教育水平，他们能够更好地理解和运用现代农业新技术、现代农业新政策、现代管理方式。

第四，先前工作经验年限是指返乡创业农民工在返乡创业之前的工作、从商年限，从表 4-1 可以看出，受访者的工作经验年限集中在 5 年以上，工作经验年限不足 1 年的情况较少，但有 11 年及以上工作经验年限的有 70 人。通过调研发现，他们在返乡前主要从事制造业与建筑业、现代服务业，并且掌握了一定技术和经验，对城市市场有一定的了解，而且创业想法比较明确。

第五，创业经历是指创业次数，从创业经历来看，63.85% 的返乡创业农民工没有创业经历，36.15% 的返乡创业农民工拥有 1 次及以上的创业经历，可见具有创业经历的人较少。

第六，从有无创业培训经验来看，60.38% 的返乡创业农民工没有接受过创业培训，可见对返乡创业农民工的创业培训有待加强。

4.1.2 返乡创业农民工创业项目的基本情况

本章主要从企业拥有的员工数量、返乡创业年限、创业类型及是否为新型农业经营主体分析返乡创业农民工创业项目的基本情况，见表 4-2。

表4-2 返乡创业项目的基本情况

基本特征	选项	频数	百分比（%）	基本特征	选项	频数	百分比（%）
员工数量	无雇佣	177	34.04	创业类型	养殖业	30	5.77
	5人及以下	142	27.31		种植业	35	6.73
	6~20人	114	21.92		特色农业	75	14.42
	21~50人	64	12.31		农产品营销/加工业	65	12.50
	51~100人	18	3.46		农资经销/农业生产专业服务业	60	11.54
	101人及以上	5	0.96		零售业/批发业	20	3.85
返乡创业年限	不到1年	20	3.85		餐饮住宿业	30	5.77
	1~2年	137	26.35		食品加工业	50	9.62
	3~5年	252	48.46		制造业	25	4.81
	6~8年	111	21.34		建筑业	5	0.96
	9年以上	已删除（新创企业以8年为周期）			医疗业	15	2.88
					居民服务业	25	4.81
是否为新型农业经营主体	家庭农场	65	12.50		文化和娱乐业	40	7.69
	专业大户	50	9.62		电商行业	40	7.69
	农民专业合作社	35	6.73		自媒体及其他个体创业	5	0.96
	龙头企业	65	12.50				
	个体经营	305	58.65				

第一，本书将返乡创业企业规模分为6组，主要是无雇佣、5人及以下、6~20人、21~50人、51~100人、101人及以上。统计结果显示，其中，61.35%的返乡创业企业拥有的员工数量在5人及以下规模，同时仅有4.42%的样本企业拥有50名以上员工。可见，返乡创业企业规模普遍偏小，而且以家庭为单位的"夫妻店""父子店"依然是返乡创业企业的主流。

第二，严格遵循Zahra等（2000）提出的新创企业成立年限标准，将成立8年以上的样本予以剔除，即用于数据分析的样本仅限于成立时间不足8

年的返乡新创企业。保留的样本企业的成立年限分布得相对均匀，成立年限在1年及以下的企业占总体样本的3.85%，1~2年的占26.35%，3~5年的占48.46%，6~8年的占21.34%，可见所采集的样本均为筹建和发展中的新创企业。

第三，根据《统计上大中小微型企业划分办法（2017）》的分类标准，将返乡创业企业的行业划分为十五类。统计结果显示，样本企业集中在涉农行业，表现为以下三类：特色农业（14.42%）、农产品营销/加工业（12.50%）、农资经销/农业生产专业服务业（11.54%）。这种分布情况与现实情况是非常吻合的，在一定程度代表了返乡创业企业所涉及的行业。从访谈及调研发现，返乡创业成功率较高的企业主要有新型农业种植、养殖企业，土特产线上销售、休闲旅游等服务业企业。

第四，新型农业经营主体是指在完善家庭联产承包责任制度的基础上，有文化、懂技术、会经营的职业农民和具有大规模经营、较高集约化程度和市场竞争力的农业经营组织，主要包括专业大户、家庭农场、农民专业合作社、农业龙头企业以及其他经营性农业社会化服务组织。从返乡创业企业是否为新型农业经营主体来看，41.35%的企业为新型农业经营主体。根据调查的520份数据，其中开办家庭农场的返乡创业农民工占12.5%，成为专业大户的占9.62%，成立农民专业合作社的占6.73%，经营龙头企业的占12.5%，其他为中小个体经营者。总体来看，样本具有一定代表性。

4.2 返乡创业农民工创业动态分析

为了更好地了解返乡创业农民工的实际情况，以下对返乡创业农民工的创业动态进行描述性分析，主要了解返乡创业农民工的返乡创业动机、心态及获得社会支持的情况。

4.2.1 返乡创业农民工的创业动机

为了解返乡创业农民工的返乡创业动机,基于已有的文献,本书对7个常见的返乡创业动机进行调研(见表4-3)。根据表4-3的数据,创业动机为提高生活水平的占25.67%;提高社会地位的占21.89%;实现个人理想抱负的占37.73%;照顾家人及其他的占5.96%;带领乡亲致富,解决温饱问题,解决看病、学习、结婚等急需的占比为4.98%、1.51%及2.26%。由此可见,实现个人理想抱负、提高生活水平和社会地位是返乡创业农民工的主要创业动机。

表4-3 返乡创业农民工的创业动机

选项(多选)	个案数(人)	百分比(%)	个案百分比(%)
解决温饱问题	20	1.51	3.85
提高生活水平	340	25.67	65.38
提高社会地位	290	21.89	55.77
实现个人理想抱负	500	37.73	96.15
解决看病、学习、结婚等急需	30	2.26	5.77
带领乡亲致富	66	4.98	12.69
照顾家人及其他	79	5.96	15.19
总计	1 325	100.00	254.80

4.2.2 返乡创业农民工的创业状态

返乡创业农民工的创业状态可以根据创业难度情况、创业面临的主要困难、创业心态情况、创业心态在返乡创业坚持行为中的重要程度、获得社会支持等情况进行分析,具体如表4-4至表4-8所示。

第一，大多数返乡创业农民工认为返乡创业难度较大，且资金困难、技术困难和招工困难是主要困难。一是从返乡创业农民工对返乡创业难易度情况的判断来看（见表4-4）。61.54%的返乡创业农民工认为返乡创业比较难，25%的返乡创业农民工认为返乡创业难度一般，有12.5%的返乡创业农民工认为返乡创业非常难，仅有0.96%的返乡创业农民工认为返乡创业比较容易，可见返乡创业并非易事。二是从返乡创业农民工创业面临的主要困难来看（见表4-5），资金困难占45.22%，用地困难占12.57%，招工困难占17.26%，技术困难占18.32%，而行政审批困难及其他困难只占2.65%和3.98%，可见资金困难、技术困难和招工困难是返乡创业农民工面临的主要困难。

表4-4 返乡创业农民工创业难度情况

选项（单选）	个案数（人）	百分比（%）	累计百分比（%）
非常难	65	12.50	12.50
比较难	320	61.54	74.04
一般	130	25.00	99.40
比较容易	5	0.96	100.00
非常容易	0	0.00	100.00
总计	520	100.00	

表4-5 返乡创业农民工创业面临的主要困难

选项（多选）	个案数（人）	百分比（%）	个案百分比（%）
资金困难	511	45.22	98.27
用地困难	142	12.57	27.31
招工困难	195	17.26	37.50
技术困难	207	18.32	39.81
行政审批困难	30	2.65	5.77
其他	45	3.98	8.65
总计	1 130	100.00	217.31

第二，从返乡创业农民工创业心态情况来看（见表4-6），相关数据表明71.15%的返乡创业农民工在创业过程中有过放弃的想法，76.93%的返乡创业农民工认为好的心态对支撑自身返乡创业很重要，而且68.65%的返乡创业农民工认为在返乡创业过程中提升心理素质及能力十分重要。从表4-7可以看出，参与调研的返乡创业农民工认为创业激情、创业幸福感、创业韧性、创业效能感、创业乐观在返乡创业中均十分重要，而且33.85%的返乡创业农民工觉得创业激情是支撑创业坚持行为的最重要心态，紧接着是创业幸福感，然后是创业韧性、创业效能感和创业乐观。

表4-6 返乡创业农民工创业心态情况

基本情况	类别	人数（人）	百分比（%）
是否想过放弃	是	370	71.15
	否	150	28.85
心态的态重要程度	完全不重要	10	1.92
	不重要	5	0.96
	一般	105	20.19
	重要	345	66.35
	非常重要	55	10.58
在持续经营中提升心理素质及能力的重要程度	完全不重要	3	0.58
	不重要	7	1.35
	一般	153	29.42
	重要	332	63.84
	非常重要	25	4.81

表4-7 创业心态在返乡创业坚持行为中的重要程度

选项（单选）	个案数（人）	百分比（%）	累计百分比（%）
创业效能感	71	13.65	13.65
创业韧性	86	16.54	30.19
创业幸福感	119	22.88	53.07
创业激情	176	33.85	86.92
创业乐观	68	13.08	100.00
总计	520	100.00	

第三，从返乡创业农民工获得社会支持情况来看（见表4-8），96.15%的返乡创业农民工表示获得了家庭支持。其中，72.31%的返乡创业农民工表示获得了伙伴支持，57.69%的返乡创业农民工表示获得了机构支持，有42.31%的返乡创业农民工表示没有获得过机构支持。根据以上数据可知，机构支持的普及率有待提高。

表4-8 返乡创业农民工获得社会支持情况

基本情况	类别	人数（人）	百分比（%）
家庭支持	是	500	96.15
	否	20	3.85
伙伴支持	是	376	72.31
	否	144	27.69
机构支持	是	300	57.69
	否	220	42.31

4.3 返乡创业相关变量的描述性分析

本章根据520份有效问卷对所涉及的5个变量共十三个维度的测量问题进行描述性统计分析，得到表4-9的统计结果。

表4-9 变量的描述性统计分析

变量	维度	题项	最小值	最大值	平均值	标准差	偏度	峰度
创业心理资本	创业效能感	EPE1	2	7	5.26	0.973	-0.560	0.671
		EPE2	1	7	5.07	1.086	-0.613	1.104
		EPE3	1	7	5.18	1.081	-0.502	0.245
		EPE4	2	7	5.33	0.971	-0.588	0.509
		EPE5	2	7	5.32	1.110	-0.299	-0.404
	创业激情	EPP1	1	7	5.11	0.962	-0.124	0.960
		EPP2	2	7	5.08	0.963	0.002	0.221
		EPP3	2	7	5.18	0.932	-0.104	0.097
		EPP4	2	7	5.23	0.976	-0.118	0.108
		EPP5	2	7	5.22	0.983	-0.120	0.170
	创业韧性	EPR1	2	7	5.23	0.868	-0.433	0.429
		EPR2	2	7	5.25	0.919	-0.295	0.139
		EPR3	2	7	5.18	0.941	-0.387	0.270
		EPR4	2	7	5.24	0.871	-0.548	0.869
		EPR5	2	7	5.18	0.900	-0.407	0.184
	创业乐观	EPO1	1	7	5.20	0.880	-0.405	1.220
		EPO2	2	7	5.16	0.924	-0.418	0.558
		EPO3	2	7	5.20	0.874	-0.396	0.344
		EPO4	2	7	5.20	0.884	-0.574	1.078
		EPO5	2	7	5.24	0.902	-0.563	0.928
	创业幸福感	EPH1	2	7	5.18	0.909	-0.288	-0.079
		EPH2	2	7	5.02	0.915	0.019	-0.348
		EPH3	2	7	5.33	0.952	-0.519	0.184
		EPH4	2	7	5.08	0.983	-0.264	-0.213
		EPH5	2	7	5.12	0.944	-0.185	-0.454

续表

变量	维度	题项	最小值	最大值	平均值	标准差	偏度	峰度
创业认知	创业准备脚本	ECP1	1	7	5.03	1.039	-0.469	0.642
		ECP2	2	7	5.04	1.052	-0.312	0.303
		ECP3	1	7	5.02	1.019	-0.394	0.636
		ECP4	1	7	5.03	1.041	-0.420	0.540
		ECP5	1	7	5.02	1.006	-0.445	0.824
	创业意向脚本	ECI1	2	7	5.09	0.964	-0.466	0.473
		ECI2	1	7	5.13	0.973	-0.420	0.767
		ECI3	1	7	5.17	0.983	-0.724	1.218
		ECI4	2	7	5.17	0.923	-0.601	1.251
		ECI5	2	7	5.13	0.964	-0.455	0.691
	创业能力脚本	ECA1	2	7	5.15	0.988	-0.429	0.615
		ECA2	2	7	5.08	1.044	-0.324	0.356
		ECA3	2	7	5.16	1.007	-0.396	0.560
		ECA4	2	7	5.07	1.052	-0.384	0.321
		ECA5	2	7	5.06	1.006	-0.322	0.400
社会支持	家庭支持	SSF1	2	7	5.06	1.031	0.279	-0.208
		SSF2	2	7	5.08	1.005	-0.048	0.072
		SSF3	2	7	5.04	1.032	0.250	0.007
	伙伴支持	SSP1	2	7	5.11	1.028	-0.125	-0.203
		SSP2	2	7	5.12	1.053	-0.325	0.237
		SSP3	1	7	5.11	1.083	-0.411	0.356
	机构支持	SSG1	1	7	4.75	1.227	-0.439	0.627
		SSG2	1	7	5.04	1.278	-0.606	0.427
		SSG3	1	7	4.71	1.324	-0.437	0.455

续表

变量	维度	题项	最小值	最大值	平均值	标准差	偏度	峰度
预期后悔		AR1	1	7	5.08	1.148	−0.700	1.868
		AR2	1	7	5.12	1.160	−0.880	1.851
		AR3	1	7	4.93	1.192	−0.626	1.179
创业坚持行为		EP1	1	7	5.13	1.027	−0.242	1.166
		EP2	1	7	5.17	0.928	−0.255	1.017
		EP3	1	7	5.27	0.946	−0.437	1.160
		EP4	1	7	5.24	0.977	−0.409	1.152
		EP5	1	7	5.24	0.992	−0.468	1.072

由表4-9可知，样本测量变量题项对应的最小值为1，最大值为7，介于1~7，表明在建档过程中没有发生错误。变量各题项的平均值在4.71~5.33，表明所有题项都有鉴别力。变量各题项的偏度介于−0.88~0.279，符合偏度绝对值小于2的标准。变量各题项的峰度值介于−0.454~1.868，符合峰度值绝对值小于7的标准，可见数据基本符合正态分布。从表4-9可以看出，标准差介于0.868~1.324，表明受访者对每个题项的理解基本一致。

4.4 返乡创业农民工创业差异分析

4.4.1 在创业坚持行为上的差异分析

为了解返乡创业农民工在创业坚持行为上的差异，首先采用独立样本 t 检验了解不同性别、有创业培训经验和无创业培训经验的返乡创业农民工在创业坚持行为上的差异。其次，采用单因素方差（ANOVA）检验不同年龄、不同学历、不同先前工作经验年限、不同创业经历、不同创业类型、不同返乡创业年限、不同员工数量的返乡创业农民工在创业坚持行为上是否存在差异。由表 4-10 可知，性别差异检验结果未达到显著性水平（$t=1.455 < 1.96$，$p=0.146$），表明不同性别的返乡创业农民工在创业坚持行为上不存在显著差异。从有无创业培训经验来看，检验结果也未达到显著性水平（$t=1.369$，$p=0.172$），表明有创业培训经验和无创业培训经验的返乡创业农民工在创业坚持行为上没有显著差异。

表4-10　在创业坚持行为上的差异分析（1）

变量	个体差异	个案数（人）	平均值	标准差	平均值差异	自由度	p 值
创业坚持行为	男性	310	5.252	0.073	0.107	518	0.146
	女性	210	5.145	0.431			
	有创业培训经验	314	5.248	0.793	0.10	518	0.172
	无创业培训经验	206	5.148	0.864			

从表 4-11 单因素方差分析结果可知，不同年龄的返乡创业农民工的创业坚持行为的 F 检验达到显著性水平（$F=2.409$，$p=0.048 < 0.05$），表明不同年龄的返乡创业农民工在创业坚持行为上存在显著差异。因此，进一步经 Scheffe 检验法进行事后比较（见表 4-12）得知，年龄在 26~45 岁的返乡创业农民工的创业坚持行为明显高于年龄在 25 岁及以下的返乡创业农民工。这一结果与现实是一致的，因为随着年龄的增长，返乡创业农民工对自身行为的判断更为理性，且可供选择的其他路径较少，坚持创业是更为合适的选择。从表 4-11 同样可以发现，不同学历（$F=1.072$，$p=0.36 > 0.05$）、不同先前工作经验年限（$F=1.923$，$p=0.105 > 0.05$）、不同创业经历（$F=0.189$，$p=0.904 > 0.05$）、不同返乡创业年限（$F=0.701$，$p=0.551 > 0.05$）、不同员工数量（$F=0.397$，$p=0.851 > 0.05$）、不同创业类型（$F=1.312$，$p=0.195 > 0.05$）等的返乡创业农民工在创业坚持行为上均不存在显著差异。

表4-11 在创业坚持行为上的差异分析（2）

变量	个体及企业差异	F值	p值
创业坚持行为	年龄	2.409	0.048
	学历	1.072	0.360
	先前工作经验年限	1.923	0.105
	创业经历	0.189	0.904
	返乡创业年限	0.701	0.551
	员工数量	0.397	0.851
	创业类型	1.312	0.195

表4-12 在创业坚持行为上的差异分析（3）

变量	年龄	个案数（人）	平均值	F值	p值	Scheffe事后检验
创业坚持行为	（1）25岁及以下	55	4.971	2.409	0.048	（2）＞（1），显著 （3）＞（1），显著
	（2）26~35岁	220	5.160			
	（3）36~45岁	185	5.279			
	（4）46~55岁	55	5.360			
	（5）56岁及以上	5	5.389			

4.4.2 在创业心理资本上的差异分析

为了解返乡创业农民工在创业心理资本上的差异，本章将采用独立样本 t 检验了解不同性别、有创业培训经验和无创业培训经验的返乡创业农民工在创业心理资本上的差异。然后采用单因素方差检验不同年龄、不同学历、不同先前工作经验年限、不同创业经历、不同创业类型、不同返乡创业年限、不同员工数量的返乡创业农民工在创业心理资本上是否存在差异。由表4-13可知，性别差异检验结果达到显著性水平（$t=2.571$，$p=0.01<0.05$），表明不同性别的返乡创业农民工在创业心理资本上存在显著差异，男性返乡创业农民工创业心理资本的均值为5.48，女性返乡创业农民工创业心理资本的均值为5.111，前者要高于后者。这一结论与很多研究一致，认为男性与女性在心理素质上存在一定的差异。从有无创业培训经验来看，检验结果达到显著性

水平（$t=2.425$，$p=0.016$），表明有创业培训经验的返乡创业农民工与无创业培训经验的返乡创业农民工在创业心理资本上存在显著差异，有创业培训经验的返乡创业农民工创业心理资本的均值为5.247，无创业培训经验的返乡创业农民工创业心理资本的均值为5.114，前者要高于后者，可见让返乡创业农民工参与创业培训可以提高其创业心理资本。

表4-13 在创业心理资本上的差异分析（1）

变量	个体差异	个案数	平均值	标准差	平均值差异	t值	自由度	p值
创业心理资本	男性	310	5.248	0.592	0.137	2.571	518	0.010
	女性	210	5.111	0.598				
	有创业培训经验	314	5.247	0.592	0.133	2.425	518	0.016
	无创业培训经验	206	5.114	0.600				

表4-14 在创业心理资本上的差异分析（2）

变量	个体及企业差异	F值	p值
创业心理资本	年龄	2.369	0.052
	学历	1.639	0.179
	先前工作经验年限	2.221	0.066
	创业经历	0.338	0.798
	返乡创业年限	1.965	0.082
	员工数量	0.686	0.561
	创业类型	1.749	0.043

从表4-14单因素方差分析结果可知，不同年龄的返乡创业农民工的创业心理资本的F检验没有达到显著性水平（$F=2.369$，$p=0.052>0.05$），表明不同年龄的返乡创业农民工在创业心理资本上不存在显著差异。从表4-14同样可以发现，不同学历（$F=1.639$，$p=0.179>0.05$）、不同先前工作经验年限（$F=2.221$，$p=0.066>0.05$）、不同创业经历（$F=0.338$，$p=0.798>0.05$）、不同返乡创业年限（$F=1.965$，$p=0.082>0.05$）、不同员工数量（$F=0.686$，$p=0.561>0.05$）的返乡创业农民工在创业心理资本上不存在显著差异。此外，从表4-14可见，不

同返乡创业类型的返乡创业农民工的创业心理资本的 F 检验达到显著性水平（F=1.749，p=0.043＜0.05）。进一步，经 Scheffe 检验法进行事后比较（见表4-15）得知，从事养殖业的返乡创业农民工的创业心理资本明显低于从事种植业、特色农业、农资经销/农业生产专业服务业、零售/批发业、居民服务业、文化和娱乐业等行业的返乡创业农民工；从事种植业的返乡创业农民工的创业心理资本要大于从事农资经销/农业生产专业服务业、食品加工业、医疗业、电商业的返乡创业农民工；从事食品加工业的返乡创业农民工心理资本要小于特色农业、餐饮住宿业、文化和娱乐业等行业的返乡创业农民工的创业心理资本。在经济下行的情况下，不同行业受到不同程度的影响，加之行业自身的特性，使得从事不同行业的返乡创业农民工在创业心理资本上存在一定的差异。

表4-15 在创业心理资本上的差异分析（3）

变量	行业类型	个案数（人）	平均值	F 值	p 值	Scheffe 事后检验
创业心理资本	（1）养殖业	30	4.943	1.749	0.043	（2）＞（1） （3）＞（1） （4）＞（1） （5）＞（1） （12）＞（1） （13）＞（1） （2）＞（5） （2）＞（8） （2）＞（11） （2）＞（14） （3）＞（8） （7）＞（8） （13）＞（8）
	（2）种植业	35	5.381			
	（3）特色农业	75	5.279			
	（4）农产品营销/加工业	65	5.196			
	（5）农资经销/农业生产专业服务业	60	5.095			
	（6）零售/批发业	20	5.320			
	（7）餐饮住宿业	30	5.337			
	（8）食品加工业	50	4.973			
	（9）制造业	25	5.158			
	（10）建筑业	5	5.176			
	（11）医疗业	15	4.973			
	（12）居民服务业	25	5.339			
	（13）文化和娱乐业	40	5.317			
	（14）电商业	40	5.065			
	（15）自媒体及其他个体创业	5	5.272			

4.4.3 在社会支持上的差异分析

由表 4-16 可知,性别差异检验结果没有达到显著性水平(t=1.017,p=0.309＞0.05),表明不同性别的返乡创业农民工在社会支持上不存在显著差异。从有无创业培训经验来看,检验结果没有达到显著性水平(t=1.02,p=0.308＞0.05),表明有创业培训经验的返乡创业农民工与无创业培训经验的返乡创业农民工在社会支持上不存在显著差异。

表4-16　在社会支持上的差异分析(1)

变量	个体差异	个案数	平均值	标准差	平均值差异	t值	自由度	p值
社会支持	男性	310	5.032	0.827	0.075	1.017	518	0.309
	女性	210	4.956	0.833				
	有创业培训经验	314	5.031	0.823	0.076	1.020	518	0.308
	无创业培训经验	206	4.955	0.841				

从表 4-17 单因素方差分析结果可知,不同年龄的返乡创业农民工在社会支持上的 F 检验没有达到显著性水平(F=0.14,p=0.967＞0.05),表明不同年龄的返乡创业农民工在社会支持上不存在显著差异。从表 4-17 同样可以发现,不同学历(F=1.865,p=0.134＞0.05)、不同先前工作经验年限(F=0.859,p=0.488＞0.05)、不同创业经历(F=0.402,p=0.752＞0.05)、不同返乡创业年限(F=0.355,p=0.879＞0.05)、不同员工数量(F=0.867,p=0.458＞0.05)的返乡创业农民工在社会支持上不存在显著差异。此外,从表 4-17 可见,不同创业类型的返乡创业农民工在社会支持上的 F 检验达到显著性水平(F=1.823,p=0.033＜0.05)。进一步经 Scheffe 检验法进行事后比较(见表 4-18)得知,从事种植业的返乡创业农民工获得的社会支持要显著高于从事其他行业的返乡创业农民工获得的社会支持,这与目前国家对种植业的支持有关。从事餐饮住宿业的返乡创业农民工获得的社会支持要明显高于从事养殖业、特色农业、农产品营销/加工业、农资经销/农业生产专业服务业、食品加工业、建筑业的返乡创业农民工获得的社会支持。因为很多餐

饮住宿企业为合伙企业，尤其是一些民宿、农庄等，这些企业获得的来自家庭、伙伴、朋友的支持较多。

表4-17　在社会支持上的差异分析（2）

变量	个体及企业差异	F值	p值
社会支持	年龄	0.140	0.967
	学历	1.865	0.134
	先前工作经验年限	0.859	0.488
	创业经历	0.402	0.752
	返乡创业年限	0.355	0.879
	员工数量	0.867	0.458
	创业类型	1.823	0.033

表4-18　在社会支持上的差异分析（3）

变量	行业类型	个案数	平均值	标准差	F值	p值	Scheffe事后检验
社会支持	（1）养殖业	30	4.763	0.709	1.823	0.033	（2）＞（1） （2）＞（3） （2）＞（4） （2）＞（5） （2）＞（6） （2）＞（8） （2）＞（9） （2）＞（12） （2）＞（13） （2）＞（14） （7）＞（1） （7）＞（3） （7）＞（4） （7）＞（5） （7）＞（8） （7）＞（9）
	（2）种植业	35	5.479	0.953			
	（3）特色农业	75	4.982	0.760			
	（4）农产品营销/加工业	65	4.841	0.967			
	（5）农资经销/农业生产专业服务业	60	4.946	0.755			
	（6）零售/批发业	20	5.017	0.810			
	（7）餐饮住宿业	30	5.341	0.831			
	（8）食品加工业	50	4.911	0.760			
	（9）制造业	25	4.880	0.842			
	（10）建筑业	5	4.822	0.834			
	（11）医疗业	15	5.015	0.947			
	（12）居民服务业	25	4.964	0.597			
	（13）文化和娱乐业	40	5.050	0.914			
	（14）电商业	40	4.997	0.773			
	（15）自媒体及其他个体创业	5	5.467	0.474			

4.5 返乡创业农民工创业存在的问题

农民工返乡创业是统筹城乡发展的新途径，是实现农村人口致富的重要手段，也是实现乡村振兴的重要渠道。但是，笔者通过调查及访谈发现，返乡创业农民工在创业过程中依然会面临一些问题，需要返乡创业农民工自身、家庭、政府，乃至社会的共同努力，具体如下。

第一，返乡创业农民工创业培训不足。返乡创业农民工的学历在初中及以下的有 265 人，占 50.96%；高中/高职的有 125 人，占 24.04%；大学（包含大专）及以上的有 130 人，占 25%。返乡创业农民工的学历以初高中以上为主，普遍高于农村居民平均学历水平，但整体学历水平还是比较低。调研同样发现，60.38% 的返乡创业农民工没有接受过创业培训，这将导致其创业知识、技能的不足。通过进一步的数据分析，发现有创业培训经验的返乡创业农民工与无培训经验的返乡创业农民工在创业心理资本上存在显著差异（t=2.425，p=0.016），有创业培训经验的返乡创业农民工创业心理资本的均值为 5.247，无创业培训经验的返乡创业农民工创业心理资本的均值为 5.114，前者要高于后者。由此可见，让返乡创业农民工参与相关创业培训不仅能够提升返乡农民工的创业知识和技能，还能提高其创业心理资本。

第二，返乡创业企业单一且规模小。如果从雇佣员工数量来判断企业规模，可以发现所调研的创业企业一般都是小微企业，以个体、私营、小门店为主，而且小部分为民营企业，采用股份合作制的企业较少。从返乡创业领域来看，很多农民工返乡创办的企业门槛较低，而且对技术要求不高，大多数为有较大经营风险的种养殖企业，主要集中在农业、服务业和个体零售业等，科技含量相对较低，同质化的竞争较为激烈，对地区自然资源、地理优势依赖较大，复制性较弱。

第三，农民工返乡创业面临的困难多。调查结果显示61.54%的返乡创业农民工认为返乡创业比较难，25%的返乡创业农民工认为返乡创业难度一般，有12.5%的返乡创业农民工认为返乡创业非常难。同时，通过对农民工返乡创业面临的主要困难的调查，发现"资金困难"为第一大困难，第二大困难为"技术困难"。通过访谈也发现，农民工返乡创业普遍面临资金不足的问题，因此，资金困难是返乡农民工创业面临的突出问题。相比于城市地区，农村地区融资渠道窄、人才资源缺乏、专业技术水平低，返乡创业活动较难开展。资金困难与农民工返乡创业资金渠道单一有关，农民工返乡创业的主要资金来源于其外出打工期间积累的有限资金，或者是亲戚朋友的借款，然后才是正规贷款。因为农村地区金融约束程度较高，返乡创业农民工从事的行业通常以涉农生产为主，具有较大的不确定性。与此同时，返乡农民自身金融知识不足，风险意识较为薄弱，他们担心贷款利息过高无力承担，而不愿选择去银行贷款。

第四，返乡创业农民工的创业心态有待提升。返乡创业农民工在创业过程中不断面临着来自自身、家庭、外部环境的挑战。在决定离开城市返回家乡的那一刻起，在跌跌撞撞的创业过程中，需要返乡创业农民工拥有一定的魄力、自信、毅力和激情。一方面，在返乡前，少部分返乡创业农民工在城市务工时积累了经验并已经开展了创业活动，然后再进行返乡创业，这部分人心理素质相对较好。而大部分返乡创业农民工返乡前主要做一些技术含量较低的工作，因此，他们的心理素质和视野可能会有所欠缺。另一方面，由于长期受到农耕文化的影响，其风险承受能力比较差，甚至导致有些返乡创业农民工习惯性地以消极的态度看待和解决问题，缺乏自信、热情、韧性、乐观等积极心态，加之在返乡创业过程中将面临各种阻力和矛盾，容易让返乡创业农民工在遇到问题时消极应对，因此提升返乡创业农民工的创业心态极其重要。通过调查发现，71.15%的返乡创业农民工在返乡创业过程中有过放弃的想法，76.93%的返乡创业农民工认为好的心态对支撑自身返乡创业很重要。因此，提升返乡创业农民工的创业心理资本是十分必要的。

第五，农民工返乡创业机构支持的普及率有待提高。调查发现，返乡创业农民工获得的政府及其他机构的支持较少，根据调查发现，约42.31%的返乡创业农民工表示在返乡创业过程中没有获得过政府及其他机构的支持。据访谈发现，一部分返乡创业农民工尽管在创业过程中得到了政府的创业支持与政策扶持，但是主要是政府提供的创业信息或者是创业培训，而在贷款、财政贴息方面的支持较少。这一调查结果表明，对农民工返乡创业的政策支持与扶持力度还不能很好地满足返乡农民工创业的需要。通过差异分析也发现，社会支持对种植业有些偏重，但是对其他行业较少。此外，笔者通过与返乡创业农民工访谈发现，返乡创业组织化、制度化、市场化、权益保护等还不够完善，需要政府进一步营造良好的创业企业成长环境。

4.6 本章小结

通过对返乡创业农民工样本数据的详尽分析，本章获得了该群体的一系列特征。样本数据显示，返乡创业农民工主要是男性青壮年，这可能与该年龄段的个体通常具有更强的创业动机和承担了更多的家庭责任有关。在教育背景方面，返乡创业农民工以初中学历为主，这反映出该群体的受教育水平有待提高，同时也指出了教育在创业过程中的潜在重要性。在先前工作经验年限方面，他们普遍拥有较长的工作经验，这为创业活动提供了宝贵的知识和技能基础。此外，在样本中较大比例的返乡创业农民工接受过创业培训，这表明培训对提高返乡创业农民工的能力和创业成功率具有积极作用。在创业领域的选择上，返乡创业农民工倾向于利用家乡的资源优势，多选择传统种植业、养殖业或与此相关联的第二、三产业进行创业。这显示了他们对本地资源的依赖性和对熟悉领域的偏好。然而，其创办的企业往往规模较小，以小微企业为主，且资金持续支持能力较弱，这可能限制了企业的发展潜力和竞争力。在调研中还发现，返乡创业农民工在创业过程中面临着多重挑战，包括提升个人心理和能力素质的需求，以及对政府和其他机构支持的渴望。这些需求反映了创业支持政策和服务体系在促进农民工返乡创业过程中的重要性。本章的分析结果为理解返乡创业农民工的创业现状、面临的挑战及需求提供了实证基础，并为政府制定相关政策提供了数据支持和建议。

5

创业心理资本对返乡创业农民工创业坚持行为的影响研究

5.1 问题提出

实践和研究表明,创业坚持是创业成功的重要因素。在研究返乡农民工的创业坚持行为时,除了需要了解他们所拥有的社会资本、人力资本以及外部环境的重要性之外,从更深层次来看,返乡创业农民工的心理资本是影响其创业坚持行为的核心因素。拥有积极的心态和情绪更有利于返乡创业农民工持续地开展创业活动,拥有激情和坚定的毅力与保持自信和乐观的态度并有创业幸福感的返乡创业农民工,才能更好地感知创业的内外部环境,更愿意坚持创业并获得成功。积极的心理状态是促进农民工返乡创业成功的关键心理资本,是激发返乡创业农民工优化创业认知的内生动力,更是返乡创业农民工坚持创业行为的核心驱动力。优化和扩大返乡创业农民工心理资本的构成和规模,提升其创业认知水平,可以推动返乡创业得以持续开展。

创业坚持是创业成功的关键因素,探索哪些因素会对创业坚持产生影响，以及其作用机制，对理解创业过程具有实际意义，因此，对创业坚持的研究已成为国内外创业领域探索的新方向。与此同时，近年来，越来越多的学者倡导对创业者的心理特征、价值取向、情感变化、认知模式开展研究。在积极心理学这一新兴的学术领域，学者们将关注点聚焦于积极心理状态对创业认知和创业行为的影响。积极心理状态虽然能够带来正向影响，但也有可能使得返乡农民工创业者高估自身和外部环境的情况，从而产生盲目自信和盲目坚持。而事实证明，并非拥有高心理资本的农民工就一定会盲目创业，在这个过程中，消极情绪如预期后悔，以及从外部环境获得的社会支持发挥了重要的调节作用。返乡创业农民工的创业心理资本是否为影响创业坚持行为的重要因素？创业心理资本是否通过影响创业认知进一步影响创业坚持行为？预期后悔与社会支持是否在其中发挥着调节作用？目前，相关研究对上述问题的阐释尚不够明确，而这正是本章致力于探讨的内容。

　　本章关注返乡创业农民工的创业心理资本及其对创业坚持行为的影响，丰富了心理资本、认知、情绪、行为变量在创业研究领域的应用，具有理论价值和实践意义。一是探索了创业心理资本的概念及维度构成；二是研究了创业认知在创业心理资本与创业坚持行为之间的中介作用，完善了创业心理资本与创业坚持行为之间的作用机制研究，揭开了两者关系的"黑箱"；三是分析了预期后悔、社会支持的调节效应，拓展了创业领域的研究；四是基于返乡创业农民工自身、外部支持等内外部视角提出促进返乡创业农民工创业坚持行为的对策，为推动返乡创业活动的开展与促进农村经济发展提供智力支持。

5.2 立论依据与研究假设

5.2.1 创业心理资本对创业坚持行为的影响

返乡创业并非易事，只靠返乡创业农民工的人力资本和社会资本无法支撑其面对创业中的困难，还要有心理资本的支撑。创业心理资本能够给予返乡创业农民工更多的力量来帮助其实现创业目标，即使其面临资金、信息、技术的不足，其依旧能够坚持不懈。农民工返乡创业不仅要放弃在外务工的机会，而且基本上是举家返乡创业，有较高的机会成本和沉没成本，当返乡创业农民工拥有较高的创业心理资本时，其才会更好地投入创业活动中。基于心理资本理论可知，在返乡创业过程中，创业心理资本包括积极的心理状态和情绪体验，其能够显著影响返乡创业农民工的创业行为。现有研究已经验证积极的心理状态和情绪体验能让创业者长时间保持积极、稳定的心情和情绪，能够显著提升创业者付出努力的程度。创业心理资本是一种长期稳定的积极情绪或心态，能够让返乡农民工创业者积极地评估外部环境，并付出更多的努力投入返乡创业中，并且长期坚持。与此同时，期望理论为创业心理资本促进创业坚持行为提供了另一个视角，期望理论认为，高的期望和效价会激发创业者为了实现目标而坚持和努力的行为，高创业心理资本则会使返乡农民工创业者提高对实现创业目标的期望，让返乡创业农民工更相信自己的能力，更能感受到创业带来的满足感，进而提高期望和效价，从而促进返乡创业农民工的创业坚持行为。基于此，提出假设 5-1：创业心理资本对创业坚持行为有显著正向作用。

创业心理资本中的创业效能感、创业激情、创业韧性、创业乐观及创业幸福感均是积极、稳定、持久的情感体验或者心理状态，能够促使返乡创业农民工在返乡创业过程中保持自信、热情、坚强、乐观、满足，均会促进其创业坚持行为。Shane 等（2003）在研究中指出，在创业过程中，对创业活动具有更高创业效能感（自信）或更多创业激情的创业者表现出了更多的创业坚持行为。社会认知理论认为，自我效能感是个体行为的重要驱动力，能够有效预测个体的持续行为。Murnieks 等（2014）在研究中进一步强调自我效能感高的个体会投入更多的时间和精力到某一具体的行为或者活动中。自我效能感高的个体偏好挑战困难，自我效能感低的个体更倾向于放弃、终止某一行为或者活动。已有研究分别证实了创业效能感对创业坚持行为的促进作用，创业效能感高的返乡创业农民工会拥有更强烈、具体、持续的创业倾向。当返乡创业农民工相信他们有能力完成创业活动中的各种任务时，则更可能持续地将时间和精力投入创业过程中，更有意愿去尝试风险性较高的创业活动，突破返乡创业过程中面临的诸多困难和挑战，进而表现出更多的创业坚持行为。基于此，提出假设 5-1a：创业效能感对创业坚持行为有显著正向作用。

创业激情是创业者对创业活动表达出强烈喜爱的心理状态，表明创业者对创业活动具有一种强烈的、积极的倾向，并愿意为创业活动付出大量的时间和精力。Vallerand 等（2003）认为，创业激情不同于其他积极情感，其是导致创业坚持行为更为直接的因素。那些拥有更多创业激情的返乡创业农民工有更强的动力驱动自身持续付出时间和努力来应对困难并坚持不懈。Murnieks 等（2011）的指出，创业激情比创业效能感对创业者参与创业活动的驱动力更强，能更好地提高创业者对创业活动的参与度。一般来说，创业激情涉及对创业过程有强烈的身份认同感和对创业活动有强烈的积极情感两个方面。在身份认同感方面，对创业的身份认同感使其更专注于创业坚持行为。自我决定理论也证实，身份认同感高的个体有更强烈的动机做出与身份一致的行为，因为他们能够在这些行为中获得更多的满足感和幸福感，即使他们在技能方面存在不足。返乡创业农民工往往具有更强烈的创业身份认同感，更可能以坚定的方式回应其作为创业者的角色，因此，其在创业过程中遇到困难时更可能坚持创业行为。在积极情感这一方面。当返乡创业农民工体会到更多的积极情感时，其会更乐于投入更多的人力、物力、时间，并保持创业坚持行为，相关研究已经证实这一点（黎常 等，2018）。基于此，提出假设 5-1b：创业激情对创业坚持行为有显著正向作用。

创业韧性是指个体在面对创业过程中来自市场波动、政策调整等外部环境变化，以及资金短缺、资源匮乏、技术瓶颈、人才流失等逆境时，能够迅速调整心态和策略，有效适应环境变化，并从困境中恢复过来，继续推动创业项目前行的一种积极心理品质和行为能力。作为一种稳定的心理状态，创业韧性是推动创业坚持行为产生的内在动力，能够直接影响创业坚持行为的发生与发展。Fisher（2016）在研究中指出，创业韧性涵盖"顽强"和"毅力"两个方面："顽强"泛指创业者能够适应在创业过程中的压力，并能够处理好自身的不良情绪；"毅力"指创业者能够在困难面前反弹，更快、更好地投入创业坚持行为中。创业韧性成为创业者克服逆境、适应不确定性和从失败中学习的核心要素。创业韧性高的返乡创业农民工有更强的适应困难和挫折的能力，能较好地管理逆境中的压力。William 等（2016）研究表明，不管创业者面临什么样的创业环境，创业韧性高的创业者能够更加坦然、从容地应对在创业过程中的不同任务。创业韧性有利于返乡创业农民工在不利情境下蜕变成长，而且创业韧性高的返乡创业农民工的心理承受能力与适应能力更强，能更好地缓解其在返乡创业过程中的忐忑不安的情绪，帮助其迎难而上，坚持创业活动。基于此，提出假设 5-1c：创业韧性对创业坚持行为有显著正向作用。

Scheier 等（1985）对乐观的研究源自行为自我调节模型，而期望理论指出个体开展某项行为与否取决于个体对该行为结果的期望评价情况，在高压力和逆境中，乐观者对行为结果的期望评价高于悲观者。乐观的创业者往往对创业成功充满信心，创业乐观情绪会驱使其产生创业坚持行为。先前的学术研究表明，乐观主义驱使创业者坚持不懈，以成功地发现和利用机会。创业坚持行为通常反映了创业者针对特定创业活动的多次尝试，以及在逆境、挑战或困难面前的反复努力。大量的研究表明，与悲观主义者相反，乐观主义者更有勇气面对各种形式的逆境、挑战或困难，面对逆境，悲观主义者倾向于轻易放弃。乐观的返乡创业农民工通常会勇于面对挑战，坚持并致力于实现自己的目标。基于此，提出假设5-1d：创业乐观对创业坚持行为有显著正向作用。

行为心理学研究发现，当个体开展某项活动的时间增加时，对该活动的认同感和满足感也会增加，并激发个体更积极地投入持续开展这项活动的行为中。创业幸福感是由创业带来的满足感，有效地解释了很多创业者在面临创业困难和创业盈利不足时依然选择坚持下来的原因。一般来说，幸福感不仅会影响个体的认知，还会影响个体的行为等。Hahn等（2012）研究认为，幸福感能够帮助创业者建立良好的心态，提高其开展创业活动的积极性。当返乡创业农民工感受到更多的自由、尊重以及自我实现的价值时，其创业幸福感会显著提升，从而促使他们更加主动地去发现创业活动所带来的诸多好处与潜在价值，进而增强其对持续开展创业活动的忠诚度。从而更加坚定地继续开展创业活动；如果返乡创业农民工无法体会到在返乡创业过程中的幸福感，其将失去坚持创业的动力。基于此，提出假设5-1e：创业幸福感对创业坚持行为有显著正向作用。

5.2.2 创业心理资本对创业认知的影响

创业者对创业信息的加工和处理离不开创业情绪或者心理状态，情绪与认知活动在创业过程中密不可分。根据社会认知理论和创业认知研究的观点，创业者的心理特征（如情感体验、心理状态）会影响创业者的信息搜索、信息判断能力，进而影响其创业认知。创业认知是个体通过分析、评价和总结各种内外部创业信息，进而在识别和开发创业机会的过程中将思考和推理转化为创业决策的创业准备、创业意向、创业能力的知识结构。在创业认知下的创业准备脚本为创业活动的开展筹备了人力、物力、财力和信息，是创业成功的基础；创业意向脚本是创业活动能够持续开展的内驱动力；创业能力脚本则为创业成功提供了创业所需的知识、技能和态度，是创业成功的关键。Fredrickson（2001）指出，当积极的心理状态或情绪支配着个人时，个体会积极地感知外部环境，其认知范围和认知模式将得到改变，从而容易把握需要解决的问题的关键信息；当个人受到消极情绪的影响时，个人的认知范围会变窄，会过度纠结事物的局部细节，导致错失良机。创业心理资本作为积极的心理状态和情绪体验，创业心理资本越高的返乡创业农民工，越能积极地认知在返乡创业过程中自身所具备的创业资源和创业能力情况，也越能识别返乡创业环境中的各类帮扶政策，进而优化对返乡创业的认知。具有较高创业心理资本的返乡创业农民工，会保持较高水平的乐观、自信、热情，能在纷繁复杂的返乡创业情境下保持积极、活跃的思维活动，整合内外部有利信息、知识、资源，更高效地开展创业活动。具有较高创业心理资本的返乡创业农民工更容易通过传递积极心态，整合返乡前后的社会资源、财力资源、信息资源，拓展创业准备脚本；其持续创业意向更强，能够增强创业意向脚本；也能更好地认知自身不足，更新自身的创业知识、技能，优化创业能力脚本，最终使得创业认知水平得以提升。基于此，提出假设5-2：创业心理资本对创业认知有显著正向作用。

较高的创业心理资本，一是意味着较高的创业效能感，可以坚定返乡创业农民工的信心，使其对未来有美好的预期；二是意味着有较高的创业韧性，可以缓解返乡创业农民工在创业过程中的压力，使其从困难、挫折中快速恢复，积极感知外部环境的变化；三是意味着具有较高水平的创业激情、创业乐观、创业幸福感，让返乡创业农民工保持热情和乐观，能积极地享受创业带来的成就感和满足感，并积极地判断所面临的风险，用乐观的视角来看待外部事物的发展。这些积极心理状态可以优化返乡创业农民工的创业认知。相反，如果创业心理资本低，返乡创业农民工在面对返乡创业过程中的任务和困难时，会下意识地将简单问题复杂化，消极、悲观地看待创业过程中的不利一面，丧失信心，而不是努力地通过收集信息或者提升技能、获得资源来克服眼前的困境，不利于优化创业认知。基于此，提出以下假设。

假设 5-2a：创业效能感对创业认知有显著正向作用。

假设 5-2b：创业激情对创业认知有显著正向作用。

假设 5-2c：创业韧性对创业认知有显著正向作用。

假设 5-2d：创业乐观对创业认知有显著正向作用。

假设 5-2e：创业幸福感对创业认知有显著正向作用。

5.2.3 创业认知对创业坚持行为的影响

创业认知不仅会在创业之初发挥作用，也会直接影响创业坚持行为。Bird 等（2012）在研究中强调，认知因素会极大地影响创业行为，创业行为只是创业者的表象活动，创业行为背后的认知活动才是重要的影响因素。创业认知领域的研究认为，不同层次和水平的创业认知结构将导致不同的创业行为（杨俊 等，2015）。由于返乡创业农民工所从事的行业、所承担的工作、所掌握的技术、所接受的教育和培训不同，其创业认知结构和水平会有巨大的差异，最终影响其在创业阶段的决策和行为。龚亮华等（2021）的研究证实了创业认知对创业坚持行为的积极正向影响。其研究表明，具有高水平创业认知的返乡创业农民工会有意识地优化自身的思维方式，并积极更新知识和提高自身的能力，为持续开展创业活动迭代知识结构，以促进其创业坚持行为。那些创业认知结构更完善、更充分的返乡创业农民工的创业准备更完备，创业意向及创业能力更强，更容易在创业过程中做出正确的创业决策，获得更多的创业支持，创业坚持行为将更坚定。因此，高水平的创业认知将促进返乡创业农民工创业坚持行为。基于此，提出假设 5-3：创业认知对创业坚持行为有显著正向作用。

创业准备脚本涵盖创建并维持创业活动有序开展所需的技术、资金、人才及其他资源。返乡创业农民工的创业准备脚本越充分，意味着他们拥有越多的创业信息和资源，越能持续开展创业活动；创业意向脚本越强烈，越能促使返乡创业农民工迅速做出持续创业的决策；创业能力脚本越高，返乡创业农民工就越能全面地搜集和处理各种信息，其创业技能越高，从而使返乡创业农民工越能有效应对创业过程中的各种事务。那些创业准备脚本充分、创业意向强烈且创业能力脚本较高的返乡创业农民工，更能积极地应对返乡创业过程中常见的资金不足、信息不畅、技术不精等问题，以及创业过程中的各种艰辛，从而更坚定地坚持创业活动，以期获得创业成功。基于此，提出以下假设。

假设 5-3a：创业准备脚本对创业坚持行为有显著正向作用。

假设 5-3b：创业意向脚本对创业坚持行为有显著正向作用。

假设 5-3c：创业能力脚本对创业坚持行为有显著正向作用。

5.2.4 创业认知的中介作用

创业认知是驱动创业心理资本转变为创业坚持行为的关键途径。Baron（2008）在研究中构建了创业者情绪体验的影响模型，指出情绪体验对创业者的认知有直接影响，并最终影响创业者的创业行为。创业认知研究中的核心观点认为，情绪体验和心理状态会影响个体对信息的搜集、整理、加工和编码过程，进而影响个体的认知和判断，最终影响个人的行为。创业心理资本作为一种积极的心理状态或情绪体验会让返乡创业农民工积极地感知自身和外部环境的优势，对创业目标的完成产生积极预期，并促进返乡创业活动的持续开展。创业心理资本越强，返乡创业农民工的主动性、创造性越强，其越擅于识别创业环境中的有效信息，越愿意坚持创业活动。创业心理资本从心理层面保障了返乡创业农民工正确对待返乡创业的困难和危机。创业心理资本不仅能直接驱动创业坚持行为的发生，还能通过一定"媒介"间接推动创业坚持行为。其间接作用主要体现在：创业心理资本可优化返乡创业农民工对创业过程与结果的认知，形成高水平的创业认知，缩小创业预期与实践的差距，进而促进其创业坚持行为。基于此，提出假设5-4：创业认知在创业心理资本与创业坚持行为之间发挥中介作用。

具有高创业心理资本的返乡创业农民工能够在创业过程中充分学习、识别和利用信息和资源，并掌握相关技能。这使他们能够持续完善自身的创业准备脚本、创业意向脚本和创业能力脚本，从而更加积极地投身于创业中。基于此，提出以下假设。

假设5-4a：创业准备脚本在创业心理资本与创业坚持行为之间发挥中介作用。

假设5-4b：创业意向脚本在创业心理资本与创业坚持行为之间发挥中介作用。

假设5-4c：创业能力脚本在创业心理资本与创业坚持行为之间发挥中介作用。

5.2.5 预期后悔的调节作用

在创业过程中，创业者会同时受到积极和消极情绪体验的影响。预期后悔作为一种消极情绪，会影响返乡创业农民工的认知和行为。预期后悔程度较高的返乡创业农民工会通过不断收集创业过程中的信息以更为客观地对创业前期和未来的投入、创业现状及创业结果进行评价，以决定是否继续开展创业活动。在本章中，预期后悔特指"预期不做的后悔"。当面临创业过程中的困难与压力，需抉择继续或放弃时，为规避"不做的后悔"，高预期后悔者会提高决策警觉性，更积极地收集和分析创业有利信息，以支持其继续创业的行为。相反，低预期后悔者则更倾向于收集和分析不利信息，从而降低其坚持创业的可能性。基于认知信息加工理论（Simon，1979），那些预期后悔程度较低的返乡创业农民工更容易受到负面消极的创业信息的影响，甚至产生自我否定的情绪，在一定程度上会降低创业认知对创业坚持行为的积极作用；那些预期后悔程度较高的返乡创业农民工为了降低放弃继续创业可能带来的预期后悔,他们往往会收集所在地区、所处行业、市场及竞争对手等大量有利的信息,并寻求更多人力、物力、财力的支持,自觉掌握更多创业资讯和创业技能,进而优化创业准备脚本、创业意向脚本和创业能力脚本,并最终提高创业认知对创业坚持行为的积极作用。基于此,提出以下假设。

假设 5-5:预期后悔正向调节创业认知与创业坚持行为的关系。

假设 5-5a:预期后悔在创业准备脚本与创业坚持行为之间发挥正向调节作用。

假设 5-5b:预期后悔在创业意向脚本与创业坚持行为之间发挥正向调节作用。

假设 5-5c:预期后悔在创业能力脚本与创业坚持行为之间发挥正向调节作用。

5.2.6　预期后悔的调节中介作用

本章提出了创业认知在创业心理资本与创业坚持行为之间起中介作用、预期后悔在创业认知与创业坚持行为之间发挥正向调节作用的假设。本章进一步认为预期后悔调节了创业认知在创业心理资本与创业坚持行为之间所起的中介作用。返乡创业农民工在创业过程中的积极心理状态对调整创业认知,进而诱发创业坚持行为有重要作用,创业心理资本作为一种积极心理状态是创业意向快速转化为创业行动的基础,也是在后创业阶段创业活动持续开展的动力。深入创业活动的中期、后期,返乡创业农民工将面临更多、更复杂的创业任务,并将体验预期后悔等负面情绪。返乡创业农民工通过在头脑中构建不同设想,会使其信息获取和转换方式产生变化,而这些变化最终会对他们的后续创业行为造成影响。创业心理资本会激发返乡创业农民工投入时间、金钱、资源开展创业活动并影响创业坚持行为,在此过程中,预期后悔程度会对其产生一定的影响。预期后悔程度高的返乡创业农民工为了将"不做的后悔"降至最低，在拥有一定的创业心理资本的情况下，他们将更愿意仔细地识别创业过程中的积极信息和消极信息，打破原有的创业准备脚本、创业意向脚本、创业能力脚本，更加客观地通过不断分析创业前期的投入、创业现状以及未来可能的收益或者损失，进而决定是否继续创业坚持行为，从而降低预期后悔所带来的遗憾。这似乎可以解释为何盲目创业的人是少数，也可以更好地理解创业心理资本对创业坚持行为的影响路径，即预期后悔程度较高的个体会促进创业心理资本通过高水平的创业认知积极地转化为创业坚持行为，预期后悔程度较低则不利于将积极心态通过高水平的创业认知转化为创业坚持行为。基于此，提出以下假设。

假设5-6：在预期后悔调节下，创业认知在创业心理资本与创业坚持行为之间发挥中介作用。

假设5-6a：在预期后悔调节下，创业准备脚本在创业心理资本与创业坚持行为之间发挥中介作用。

假设5-6b：在预期后悔调节下，创业意向脚本在创业心理资本与创业坚持行为之间发挥中介作用。

假设5-6c：在预期后悔调节下，创业能力脚本在创业心理资本与创业坚持行为之间发挥中介作用。

5.2.7 社会支持的调节作用

通过对返乡农民工创业者访谈发现，大多数返乡创业农民工讨论了家人和朋友的态度对创业的影响。尤其是来自亲人的压力，使他们感受到"孤独""无助""焦虑"等情绪。社会支持理论认为社会支持对缓解压力有很强的主效应，不同人提供的情感、信息、知识和建议等社会支持，在一定程度上能够帮助返乡创业农民工在创业过程中调整心态、减轻压力（吕培瑶，2010）。社会支持能够负向调节创业压力对创业退出行为的积极作用，促进创业坚持行为的发生。基于社会认知理论可知，社会支持作为外部情境变量会影响创业者的情绪和行为。Duchek（2018）的研究指出，来自父母、配偶的支持和尊重，可以促使创业者保持良好的心态，使其在遭遇创业挫折时能够加速恢复。Lee（2017）则认为不管是非正式的社会关系网络（如亲人、朋友、同学等）还是正式的社会关系网络（创业伙伴、创业企业业务往来者、政府及其他业务机构）都会影响创业者的心理、认知和行为。第一，社会支持不一定能激发积极情绪，但可以防止由挫折引起的创业心理资本的下降而导致的创业坚持行为的减少。返乡创业农民工在返乡创业过程中的社会支持主要来自家庭、伙伴和朋友，而政府的主、客观支持能够缓解返乡创业农民工所面临的压力和困难，帮助具有高创业心理资本的返乡创业农民工更好地坚持创业。第二，良好的社会支持意味着返乡创业农民工能够从返乡前后的社会网络成员中获得更多的创业情感和物质支持，会强化返乡创业农民工的创业心理资本，继而推动创业活动的有效开展。反之，当返乡创业农民工感知的社会支持甚微时，会导致其心理压力的增加，长此以往会导致其创业信心、创业热情、应对困难的决心不足，悲观情绪增加，不利于创业活动的持续开展。基于此，提出以下假设。

假设 5-7：社会支持正向调节创业心理资本与创业坚持行为之间的关系。

假设 5-7a：家庭支持在创业心理资本与创业坚持行为之间发挥正向调节作用。

假设 5-7b：伙伴支持在创业心理资本与创业坚持行为之间发挥正向调节作用。

假设 5-7c：机构支持在创业心理资本与创业坚持行为之间发挥正向调节作用。

5.2.8 社会支持的调节中介作用

当返乡创业农民工感知到来自家中亲人、创业伙伴和朋友,以及政府或其他机构的鼓励、认同,或得到他们提供的创业信息、资金、人力的支持时,会促进其创业心理资本转化为创业坚持行为。返乡创业农民工获得的社会支持越多,其对创业成功更有信心,对创业活动更有激情,也将提升其对创业环境、创业过程的积极认知和期望,推动其更好地坚持创业目标,即社会支持越多,越有利于促进创业心理资本通过创业认知转化为创业坚持行为。返乡农民工感知的社会支持越多,说明其实际能够获得的关于创业的物质、情感、信息支持就越多,其越容易应对返乡创业过程的困难,继而有利于其积极筹备返乡创业活动,并能够减少其创业退出意愿,推动创业坚持行为的持续开展。对于那些社会支持感知能力弱的返乡创业农民工,即使在返乡创业过程中获得了很多助农政策支持和创业补助,他们也很难发现和利用这些资源和资讯促进创业活动的开展。本书认为,社会支持,特别是在适当时期提供的情感、信息、物质方面的支持是返乡创业农民工在面对困难与挑战时强有力的后盾,能够缓解返乡创业农民工的压力,促进其保持积极心态,并能优化其创业认知的创业准备脚本、创业意向脚本和创业能力脚本的构成,能促进其创业坚持行为。基于此,提出以下假设。

假设 5-8:在社会支持调节下,创业认知在创业心理资本与创业坚持行为之间发挥中介作用。

假设 5-8a:在社会支持调节下,创业准备脚本在创业心理资本与创业坚持行为之间发挥中介作用。

假设 5-8b:在社会支持调节下,创业意向脚本在创业心理资本与创业坚持行为之间发挥中介作用。

假设 5-8c：在社会支持调节下，创业能力脚本在创业心理资本与创业坚持行为之间发挥中介作用。

5.3 研究设计与变量测量

5.3.1 访谈设计

为确保构建的理论框架与返乡创业农民工的实际情况一致，根据研究需要，本书基于生命叙事访谈法，从定性角度了解返乡创业农民工对研究问题及假设的认知情况，以初步了解返乡创业农民工在创业过程中的心理及行为状况，为本书的问卷设计及变量测量奠定基础。本书设计了访谈提纲，对15位返乡创业农民工进行了面对面的访谈，对访谈内容进行了录音、记录、梳理和分析。

（1）访谈对象

综合访谈对象的易获得性以及访谈对象的年龄、性别、行业等多方面信息，依据目的性抽样原则，本书选取了15位返乡创业农民工为访谈对象，具体信息如表5-1所示。

表5-1 受访者的基本情况

性别	年龄	学历	创业时间(年)	行业	地市	工作经验(年)	企业人数(人)
男	48	小学	2013	零售	福州	16	5
男	36	大专	2014	民宿	福州	2	10
女	25	初中	2016	电商	厦门	3	3
女	30	初中	2018	理发	福州	6	3
男	28	初中	2019	种植	泉州	5	8

续表

性别	年龄	学历	创业时间(年)	行业	地市	工作经验(年)	企业人数(人)
男	28	中专	2015	农业服务	福州	2	7
男	37	大专	2017	农产品加工	泉州	10	47
男	29	初中	2015	零售	福州	5	3
女	23	高中	2016	电商	泉州	2	2
男	39	初中	2016	农场	福州	11	6
男	34	本科	2015	民宿	福州	1	17
男	36	中专	2014	农产品加工	福州	7	28
女	41	初中	2016	农庄	厦门	21	12
女	30	中专	2018	农场	福州	5	14
男	47	小学	2015	农产品加工	福州	9	7

（2）访谈的实施

本书选择生命叙事访谈法，基于该方法能够深入挖掘研究对象的内在心理和行为模式，从而更好地契合研究内容。鉴于返乡创业农民工的心理和行为具有外在难以观察且时间跨度较长的特点，生命叙事访谈法能够通过收集丰富的现实资料，为研究构建的理论框架提供坚实的数据支持。按照Babbie（2009）提出的半结构深度访谈的步骤实施，具体步骤如下。

第一，设计访谈提纲。访谈提纲包括三部分：一是返乡创业经历及目前总体经营情况；二是在返乡创业过程中的关键压力事件，以识别影响返乡创业农民工创业坚持行为的因素；三是围绕对创业心理资本、创业认知、预期后悔、社会支持以及创业坚持行为等变量的理解及变量间的关系进行访谈。访谈采用半结构化形式，由一系列开放式问题组成，主要关注返乡创业农民工在一些事件中所展现的行为。

第二，访谈记录及时间安排。为了让访谈对象有充足的时间回答访谈问题，每次访谈前会提前和访谈对象交流在访谈过程中涉及的主要内容、访谈过程时间安排、访谈获得材料的最终使用、询问能否录音等。访谈中通过录音和记录获取信息，并在结束后立即根据录音补充缺失部分，确保记录完整。

第三，访谈整理。重点归纳访谈对象对核心变量的理解，以及从材料中提取关于变量逻辑关系的相关创业实践活动陈述。

第四，形成访谈报告。对深度访谈的材料进行深入的分析和提炼，梳理返乡创业农民工对研究变量之间关系的看法，以评估研究框架在逻辑上的合理性，并为问卷变量设计提供现实支撑。

（3）访谈结果

通过对15名返乡创业农民工访谈结果的整理，在已有文献、理论的基础上，本章进行以下总结。

第一，理论框架及研究假设得到初步支撑。根据简单的频次分析，在访谈中，笔者发现以下情况。一是在返乡创业过程中，15位访谈对象均遇到了很多困难，但是往往他们都比较自信、乐观，能较快地从挫折中恢复。而且他们认为尽管返乡创业辛苦，但返乡创业给自己带来很多的满足感，并认为一个好的心态在创业初期及创业过程中至关重要，好的心态能够保障自己拥有坚持的动力。由此可见，返乡创业农民工的创业心理资本与创业坚持行为之间有密切的关系。而且通过访谈发现，对创业持积极心态的返乡创业农民工所创事业往往运行良好，他们更容易在创业中得到满足感和成就感。二是笔者发现其中5位返乡创业农民工十分重视幸福感、满足感在返乡创业过程中起到的作用，尤其是当创业活动停滞不前时，创业幸福感和满足感会给返乡创业农民工带来精神力量。可见，笔者将创业幸福感作为创业心理资本的维度之一纳入分析是可行的。三是大部分访谈对象表现出了对创业奋斗的热情和对创业成功的期待，他们对返乡创业活动的认知更为乐观，可见创业心理资本会影响创业认知。四是大部分访谈对象表达了其在创业过程也会产生预期后悔的情绪。五是其中13位返乡创业农民工表达了自己接受过来自家庭、伙伴或者是政府机构在物质、情感、信息等方面的支持。六是有 5 名返乡创业农民工认为即使未来面临困难、压力，甚至创业失败也不会放弃，会竭尽全力为实现创业目标而努力。由此可见，大多数访谈对象认可创业心理资本对创业坚持行为的重要性，而且创业心理资本会影响他们的创业认知，而且预期后悔与社会支持等因素也会嵌入在返乡创业过程中。

第二，根据访谈内容对变量题项表述进行修订。为了让返乡创业农民工更容易理解调查问卷，根据访谈对象对变量内涵的解读情况，对变量涉及的部分题项的表述进行了修改。

访谈结果表明，创业心理资本是促进返乡创业农民工创业坚持行为的重要因素，而创业认知、预期后悔、社会支持等内外在因素在这两个变量间具有重要作用，可见访谈结果可为研究假设验证提供实践支持，但由于访谈结果是定性描述，还有待进一步通过严谨的大样本数据收集和分析来进行验证。

5.3.2　问卷设计

本书采用问卷调研的方式收集数据。首先确定调查对象，然后确定问卷设计过程，最后确定问卷结构。

（1）调研对象的选择

本书的研究对象为返乡创业农民工，所谓返乡创业农民工是指拥有农村户籍，在城市务工或经商一段时间后，积累了一定的知识、技能、信息、资金后，受到自身、家庭、社会、政策等因素的综合影响，返回县域、乡（镇）、村进行个体、家庭经营或创办企业的农民工创业者。考虑有些返乡创业企业是由创业团队一起创建的，因此在调研样本中，将返乡创业企业核心成员中的农民工创业者也作为调研对象。另外，本书的主题为返乡创业，涉及的企业为新创企业，根据 Zahra（1996）和蔡莉等（2014）的研究可知，新创企业是指成立时间在 8 年以内的企业，因此，在具体调研中，仅考虑将所创企业成立时间在 8 年以内的返乡创业农民工作为调查对象。另外，为了调研的便利性和安全性，选择在笔者所在省份中部分返乡创业活动开展良好的市、县、乡（镇）、村进行调研。

（2）问卷量表的设计过程

一是充分借鉴国内外研究中现有的测量量表，设计问卷初稿；二是与创业领域专家、博士针对返乡创业情境及研究内容对量表的问卷题项进行完善和缩减；三是结合 15 位返乡创业农民工的访谈结果，对题项表述、题项数量进行修正；四是对返乡创业农民工进行小范围预测试，以检验数据的信效度，进而对研究变量的部分问题进行最后完善和修正，以形成问卷终稿。

（3）问卷结构

根据研究需要，问卷包括以下四部分：一是卷首语，用以说明问卷调查的目的及作答方式，并特别强调仅做研究使用，也表示了对返乡创业农民工的感谢。二是调查对象的基本情况与企业情况，基本情况涉及年龄、性别、学历、工作经验、创业经历、创业培训情况；企业情况包括员工人数、返乡创业年限、返乡创业领域、返乡创业是否为新型经农业经营主体。三是返乡创业动态情况，相关调查内容具体如表 5-2 所示。四是本书涉及的变量的测量，主要包括创业心理资本、创业认知、创业坚持行为、预期后悔、社会支持等变量的题项。

表5-2 返乡创业动态情况调查

题 目	选 项
您当初返乡创业的动机是什么?	解决温饱问题、提高生活水平、提高社会地位、实现个人理想抱负、解决看病(学习、结婚)等急需、带领乡亲致富、照顾家人及其他
请您对当前创业的难易程度进行判断	非常难、比较难、一般、比较容易、容易
您在返乡创业过程中面临的主要困难是什么?	资金困难、技术困难、招工困难、用地困难、行政审批困难、其他
您在返乡创业过程中有过放弃的想法吗?	是、否
您认为好的心理状态对支撑您走到现在重要吗?	完全不重要、不重要、一般、重要、非常重要
您认为坚持创业到现在,哪个心理因素更重要?	创业激情、创业幸福感、创业韧性、创业效能感、创业乐观
您认为要持续经营现有业务,提升心理素质及能力重要吗?	完全不重要、不重要、一般、重要、非常重要
您在返乡创业过程中是否获得过来自家人的支持?	是、否
您在返乡创业过程中是否获得过来自伙伴的支持?	是、否
您在返乡创业过程中是否获得过当地政府或者其他机构的支持?	是、否

5.3.3 变量设计及测量

本章根据文献综述与理论基础,考虑返乡创业情境,结合相关创业领域专家的建议,进行变量设计(见表5-3)。研究需要对创业心理资本、创业认知、创业坚持行为、预期后悔、社会支持进行操作化定义,所有量表采用李克特7点计分法,"1~7"分别表示"非常不符合~非常符合"。

表5-3 研究量表汇总

变量类型	变量名称
被解释变量	创业坚持行为
解释变量	创业心理资本：创业效能感、创业激情、创业韧性、创业乐观、创业幸福感
中介变量	创业认知：创业准备脚本、创业意向脚本、创业能力脚本
调节变量	预期后悔；社会支持：家人支持、伙伴支持、机构支持
控制变量	性别、学历、年龄、创业经历、先前工作经验年限、有无创业培训经验、返乡创业年限、创业类型等

（1）被解释变量

国内外学者对创业坚持行为的研究已进行了一些探索，认为创业坚持行为不是一个可观察到的变量，而是要根据一个人是否具有坚持的心理倾向来进行考量，常采用Baum等（2004）编制的6题项量表中的6个或3个题项，测量被试的创业坚持行为。本章则结合返乡创业情境并征求相关创业领域专家的建议，在Baum等（2004）编制的6题项量表和黎常等（2018）研究的基础上，结合访谈和本书研究的需要进行适当调整形成量表，具体情况如表5-4所示。

表5-4 创业坚持行为的测量量表

变量	题项
创业坚持行为（EP）	EP1 在返乡创业过程中，当别人都放弃的时候我仍然会坚持
	EP2 当其他人已经退出返乡创业活动时，我会反复思考是否继续坚持
	EP3 无论返乡创业多么具有挑战性，我都不会放弃
	EP4 我愿意花费数年的时间完成一个创业项目
	EP5 当别人劝我放弃时，我仍要继续克服困难完成工作
	EP6 我对所创事业在长时期内的发展状况的期望水平较高

（2）解释变量

本书充分考虑创业情境的特殊性，基于心理资本的相关理论，认为创业心理资本是一组可持续、可培养的创业积极心理状态或积极情感体验的集合。本书在四维心理资本的基础上进行了创业领域情境的抽象化与概念化，结合已有研究的建议以及访谈和本书研究的需要，将创业心理资本分为创业效能感（李爱国 等，2018）、创业韧性（Cardon et al., 2014）、创业激情（Fisher et al., 2016）、创业乐观（牛芳 等，2012）、创业幸福感（魏江 等，2014）等五个维度。具体内容如表5-5所示。

本书在已研究的基础上对每个维度的测量题项进行了设计。相关维度测量量表的来源具体说明如下。第一，对创业效能感的测量。国内外对创业效能感的研究较为广泛，Chen等（1998）最早对其维度进行了考察，本章采用Forbes（2005）、Wilson等（2007）编制的6题项量表，并结合学者李爱国等（2018）的研究范式对创业效能感进行了改编，形成5个题项进行测量。第二，不同学者从不同角度测量创业激情。本书更倾向于采用Cardon等（2015）研究中的创建激情和发展激情的测量方式。原因在于，本书分析的是返乡创业农民工的创业意向已转化为创业行为，并开始企业创建活动的情况。因此，选择创建激情和发展激情作为分析的主体，旨在测量创业积极情绪及身份认同的重要意义。同时，本书结合具体情境对创业激情测量项目进行了改编，最终形成了6个题项。第三，尽管心理资本的维度中包含韧性的测量量表，但本书着重突出返乡创业农民工的毅力和自我恢复能力。过去学者往往基于Duckworth等（2007）的研究和Fisher等（2016）的CD-RISC-10（心理弹性量表）来测量创业韧性，结合本书研究需要，本章重点参考其中的5个题项，并进行了改编。第四，对创业乐观的测量。本书沿用Hmieleski等（2009）、牛芳等（2012）的测度量表中的内容，共6个题项来测量创业乐观。第五，对创业幸福感的测量。本书基于学者魏江等（2014）的研究，从主观幸福感、心理幸福感、社会幸福感三个方面进行分析。本章根据研究需要重点参考其中的7个题项，并进行了改编。

表5-5 创业心理资本的测量量表

变量	题项
创业 效能感 （EPE）	EPE1 我对自己的创业能力充满自信
	EPE2 我能克服成为创业者的大部分困难
	EPE3 对我来说创办和经营企业不是难事
	EPE4 我进行返乡创业，成功率会很高
	EPE5 我有能力制订合适的创业计划
创业激情 （EPP）	EPP1 我喜欢接受创业过程中的各种挑战
	EPP2 拥有自己的企业使我充满奋斗的动力
	EPP3 将一个新企业培养成功是非常振奋人心的
	EPP4 企业创建者是表明我身份的重要部分
	EPP5 培育和发展企业是表明我身份的重要部分
	EPP6 如果通过提升自我素质能够促进企业发展，我将积极提升自我素质
创业韧性 （EPR）	EPR1 在返乡创业过程中，我在压力条件下能够清晰地思考
	EPR2 在返乡创业过程中，我能够适应变革
	EPR3 在返乡创业过程中，我能够处理不愉快的情绪
	EPR4 在返乡创业过程中，我能够在逆境中反弹
	EPR5 在返乡创业过程中，我相信自己是强者
创业乐观 （EPO）	EPO1 我觉得我的企业在未来能够获得预想的成功
	EPO2 如果一些好的事情会发生，它就会发生
	EPO3 我通常预期自己的生活水平将不断提高
	EPO4 在不确定的情况下，我常常预想最好的结果
	EPO5 总的来说，我认为将来发生在我身上的好事会比坏事多
	EPO6 在返乡创业过程中，我努力用积极的眼光看待事物发展
创业 幸福感 （EPH）	EPH1 我的创业工作正有序进行并已小有成绩
	EPH2 我的公司业绩令人满意
	EPH3 我从返乡创业活动中能获得成就感
	EPH4 返乡创业让我实现自己的人生价值
	EPH5 我的社会地位有所提高
	EPH6 返乡创业以来我自己变得更加自信
	EPH7 我的产品或服务可以帮助别人

(3) 中介变量

在本书中,创业认知主要借鉴了 Mitchell(2000)和 Mitchell 等(2007)研究中涉及创业准备脚本、创业意向脚本、创业能力脚本的三个量表,量表较高的信效度已被相关研究验证。本章则对创业认知各维度主要测量题项的表述进行了适当改编,具体内容如表 5-6 所示。

表5-6 创业认知的测量量表

变　量	题　项
创业准备脚本 (ECP)	ECP1 我可以轻松地进入准备创业的领域
	ECP2 我拥有与返乡创业相关的资源
	ECP3 我拥有相应的技术专利保护
	ECP4 我拥有进行返乡创业的时间和精力
	ECP5 我拥有适合返乡创业的新颖产品或服务
	ECP6 我可以不断变换创业的领域
创业意向脚本 (ECW)	ECW1 我能很快适应新环境
	ECW2 我做事雷厉风行
	ECW3 我随时准备迎接变化
	ECW4 我是一个敢于冒险的人
	ECW5 我是一个诚实守信的人
	ECW6 我是一个时间观念很强的人
创业能力脚本 (ECA)	ECA1 我对每一件事情都能够全身心投入
	ECA2 我有良好的返乡创业知识储备
	ECA3 我能够准确地识别潜在的返乡创业机会
	ECA4 我能够准确地判断特定的情境
	ECA5 我能够迅速地判断问题所在

（4）调节变量

本书综合分析预期后悔和社会支持的调节效应。其中，预期后悔变量采用 Abraham 等（2003）的表述并进行了调整，分为 3 个题项进行测量（见表5-7）。对社会支持的测量主要参考国内学者姜乾金（2001）和 Klyver 等（2017）的研究，采用家庭支持、伙伴支持和机构支持的三个分量表。在机构支持方面，地方政府通过成立领导小组和完善机制提供支持，地方银行及信贷机构提供贷款资金支持，科研院所及企业技术部门则提供农业技术支持。因此，结合本书研究需要以及现实情况，本章对社会支持的测量量表进行了改编（见表5-8）。

表5-7 预期后悔的测量量表

变量	题项
预期后悔（AR）	AR1 如果我在未来 12 个月内不继续从事创业活动，我会感到后悔
	AR2 如果我在未来 12 个月内不继续从事创业活动，我会感到沮丧
	AR3 如果我在未来 12 个月内不继续从事创业活动，我会感到焦虑

表5-8 社会支持的测量量表

变量		题项
社会支持	家庭支持（SSF）	SSF1 父母、亲属在返乡创业过程中给予了我情感上的安慰、鼓励与支持
		SSF2 我能与自己的家庭谈论我的难题
		SSF3 在需要时我能够从家庭获得物质上的帮助和支持
		SSF4 我的家庭能心甘情愿地协助我做出各种决定
	伙伴支持（SSP）	SSP1 我能与我的朋友们和业务伙伴分享返乡创业中的快乐与忧伤
		SSP2 在发生困难时我可以依靠我的朋友们或者业务伙伴
		SSP3 业务伙伴在创业过程中给予了我有用的信息和知识
		SSP4 朋友在创业过程给我提供了物质支持
	机构支持（SSG）	SSG1 当地的领导关心我返乡创业的情况
		SSG2 我能获得当地政府的创业支持和补助
		SSG3 当地政府和机构能够提供创业及农业方面的相关培训和技术支持
		SSG4 当地其他机构和组织向我提供了创业帮助和指导

（5）控制变量

Adomako 等（2016）将创业坚持行为作为因变量，将性别、年龄、学历、家人是否创业、公司规模等作为控制变量。本章将参考这些研究，将性别、年龄、学历、创业经历、先前工作经验年限、有无创业培训经验、返乡创业年限、创业类型等作为控制变量进行分析。因为相关研究表明，这些变量会影响创业坚持行为。在第 4 章通过差异分析，探讨了控制变量对本章的因变量（创业坚持行为）、自变量（创业心理资本）、调节变量（社会支持）的影响情况，以了解在不同控制变量的影响下，相关变量是否表现出一定差异性，为后续相关对策提出提供了指导。

5.3.4 预调研及量表信效度检验

在进行预调研之前，笔者与创业领域专家和学者经过几轮的探讨后对问卷表述进行了完善，因为本书的研究对象为返乡创业农民工，因此问卷的语言尽量不采用学术用语，而使用通俗易懂的表达，使得返乡创业农民工能够一目了然。然后，本书在问卷设计完成后，依托某校乡村规划中心、某农业高校的涉农创业培训班，选取 137 位返乡创业农民工，进行面对面的预调研。在测量前对各变量进行了解释，一方面以了解采访者的真实态度，另一方面以了解本书的研究对象对研究变量的理解是否存在差异。预调研从 2020 年 10 月 1 日起至 2020 年 12 月 7 日止，共发放问卷 137 份，回收 121 份，其中有 17 份无效问卷，有 104 份有效问卷，问卷的有效率约为 75.91%。产生无效问卷的主要原因是其对题项问题的阐述不够清晰，使得返乡创业农民工对其的理解有偏差。为了保证在正式调研时问卷的有效性，本章将对预调研数据进行信效度检验。

首先，对各个量表进行一致性信度检验。已有研究表明，当Cronbach's α 大于0.7时意味着该维度具有良好的内部一致性，Cronbach's α 的最低标准为0.65。若各题项的CITC值（各题项与维度总分之间的相关度）大于0.3，表明题目有一定鉴别性（吴明隆，2013）。如果某题项的Cronbach's α 系数指标明显大于该维度的Cronbach's α 系数，说明其影响了整个维度的一致性，该题项需删除。

其次，对预调研数据进行效度分析。目前效度分析一般从内容效度、关联效度以及建构效度三个方面进行开展。其中，建构效度是衡量量表对理论概念测量准确性的关键指标。在研究中难以完整兼顾三个方面的效度，本章则从内容效度和建构效度两个方面来评价问卷整体的效度情况。由于相关量表主要借鉴国内外创业领域顶级期刊相关文献中创业心理资本、创业认知、社会支持、预期后悔、创业坚持行为的量表，相关量表的形成过程经过了笔者与创业领域专家和学者的多次研讨，并经过对返乡创业农民工访谈的初步验证，因此具有较好的内容效度。在建构效度方面，本章将采用探索性因子分析进行分析，然后根据因子载荷结果，进一步分析变量的聚合效度。因子分析要求巴特利特球度检验的观测值概率 p 值在显著性水平上，且KMO检验值要大于0.7，因子载荷最小的可接受标准为0.5，公共因子的累计解释总方差量高于50%。聚合效度良好的情况是：变量维度每个题项的因子载荷大于0.7；组合信度（CR）大于0.7；平均方差抽取量（AVE）大于0.5。

（1）创业心理资本量表的检验

创业心理资本总量表由创业效能感、创业激情、创业乐观、创业韧性、创业幸福感组成，因此分别对这五个维度进行分析。由表5-9可知，创业心理资本总量表的信度为0.899，说明创业心理资本总量表的信度良好。创业效能感的Cronbach's α值为0.862，各题项的CITC值高于0.6，各题项剔除项目后的Cronbach's α值（最高值0.846）均小于该维度的Cronbach's α值（0.862），可见创业效能感信度良好。创业激情的Cronbach's α值为0.833，该维度下EPP6题项的CITC值为0.224，小于0.3，该题项剔除项目后的Cronbach's α值为0.836，大于该维度的Cronbach's α值（0.833），因此，需要删除该题项，创业激情其他题项信度良好。创业韧性维度的Cronbach's α值为0.747，各个题项的CITC值均大于0.3，各题项剔除项目后的Cronbach's α值（最高值0.723）均小于该维度的Cronbach's α值（0.747），可见题项均满足条件，一致性信度良好。创业乐观的Cronbach's α值为0.855，但题项EPO6的CITC值为0.104小于0.3，题项EPO6剔除项目后的Cronbach's α值为0.914，大于该维度的Cronbach's α值（0.855），因此需要删除该题项，创业乐观其他题项信度良好。创业幸福感的Cronbach's α值为0.796，EPH6与EPH7题项的CITC值均小于0.3，两个题项剔除项目后的Cronbach's α值分别为0.796、0.813，大于或等于该维度的Cronbach's α值（0.796），这说明要删除EPH6与EPH7题项。

表5-9 创业心理资本项目分析与信度分析结果

维度	题项	CITC	剔除题项后的 Cronbach's α 系数	维度 Cronbach's α 系数	删除/保留	总量表 Cronbach's α 系数
创业效能感	EPE1	0.652	0.840	0.862	保留	0.899
	EPE2	0.764	0.815		保留	
	EPE3	0.661	0.846		保留	
	EPE4	0.641	0.843		保留	
	EPE5	0.705	0.827		保留	
创业激情	EPP1	0.699	0.780	0.833	保留	
	EPP2	0.665	0.790		保留	
	EPP3	0.592	0.811		保留	
	EPP4	0.606	0.807		保留	
	EPP5	0.600	0.808		保留	
	EPP6	0.224	0.836		删除	
创业韧性	EPR1	0.506	0.705	0.747	保留	
	EPR2	0.687	0.631		保留	
	EPR3	0.682	0.631		保留	
	EPR4	0.640	0.650		保留	
	EPR5	0.561	0.723		保留	
创业乐观	EPO1	0.657	0.828	0.855	保留	
	EPO2	0.771	0.804		保留	
	EPO3	0.867	0.785		保留	
	EPO4	0.799	0.800		保留	
	EPO5	0.736	0.812		保留	
	EPO6	0.104	0.914		删除	
创业幸福感	EPH1	0.623	0.752	0.796	保留	
	EPH2	0.594	0.756		保留	
	EPH3	0.703	0.738		保留	
	EPH4	0.611	0.755		保留	
	EPH5	0.710	0.730		保留	
	EPH6	0.253	0.796		删除	
	EPH7	0.208	0.813		删除	

根据创业心理资本信度分析结果，对保留的题项进行探索性因子分析，并分析创业心理资本各维度的聚合效度。采用因子分析法中主成分分析法（principal components analysis），以最大方差法（varimax method）正交旋转进行测量，取特征值大于 1。同时取因子载荷大于 0.5（小于 0.5 的题项，则选择删除），进而进一步分析聚合效度指标的组合信度 CR 及平均方差抽取量。由表 5-10 可知，创业心理资本量表的 KMO 值为 0.848，大于 0.7，巴特利特球度检验 p 值为 0.000。对量表进行因子分析，形成了 5 个因子，累计解释总方差量为 66.802%，所有测量题项的因子载荷均大于 0.5，可见创业心理资本量表具有较好的建构效度。从表 5-10 可见，创业效能感的组合信度为 0.872，创业激情的组合信度为 0.879，创业韧性的组合信度为 0.819，创业乐观的组合信度为 0.866，创业幸福感的组合信度为 0.857，均远远大于 0.7 的良好标准。除此之外，创业效能感的 AVE 值为 0.578，创业激情的 AVE 值为 0.592，创业韧性的 AVE 为 0.534，创业乐观的 AVE 值为 0.57，创业幸福感的 AVE 值为 0.501，均大于 0.5 的良好标准。因此，以上数据说明创业心理资本各维度的聚合效度较好。

表5-10　创业心理资本项目探索性因子分析及效度分析结果

维度	题项	因子载荷	删除/保留	特征值总数	累计解释总方差量（%）	组合信度	AVE
创业效能感	EPE1	0.726	保留	8.372	14.612	0.872	0.578
	EPE2	0.840	保留				
	EPE3	0.762	保留				
	EPE4	0.676	保留				
	EPE5	0.787	保留				
创业激情	EPP1	0.821	保留	3.142	28.877	0.879	0.592
	EPP2	0.784	保留				
	EPP3	0.735	保留				
	EPP4	0.751	保留				
	EPP5	0.774	保留				

续表

维度	题项	因子载荷	删除/保留	特征值总数	累计解释总方差量（%）	组合信度	AVE
创业韧性	EPR1	0.574	保留	2.161	43.032	0.819	0.534
	EPR2	0.776	保留				
	EPR3	0.781	保留				
	EPR4	0.770	保留				
	EPR5	0.747	保留				
创业乐观	EPO1	0.514	保留	1.691	55.551	0.866	0.570
	EPO2	0.791	保留				
	EPO3	0.855	保留				
	EPO4	0.801	保留				
	EPO5	0.766	保留				
创业幸福感	EPH1	0.791	保留	1.335	66.802	0.857	0.501
	EPH2	0.706	保留				
	EPH3	0.684	保留				
	EPH4	0.656	保留				
	EPH5	0.785	保留				
KMO 值				0.848			
巴特利特球度检验 p 值				0.000			
累计解释总方差量（%）				66.802			

（2）创业认知量表的检验

以下对由创业准备脚本、创业意向脚本、创业能力脚本组成的创业认知量表进行信度检验。由表 5-11 可知，创业认知总量表的 Cronbach's α 值为 0.701，创业准备脚本的 Cronbach's α 值为 0.88，但是题项 ECP6 剔除项目后的 Cronbach's α 值为 0.906，大于创业准备脚本维度的 Cronbach's α 值

（0.88），因此删除该题项，创业准备脚本其他题项均满足条件。创业意向脚本的 Cronbach's α 值为 0.729，但题项 ECW6 的 CITC 值为 0.233，小于 0.3，题项 ECW6 剔除项目后的 Cronbach's α 值为 0.789，大于该维度的 Cronbach's α 值（0.729），因此删除该题项，创业意向脚本其他题项一致性信度良好。创业能力脚本维度的 Cronbach's α 值为 0.875，各题项的 CITC 值都大于 0.6，剔除项目后 Cronbach's α 值（最高值 0.856）都小于维度的 Cronbach's α 值（0.875），可见创业能力脚本信度良好。

表5-11 创业认知项目分析与信度分析结果

维度	题项	CITC	剔除题项后的 Cronbach's α 系数	Cronbach's α 系数	删除/保留	总量表 Cronbach's α 系数
创业准备脚本	ECP1	0.774	0.845	0.880	保留	0.701
	ECP2	0.776	0.844		保留	
	ECP3	0.743	0.850		保留	
	ECP4	0.820	0.835		保留	
	ECP5	0.675	0.862		保留	
	ECP6	0.332	0.906		删除	
创业意向脚本	ECW1	0.637	0.651	0.729	保留	
	ECW2	0.459	0.695		保留	
	ECW3	0.526	0.679		保留	
	ECW4	0.547	0.668		保留	
	ECW5	0.553	0.663		保留	
	ECW6	0.233	0.789		删除	
创业能力脚本	ECC1	0.674	0.856	0.875	保留	
	ECC2	0.712	0.847		保留	
	ECC3	0.771	0.833		保留	
	ECC4	0.674	0.855		保留	
	ECC5	0.699	0.850		保留	

根据创业认知信度分析结果，对保留的题项进行探索性因子分析，并分析创业认知各维度的建构效度。采用因子分析法中主成分分析法，以最大方差法正交旋转进行测量，由于变量题项是根据经典量表而设置的，因此提取 3 个因子。同时取因子载荷大于 0.5（小于 0.5 的题项，则进行删除），进一步分析聚合效度指标的组合信度及平均方差抽取量。由表 5-12 可知，创业认知量表的 KMO 值为 0.797，大于 0.7，巴特利特球度检验 p 值为 0.000。对量表进行因子分析，形成了 3 个因子，累计解释总方差量为 65.954%，所有测量题项的因子载荷均大于 0.6，可见创业认知量表具有较好的建构效度。从表 5-12 可见，创业准备脚本的组合信度为 0.926，创业意向脚本的组合信度为 0.859，创业能力脚本的组合信度为 0.906，均远远大于 0.7 的良好标准。除此之外，创业准备脚本的 AVE 值为 0.716，创业意向脚本的 AVE 值为 0.551，创业能力脚本的 AVE 值为 0.658，均大于 0.5 的良好标准。因此，以上数据说明创业认知各维度的聚合效度较好。

表5-12 创业认知项目探索性因子分析及效度分析结果

维度	题项	因子载荷	删除/保留	特征值总数	累计解释总方差量（%）	组合信度	AVE
创业准备脚本	ECP1	0.835	保留	4.366	24.554	0.926	0.716
	ECP2	0.886	保留				
	ECP3	0.845	保留				
	ECP4	0.896	保留				
	ECP5	0.763	保留				
创业意向脚本	ECW1	0.839	保留	2.953	47.210	0.859	0.551
	ECW2	0.719	保留				
	ECW3	0.708	保留				
	ECW4	0.740	保留				
	ECW5	0.698	保留				

续表

维度	题项	因子载荷	删除/保留	特征值总数	累计解释总方差量（%）	组合信度	AVE
创业能力脚本	ECC1	0.776	保留	2.574	65.954	0.906	0.658
	ECC2	0.816	保留				
	ECC3	0.864	保留				
	ECC4	0.785	保留				
	ECC5	0.811	保留				
KMO 值				0.797			
巴特利特球度检验 p 值				0.000			
累计解释总方差量（%）				65.954			

（3）创业坚持行为量表的检验

如表 5-13 所示，创业坚持量表的 Cronbach's α 值为 0.771，EP6 题项的 CITC 值为 0.273，小于 0.3，而且该题项剔除项目后的 Cronbach's α 值为 0.785，大于该维度的 Cronbach's α 值（0.771），因此删除该项，创业坚持行为量表在删除不合格项目后的 Cronbach's α 值为 0.764，说明创业坚持行为量表具有一致性信度。

表5-13 创业坚持项目分析与信度分析结果

维度	题项	CITC	剔除题项后的 Cronbach's α 系数	Cronbach's α 系数	删除/保留	总量表 Cronbach's α 系数
创业坚持行为	EP1	0.438	0.748	0.771	保留	0.764
	EP2	0.558	0.716		保留	
	EP3	0.674	0.687		保留	
	EP4	0.665	0.688		保留	
	EP5	0.477	0.740		保留	
	EP6	0.273	0.785		删除	

对创业坚持行为量表进行探索性因子分析，形成了1个因子（见表5-14），累计解释总方差量为55.217%，所有测量题项的因子载荷均大于0.6，可见量表具有较好的建构效度。创业坚持行为的组合信度为0.859，大于0.7的良好标准，AVE值为0.552，大于0.5的标准。因此，以上数据说明创业坚持行为量表的聚合效度较好。

表5-14 创业坚持项目探索性因子分析及效度分析结果

维度	题项	因子载荷	删除/保留	特征值总数	累计解释总方差量（%）	组合信度	AVE
创业坚持行为	EP1	0.690	保留	2.761	55.217	0.859	0.552
	EP2	0.753	保留				
	EP3	0.834	保留				
	EP4	0.800	保留				
	EP5	0.617	保留				
KMO值			0.733				
巴特利特球度检验p值			0.000				

（4）预期后悔量表的检验

如表5-15所示，预期后悔量表的Cronbach's α 值为0.871，各题项的CITC值大于0.6，并且各题项剔除项目后的Cronbach's α 值（最高值0.87）均小于预期后悔量表的Cronbach's α 值（0.871）。由此可见，预期后悔量表信度良好。

表5-15 预期后悔项目分析与信度分析结果

维度	题项	CITC	剔除题项后的Cronbach's α 系数	删除/保留	总量表Cronbach's α 系数
预期后悔	AR1	0.696	0.870	保留	0.871
	AR2	0.766	0.809	保留	
	AR3	0.807	0.769	保留	

对预期后悔量表进行探索性因子分析,形成了1个因子(见表5-16),累计解释总方差量为79.659%,所有测量题项的因子载荷均大于0.8,可见预期后悔量表具有较好的建构效度。预期后悔的组合信度为0.921,远大于0.7的良好标准,AVE值为0.796,大于0.5的良好标准。因此,以上数据说明预期后悔的聚合效度较好。

表5-16 预期后悔项目探索性因子分析及效度分析结果

维度	题项	因子载荷	删除/保留	特征值总数	累计解释总方差量(%)	组合信度	AVE
预期后悔	AR1	0.858	保留	2.390	79.659	0.921	0.796
	AR2	0.899	保留				
	AR3	0.919	保留				

(5)社会支持量表的检验

对由家庭支持、伙伴支持、机构支持组成的社会支持量表进行信度检验。如表5-17所示,社会支持总量表的Cronbach's α值为0.826,说明社会支持总量表的一致性信度良好。家庭支持的Cronbach's α值为0.871,但题项SSF4剔除项目后的Cronbach's α值为0.925,大于该维度的Cronbach's α值(0.871),因此删除该题项,家庭支持其他题项信度良好。伙伴支持的Cronbach's α值为0.714,但是题项SSP4的CITC值为0.207,小于0.3,剔除项目后的Cronbach's α值为0.817,大于该维度的Cronbach's α值(0.714),因此需要删除该题项,伙伴支持其他题项均满足条件。机构支持的Cronbach's α值为0.785,但是题项SSG6的CITC值为0.194,小于0.3,剔除项目后的Cronbach's α值为0.873,大于该维度的Cronbach's α值(0.785),因此删除该题项,机构支持其他题项均满足条件,一致性信度良好。

表5-17 社会支持项目分析与信度分析结果

维度	题项	CITC	剔除题项后的 Cronbach's α 系数	Cronbach's α 系数	删除/保留	总量表 Cronbach's α 系数
家庭支持	SSF1	0.755	0.827	0.871	保留	0.826
	SSF2	0.824	0.799		保留	
	SSF3	0.841	0.793		保留	
	SSF4	0.567	0.925		删除	
伙伴支持	SSP1	0.640	0.565	0.714	保留	
	SSP2	0.636	0.568		保留	
	SSP3	0.577	0.602		保留	
	SSP4	0.207	0.817		删除	
机构支持	SSG1	0.710	0.666	0.785	保留	
	SSG2	0.804	0.607		保留	
	SSG3	0.691	0.677		保留	
	SSG4	0.194	0.873		删除	

根据社会支持项目信度分析结果，将对保留的题项进行探索性因子分析，如表5-18所示，社会支持量表的KMO值为0.757，大于0.7，巴特利特球度检验 p 值为0.000。对量表进行因子分析，形成了3个因子，累计解释总方差量为80.614%，所有测量题项的因子载荷均大于0.7，可见社会支持量表具有较好的建构效度。从表5-18可见，家庭支持的组合信度为0.925，伙伴支持的组合信度为0.889，机构支持的组合信度为0.887，远大于0.7的良好标准。除此之外，家庭支持的AVE值为0.805，伙伴支持的AVE值为0.728，机构支持的AVE值为0.724，均大于0.5的良好标准。因此，以上数据说明社会支持各维度的聚合效度较好。

表5-18 社会支持项目探索因子分析及效度分析结果

维度	题项	因子载荷	删除/保留	特征值总数	累计解释总方差量（%）	组合信度	AVE
家庭支持	SSF1	0.850	保留	3.965	29.544	0.925	0.805
	SSF2	0.930	保留				
	SSF3	0.910	保留				
伙伴支持	SSP1	0.853	保留	2.134	55.919	0.889	0.728
	SSP2	0.887	保留				
	SSP3	0.818	保留				
机构支持	SSG1	0.800	保留	1.156	80.614	0.887	0.724
	SSG2	0.886	保留				
	SSG3	0.864	保留				
KMO值				0.757			
巴特利特球度检验p值				0.000			
累计解释总方差量（%）				80.614			

5.3.5 正式调研数据收集

为了保障调研的便利性，所有样本主要选择在福建省内的市、县、乡（镇）、村的返乡创业农民工，包括返乡创业活动开展较好的福州市闽侯县、连江县、福清市，厦门市同安区，漳州市漳浦县、南靖县，南平市延平区，泉州泉港区、晋江市、南安市、安溪县、永春县，宁德市霞浦县、福鼎市，莆田市仙游县，龙岩市上杭县、连城县，三明市大田县。在调研过程中采取随机抽样的办法，每个市选择1~5个区（县），每个区（县）选择1~3个乡（镇），每个乡（镇）选择1~3个村进行调研，样本数量总数为592份，具有一定的代表性，具体样本来源如表5-19所示。

正式样本调研采用电子问卷和纸质问卷。笔者个人及所依托的某商学院的工商管理学院、校创业社团、校闽商社团的部分福建省内各市的农村籍大学生（提前对该批学生就问卷调查应注意的相关事宜进行了培训）利用暑假返乡或回家时间找到当地返乡创业农民工进行填写。在调研过程中，笔者带队在福州市、厦门市、泉州市相关县域进行调研，其他市、县、乡（镇）、村则通过电话、微信、QQ跟踪了解当地学生的调研情况（在调研过程中设置了问卷收集组长）。从2021年6月下旬开始正式调研，2021年10月中旬收回全部问卷。共发放592份问卷，有效问卷520份，有效率约为87.84%：其中电子问卷发放了240份，有效问卷200份；纸质问卷发放了352份，有效问卷320份。无效问卷的剔除主要考虑以下几点：第一，样本非返乡创业农民工；第二，问卷中缺失值过多；第三，参考Zahra等（2000）的研究，本次的调查对象所创办的企业是成立时间在8年以内的新创企业，因此删除了成立时间超过8年的企业。

表5-19 正式调研样本来源

市	县	乡（镇）	村	样本数	有效样本
福州市	闽侯县、连江县、福清市	青口镇、上街镇、黄岐镇、潘渡镇、江阴镇	上街村、侯官村、厚美村、前洋村、杨厝村、村里村、赤澳村、贵安村、龙门村、潘厝村	92	88
厦门市	同安区	莲花镇、汀溪镇	莲花村、后埔村、蔗内村、顶村村、堤内村	77	73
泉州市	泉港区、晋江市、南安市、安溪县、永春县	后龙镇、省新镇、安海镇、凤城镇、桃城镇	后龙村、水头村、可慕村、园内村、西埔村、美法村、上山村、桃城社区、桃东社区	121	99
南平市	延平区	太平镇、南山镇	南溪村、九潭村、九凤村、明洋村、岩溪村	58	47
宁德市	霞浦县、福鼎市	沙江镇、北壁乡、太姥山镇	南屏村、上岐村、下岐村、池澳村、秦屿村、建国村	74	63
莆田市	仙游县	枫亭镇	锦湖村、秀峰村	12	10
漳州市	漳浦县、南靖县	赤岭畲族乡、长桥镇、山城镇	山坪村、马口村、葛山村、岩前村	62	51
三明市	大田县	太华镇、屏山乡	万湖村、内洋村	31	29
龙岩市	上杭县、连城县	古田镇、莲峰镇	上洋村、八甲村、李彭村、大坪村	65	60
总　　计				592	520

5.3.6 数据分析方法

在对 520 份问卷数据整理后,运用 Spss 和 Amos 等统计软件进行分析。首先运用 Spss 24.0 软件进行描述性统计、方差分析、t 检验等的数据分析,以了解返乡创业农民工的基本特征、创业情况、创业动态、创业特征等,具体内容已经在本书第 4 章中进行了详细的阐述。其次,运用 Spss 24.0 统计软件,采用 Cronbach's α 系数作为指标评估问卷各量表的信度,在效度方面,将采用验证性因子分析的方法来测度。再次,运用 Amos 21.0 运行结构方程模型,探究返乡创业农民工创业心理资本、创业认知、创业坚持行为之间的直接或间接影响路径及影响程度。最后,在 Spss 24.0 软件中安装小程序 Bootstrap process,分析预期后悔和社会支持的调节作用及有调节的中介作用。相关信效度、变量间关系的考察将在本章进行分析。

本节为实证研究方法的设计。首先,通过访谈明确关键概念间的关系及返乡创业农民工的一般情况。其次,对问卷调研的对象进行说明,设计问卷并构建问卷结构。再次,对自变量创业心理资本,中介变量创业认知,调节变量预期后悔、社会支持,以及被解释变量创业坚持行为的具体测量指标进行详细说明。从次,对问卷开展预调研并对量表的信效度进行检验,修正问卷题项。最后,对大样本数据收集的情况和运用的数据分析方法进行说明。本次调研涉及福建省多个市(区)、县、村,有效问卷 520 份,相关数据分析结果将在本章后续内容进行详细说明。

5.4 实证分析与结果讨论

本节对本书提出的假设进行实证检验，分为四个部分：第一部分是分析问卷中相关量表的信效度，根据相关分析，运用共同方法偏差检验；第二部分是直接效应及中介效应假设检验，旨在验证假设 5-1—假设 5-4；第三部分是调节变量的回归分析检验，运用 Bootstrap 法检验预期后悔的调节效应及被调节的中介效应、社会支持的调节效应以及被调节的中介效应；第四部分是实证结果与结论解释。

5.4.1 信效度检验

本书研究的问卷主体部分由返乡创业农民工的创业心理资本、创业认知、创业坚持行为、预期后悔、社会支持 5 张分量表构成。这 5 张分量表是笔者在阅读大量文献的基础上，引用国内外相关的主要研究，经过与专家的多轮讨论及预调研的信效度检验后形成的。为确保研究的严谨性与数据的可靠性，本书在经过大样本调研后，还对收集到的数据再次进行了信效度验证，保证本书研究内容和数据的真实性和有效性。

（1）信度检验

由于采用的是横向数据，不存在外部信度问题，因此本章采用内部信度方法检测问卷设计的一致性，以 Cronbach's α 系数来检测问卷中题项的信度。系数值越高，信度越高。正式问卷的信度结果具体情况如表 5-20 所示，创业心理资本、创业认知、创业坚持行为、预期后悔、社会支持等量表的信度均高于 0.871，属于可信范围内。

表5-20 问卷量表信度统计分析表

变量	变量维度	题项	维度的Cronbach's α	变量的Cronbach's α
创业心理资本	创业效能感	5	0.871	0.936
	创业激情	5	0.885	
	创业韧性	5	0.911	
	创业乐观	5	0.923	
	创业幸福感	5	0.892	
创业认知	创业准备脚本	5	0.899	0.945
	创业意向脚本	5	0.905	
	创业能力脚本	5	0.921	
创业坚持行为	创业坚持行为	5	0.899	0.899
预期后悔	预期后悔	3	0.913	0.913
社会支持	家人支持	3	0.905	0.896
	伙伴支持	3	0.878	
	机构支持	3	0.882	

（2）效度检验

按照学术界既往的研究经验，内容效度、聚合效度以及判别效度可用来判定量表的效度，以确保正式问卷的可靠性。在内容效度方面，因本书采用成熟量表，在经过与专家的研讨后，通过预调研对问卷进行了修正，在一定意义上具有良好的内容效度，以下针对聚合效度以及判别效度进行分析。

①聚合效度

本章在预调研部分使用了探索性因子分析开展聚合效度验证，在此使用Amos 21.0进行验证性因子分析，以明确测量变量各维度题项的标准化因子载荷（不低于0.4）及显著性水平，并根据吴明隆（2013）开发的应用程序来计算AVE值。

第一，创业心理资本各维度的验证性因子分析结果。由表5-21可知，创业心理资本各维度测量题项的标准化因子载荷均大于最低要求值 0.4。考察临界值（C.R.）和 p 值的数据，发现所有维度的因子载荷均达到统计显著性水平，各维度的 AVE 值均超过 0.5。由此可见，创业心理资本各维度的聚合效度良好。

表5-21　创业心理资本各维度的聚合效度分析结果

维度	题项	非标准化因子载荷	标准误	C.R.（t值）	p值	标准化因子载荷	SMC（多元相关平方）	CR	AVE
创业效能感	EPE1	1.000				0.768	0.590	0.872	0.578
	EPE2	1.062	0.065	16.427	***	0.730	0.533		
	EPE3	1.151	0.064	17.960	***	0.795	0.632		
	EPE4	0.937	0.058	16.210	***	0.722	0.521		
	EPE5	1.165	0.066	17.703	***	0.784	0.615		
创业激情	EPP1	1.000				0.742	0.551	0.886	0.608
	EPP2	1.022	0.061	16.791	***	0.758	0.575		
	EPP3	1.098	0.059	18.635	***	0.842	0.709		
	EPP4	1.082	0.062	17.544	***	0.791	0.626		
	EPP5	1.048	0.062	16.877	***	0.762	0.581		
创业韧性	EPR1	1.000				0.832	0.692	0.912	0.675
	EPR2	1.062	0.047	22.467	***	0.834	0.696		
	EPR3	1.062	0.049	21.703	***	0.815	0.664		
	EPR4	0.929	0.046	20.019	***	0.770	0.593		
	EPR5	1.064	0.046	23.203	***	0.885	0.783		
创业乐观	EPO1	1.000				0.845	0.714	0.923	0.705
	EPO2	1.050	0.044	23.831	***	0.845	0.714		
	EPO3	0.984	0.042	23.463	***	0.837	0.701		
	EPO4	0.975	0.043	22.696	***	0.820	0.672		
	EPO5	1.031	0.043	24.048	***	0.850	0.723		

续表

维度	题项	非标准化因子载荷	标准误	C.R.（t值）	p值	标准化因子载荷	SMC（多元相关平方）	CR	AVE
创业幸福感	EPH1	1.000				0.686	0.471	0.890	0.620
	EPH2	1.076	0.070	15.260	***	0.733	0.537		
	EPH3	1.162	0.074	15.787	***	0.762	0.581		
	EPH4	1.415	0.078	18.072	***	0.898	0.806		
	EPH5	1.272	0.074	17.216	***	0.841	0.707		

注：* 代表 $p<0.05$，** 代表 $p<0.01$，*** 代表 $p<0.001$。

第二，创业心理资本二阶验证性因子分析结果。由表5-22可知，创业心理资本五个维度的标准化因子载荷值都大于0.4；由C.R.和p值可见，五个维度的因子载荷都达到显著性水平；AVE值为0.507，超过0.5。可见，创业心理资本具有良好的聚合效度。

表5-22 创业心理资本的聚合效度分析结果

变量	维度	非标准化因子载荷	标准误	C.R.（t值）	p值	标准化因子载荷	SMC（多元相关平方）	CR	AVE
创业心理资本	创业效能感	1				0.793	0.629	0.835	0.507
	创业激情	0.787	0.071	11.063	***	0.654	0.428		
	创业韧性	0.922	0.076	12.136	***	0.740	0.548		
	创业乐观	0.858	0.075	11.494	***	0.789	0.623		
	创业幸福感	0.674	0.072	9.4020	***	0.556	0.309		

注：* 代表 $p<0.05$，** 代表 $p<0.01$，*** 代表 $p<0.001$。

第三，创业认知各维度的验证性因子分析结果。根据表5-23可知，创业认知各维度测量题项的标准化因子载荷均大于0.4；根据C.R.和p值可知，所有维度的所有因子载荷均达到统计显著性水平，且p值均小于0.001；AVE值均超过标准值0.5。因此，创业认知各维度具有良好的聚合效度。

表5-23　创业认知各维度的聚合效度分析结果

维度	题项	非标准化因子载荷	标准误	C.R.（t值）	p值	标准化因子载荷	SMC（多元相关平方）	CR	AVE
创业准备脚本	ECP1	1				0.735	0.540	0.905	0.655
	ECP2	1.099	0.061	17.938	***	0.798	0.637		
	ECP3	1.141	0.059	19.269	***	0.856	0.733		
	ECP4	1.177	0.061	19.440	***	0.863	0.745		
	ECP5	1.039	0.059	17.729	***	0.789	0.623		
创业意向脚本	ECI1	1				0.837	0.701	0.899	0.640
	ECI2	0.978	0.046	21.296	***	0.811	0.658		
	ECI3	0.975	0.047	20.92	***	0.801	0.642		
	ECI4	0.912	0.044	20.801	***	0.797	0.635		
	ECI5	0.900	0.047	19.239	***	0.753	0.567		
创业能力脚本	EPA1	1				0.863	0.745	0.921	0.701
	EPA2	1.037	0.042	24.883	***	0.847	0.717		
	EPA3	1.040	0.039	26.662	***	0.881	0.776		
	EPA4	1.043	0.042	24.832	***	0.846	0.716		
	EPA5	0.875	0.044	20.091	***	0.742	0.551		

注：* 代表 $p < 0.05$，** 代表 $p < 0.01$，*** 代表 $p < 0.001$。

第四，创业坚持行为的验证性因子分析结果。从表5-24可知，创业坚持行为测量题项的标准化因子载荷均大于最低要求值0.4；根据C.R.和p值可知，该维度的因子载荷达到统计显著性水平，且p值均小于0.001；AVE值超过标准值0.5。因此，创业坚持行为具有良好的聚合效度。

表5-24　创业坚持行为的聚合效度分析结果

维度	题项	非标准化因子载荷	标准误	C.R.（t值）	p值	标准化因子载荷	SMC（多元相关平方）	CR	AVE
创业坚持行为	EP1	1				0.729	0.531	0.900	0.644
	EP2	0.943	0.056	16.895	***	0.761	0.579		
	EP3	1.074	0.057	18.912	***	0.850	0.723		
	EP4	1.150	0.059	19.545	***	0.881	0.776		
	EP5	1.034	0.060	17.354	***	0.781	0.610		

注：* 代表 $p < 0.05$，** 代表 $p < 0.01$，*** 代表 $p < 0.001$。

第五，预期后悔的验证性因子分析结果。从表5-25可知，预期后悔测量题项的标准化因子载荷均大于最低要求值0.4；根据C.R.和p值可知该维度的因子载荷达到统计显著性水平，且p值均小于0.001；AVE值超过标准值0.5。因此，预期后悔具有良好的聚合效度。

表5-25　预期后悔的聚合效度分析结果

维度	题项	非标准化因子载荷	标准误	C.R.（t值）	p值	标准化因子载荷	SMC（多元相关平方）	CR	AVE
预期后悔	AR1	1				0.854	0.729	0.914	0.780
	AR2	1.102	0.041	27.169	***	0.932	0.869		
	AR3	1.048	0.042	25.073	***	0.862	0.743		

注：* 代表 $p < 0.05$，** 代表 $p < 0.01$，*** 代表 $p < 0.001$。

第六，社会支持本各维度的验证性因子分析结果。由表5-26可知，社会支持各维度测量题项的标准化因子载荷均大于最低要求值0.4；根据C.R.和p值可知，所有维度的所有因子载荷均达到统计显著性水平，且p值均小于0.001；AVE值均超过标准值0.5。因此，社会支持各维度具有良好的聚合效度。

表5-26 社会支持各维度的聚合效度分析结果

维度	题项	非标准化因子载荷	标准误	C.R.(t值)	p值	标准化因子载荷	SMC（多元相关平方）	CR	AVE
家庭支持	SSF1	1				0.815	0.664	0.906	0.764
	SSF2	1.072	0.045	23.898	***	0.897	0.805		
	SSF3	1.114	0.046	24.088	***	0.907	0.823		
伙伴支持	SSP1	1				0.828	0.686	0.879	0.709
	SSP2	1.112	0.051	21.715	***	0.899	0.808		
	SSP3	1.012	0.050	20.091	***	0.796	0.634		
机构支持	SSG1	1				0.815	0.664	0.883	0.715
	SSG2	1.110	0.052	21.280	***	0.869	0.755		
	SSG3	1.128	0.054	21.042	***	0.852	0.726		

注：* 代表 $p < 0.05$，** 代表 $p < 0.01$，*** 代表 $p < 0.001$。

②判别效度

判别效度指研究中所涉及的构念或维度能够彼此区分的程度，反映在数据上便是某个构念或维度被自身题项所解释的程度要大于被其他构念或维度所解释的程度。如果AVE值的平方根大于相对应变量之间的相关系数，则表明量表具有较好的判别效度。采用Spss 24.0对量表的判别效度展开检验。表5-27列出了核心变量之间的相关关系，对角线上AVE的平方根在0.72和0.883之间，对角线下简单相关的最大值（0.698）小于对角线上AVE平方根的最小值（0.72），这说明判别效度良好。

表5-27 相关分析表

	EPE	EPP	EPR	EPH	EPO	EP	ECI	ECP	ECA	SSF	SSP	SSG	AR
EPE	0.760												
EPP	0.351***	0.780											
EPR	0.476***	0.379***	0.822										
EPH	0.569***	0.393***	0.470***	0.787									
EPO	0.525***	0.400***	0.418***	0.540***	0.840								
EP	0.482***	0.593***	0.457***	0.504***	0.485***	0.802							
ECI	0.540***	0.367***	0.465***	0.541***	0.473***	0.634***	0.800						
ECP	0.489***	0.354***	0.405***	0.542***	0.439***	0.618***	0.698***	0.809					
ECA	0.526***	0.398***	0.505***	0.571***	0.475***	0.629***	0.684***	0.610***	0.837				
SSF	0.225***	0.408***	0.306***	0.270***	0.185***	0.352***	0.218***	0.218***	0.341***	0.874			
SSP	0.338***	0.209***	0.298***	0.320***	0.255***	0.235***	0.246***	0.316***	0.276***	0.486***	0.842		
SSG	0.157***	0.385***	0.249***	0.154***	0.086	0.367***	0.183***	0.135***	0.235***	0.614***	0.423***	0.846	
AR	0.577***	0.447***	0.450***	0.568***	0.487***	0.496***	0.474***	0.503***	0.510***	0.272***	0.334***	0.230***	0.883

注：EPE 为创业效能感，EPP 为创业能力，EPR 为创业韧性，EPH 为创业幸福感，EPO 为创业乐观，EP 为创业坚持行为；ECI 为创业意向脚本，ECP 为创业准备脚本，ECA 为创业能力脚本；SSF 为家庭支持，SSP 为伙伴支持，SSG 为机构支持；AR 为预期后悔；*** 表示 0.001 的显著性水平，** 表示 0.01 的显著性水平，* 表示 0.05 的显著性水平；对角线上为 AVE 的平方根。

5.4.2 相关分析

本章采用 Spss 24.0 对量表的共线性展开检验。根据表 5-27 列出了研究中各个维度间的相关关系，得到了不同维度两两相关的相关值。以往的研究指出，两个维度的相关系数大于 0.75 会存在共线性问题，如果相关系数小于 0.3 则会出现参数不显著的问题，如果维度间的相关系数在 0.3～0.75 则较为合理，能够开展结构方程模型分析。如表 5-27 所示，自变量创业心理资本、中介变量创业认知、因变量创业坚持行为各维度之间的相关系数在 0.351～0.698，符合结构方程模型的相关系数标准。另外，除机构支持与创业乐观间的相关系数不显著外，预期后悔及社会支持各维度与创业心理资本、创业认知、创业坚持行为均存在显著的正相关关系，适合开展后续的回归分析。

5.4.3 共同方法偏差检验

为了尽可能地避免研究所涉及变量的系统性误差，采用 Harman 法对共同方法偏差问题进行检验，该方法对研究中所涉及的全部题项进行探索性因子分析，如果只析出 1 个公因子，或者析出的第一公因子的因子贡献率高于 40%，则说明存在严重的共同方法偏差。对研究中所涉及的 60 个题项进行探索性因子分析，以特征根大于 1 为标准，采用最大方差法，析出了 12 个因子，累计因子贡献率为 73.838%，最大因子的特征值为 20.466，但其方差贡献率为 7.258%，小于 40%，可见其对方差变异的解释力度较小。由此说明，本章的数据来源、评分者答题情况较好，共同方法偏差问题不严重。

5.4.4 创业心理资本对创业坚持行为的直接效应检验

以上数据的分析是本节假设检验前的基本环节，分析的目的是检验本章提出的研究假设。根据研究需要，以创业心理资本为自变量，以创业认知为中介变量，以创业坚持行为为因变量，以预期后悔和社会支持分别作为调节变量。本节实证结果主要通过 Amos 21.0 及 Spss 24.0 操作完成。本章在检验创业心理资本对创业坚持行为的影响、创业心理资本对创业认知的影响、创业认知对创业坚持行为的影响，以及创业认知的中介作用时，采用 Amos 21.0 软件，在 Bootstrap 方法下进行分析，设置 Bootstrap 抽样次数为 5 000 次。Bootstrap 取样方法选择偏差校正的非参数百分位法，置信区间按照惯例选取 95%。首先，梳理模型适配度指标，对模型适配度进行检验；其次，通过观察标准化回归系数、C.R. 及 p 值来判断影响的显著性，从而判断假设是否成立。

为了验证假设 5-1，本节以创业坚持行为（EP）为因变量，以创业心理资本（EXLZ）各维度作为自变量，用 Amos 21.0 统计软件进行分析。从模型拟合度表 5-28 可以看出，该结构方程模型相对来说有较理想的拟合度，除绝对拟合指数 χ^2/df 略大于 3 之外，其他指标都比较理想，因此用该模型检验对应的研究假设是可行的。

表5-28 假设5-1模型适配度检验

拟合指数	χ^2/df	RMSEA	GFI	AGFI	NFI	IFI	TLI	CFI
可接受值	≤3	≤0.08	≥0.8	≥0.8	≥0.8	≥0.9	≥0.9	≥0.9
EXLZ-EP 模型	3.171	0.070	0.849	0.817	0.883	0.913	0.901	0.912

注：RMSEA 为近似误差均方根；GFI 为拟合优度指数；AGFI 为调整拟合优度指数；NFI 为规范拟合指数；IFI 为增量拟合指数；TLI 为塔克－刘易斯指数；CFI 为比较拟合指数。

表 5-29 列出了创业心理资本对创业坚持行为的影响，实证结果表明，创业效能感对创业坚持行为有显著正向作用（$\beta=0.123$，$p<0.05$），创业激情对创业坚持行为有显著正向作用（$\beta=0.447$，$p<0.001$），创业韧性对创业坚持行为有显著正向作用（$\beta=0.121$，$p<0.001$），创业乐观对创业坚持行为有显著正向作用（$\beta=0.106$，$p<0.05$），创业幸福感对创业坚持行为有显著正向作用（$\beta=0.152$，$p<0.05$）。显然，上述的实证结果支持了本章中的假设 5-1 和子假设 5-1a、假设 5-1b、假设 5-1c、假设 5-1d 以及假设 5-1e，而且创业心理资本各维度对创业坚持行为的影响程度从大到小分别为创业激情、创业幸福感、创业效能感、创业韧性、创业乐观。

表5-29　研究假设5-1的实证结果一览表

路径	非标准化回归系数	标准误	C.R.	p 值	标准化回归系数 β	对应假设	检验结果
创业坚持行为←创业效能感	0.128	0.058	2.197	*	0.123	假设 5-1a	成立
创业坚持行为←创业激情	0.467	0.051	9.131	***	0.447	假设 5-1b	成立
创业坚持行为←创业韧性	0.122	0.044	2.767	***	0.121	假设 5-1c	成立
创业坚持行为←创业乐观	0.106	0.051	2.078	*	0.106	假设 5-1d	成立
创业坚持行为←创业幸福感	0.176	0.07	2.523	*	0.152	假设 5-1e	成立

注：* 代表 $p<0.05$，** 代表 $p<0.01$，*** 代表 $p<0.001$。

5.4.5　创业心理资本对创业认知的直接效应检验

为了验证假设 5-2，本书选择以创业认知（EC）为因变量，以创业心理资本各维度为自变量，用 Amos 21.0 统计软件进行分析。从模型拟合度表 5-30 可以看出，该结构方程模型有较理想的拟合度，相关指标都比较理想，因此用该模型检验对应的研究假设是可行的。

表5-30 假设5-2模型适配度检验

拟合指数	χ^2/df	RMSEA	GFI	AGFI	NFI	IFI	TLI	CFI
可接受值	≤3	≤0.08	≥0.8	≥0.8	≥0.8	≥0.9	≥0.9	≥0.9
EXLZ-EC模型	2.738	0.058	0.839	0.815	0.879	0.919	0.911	0.919

表5-31列出了创业心理资本对创业认知的影响，实证结果表明，创业效能感对创业认知有显著正向作用，表明假设5-2a成立，其中创业效能感对创业准备脚本、创业意向脚本、创业能力脚本的标准化回归系数分别为0.246、0.31、0.204，均在$p<0.001$的显著性水平上。创业激情对创业认知有正向作用，但不完全显著，其中创业激情对创业能力脚本有显著正向作用（$\beta=0.108$，$p<0.05$），创业激情对创业准备脚本和创业意向脚本的正向作用不显著，因此假设5-2b没有得到完全验证。创业韧性对创业认知的创业准备脚本有正向作用，但不显著，其中创业韧性对创业意向脚本（$\beta=0.149$，$p<0.01$）和创业能力脚本（$\beta=0.226$，$p<0.001$）均有显著正向作用，因此假设5-2c不完全成立。创业乐观对创业认知有正向作用，但均不在显著性水平上，因此假设5-2d不成立。创业幸福感对创业认知有显著正向作用，创业幸福感对创业准备脚本、创业意向脚本和创业能力脚本的标准化回归系数分别为0.344、0.268、0.278，且均在$p<0.001$的显著性水平上，因此假设5-2e成立。根据上述的实证结果可知，假设5-2得到了大部分验证，但不完全成立。

表5-31 研究假设5-2的实证结果一览表

路径	非标准化回归系数	标准误	C.R.	p值	标准化回归系数 β	对应假设	检验结果
创业准备脚本←创业效能感	0.255	0.063	4.038	***	0.246	假设5-2a	成立
创业意向脚本←创业效能感	0.329	0.063	5.254	***	0.310		
创业能力脚本←创业效能感	0.198	0.055	3.577	***	0.204		
创业准备脚本←创业激情	0.097	0.050	1.935	0.053	0.089	假设5-2b	不完全成立
创业意向脚本←创业激情	0.090	0.049	1.840	0.066	0.081		
创业能力脚本←创业激情	0.110	0.044	2.492	*	0.108		
创业准备脚本←创业韧性	0.096	0.054	1.789	0.074	0.088	假设5-2c	不完全成立
创业意向脚本←创业韧性	0.165	0.053	3.131	**	0.149		
创业能力脚本←创业韧性	0.230	0.048	4.763	***	0.226		
创业准备脚本←创业乐观	0.055	0.056	0.980	0.327	0.052	假设5-2d	不成立
创业意向脚本←创业乐观	0.083	0.055	1.514	0.130	0.078		
创业能力脚本←创业乐观	0.078	0.049	1.590	0.112	0.080		
创业准备脚本←创业幸福感	0.409	0.073	5.634	***	0.344	假设5-2e	成立
创业意向脚本←创业幸福感	0.326	0.070	4.682	***	0.268		
创业能力脚本←创业幸福感	0.309	0.063	4.902	***	0.278		

注：* 代表 $p < 0.05$，** 代表 $p < 0.01$，*** 代表 $p < 0.001$。

5.4.6 创业认知对创业坚持行为的直接效应检验

为了验证假设5-3，本书选择以创业坚持行为（EP）为因变量，以创业认知各维度为自变量，用Amos 21.0统计软件进行分析。从模型拟合度表5-32可以看出，相关指标都比较理想，该结构方程模型具有较为理想的拟合度，用该模型检验对应的研究假设是可行的。

表5-32 假设5-3模型适配度检验

拟合指数	χ^2/df	RMSEA	GFI	AGFI	NFI	IFI	TLI	CFI
可接受值	≤ 3	≤ 0.08	≥ 0.8	≥ 0.8	≥ 0.8	≥ 0.9	≥ 0.9	≥ 0.9
EC-EP 模型	2.566	0.055	0.927	0.905	0.950	0.969	0.963	0.969

表5-33列出了创业认知对创业坚持行为的影响，实证结果表明，创业准备脚本对创业坚持行为有显著正向作用（$\beta=0.236$，$p < 0.05$），假设5-3a得到了验证。创业意向脚本对创业坚持行为有显著正向作用（$\beta=0.227$，$p < 0.001$），假设5-3b得到了验证。创业能力脚本对创业坚持行为有显著正向作用（$\beta=0.376$，$p < 0.001$），假设5-3c得到了验证。显然，上述的实证结果支持了本章中的假设5-3和子假设5-3a、假设5-3b、假设5-3c，且创业能力脚本对创业坚持行为的影响程度最大。

表5-33 研究假设5-3的实证结果一览表

路径	非标准化回归系数	标准误	C.R.	p 值	标准化回归系数 β	对应假设	检验结果
创业坚持行为←创业准备脚本	0.218	0.072	3.037	*	0.236	假设 5-3a	成立
创业坚持行为←创业意向脚本	0.246	0.064	3.844	***	0.227	假设 5-3b	成立
创业坚持行为←创业能力脚本	0.368	0.066	5.575	***	0.372	假设 5-3c	成立

注：* 代表 $p < 0.05$，** 代表 $p < 0.01$，*** 代表 $p < 0.001$。

5.4.7 创业认知的中介效应检验

为了检验创业认知在创业心理资本与创业坚持行为之间发挥中介作用的假设，采用 Amos 21.0 的 Bootstrap 方法，设定重复抽样 5 000 次、95% 的置信区间。根据模型拟合度表 5-34 可知，相关指标都比较理想，该结构方程模型具有较为理想的拟合度，用该模型检验对应的研究假设是可行的。

表5-34　假设5-4模型适配度检验

拟合指数	χ^2/df	RMSEA	GFI	AGFI	NFI	IFI	TLI	CFI
可接受值	≤3	≤0.08	≥0.8	≥0.8	≥0.8	≥0.9	≥0.9	≥0.9
EXLZ-EC-EP 模型	2.58	0.055	0.828	0.808	0.874	0.919	0.913	0.919

然后，运用自助法检验中介变量的中介效应，由于本书已经验证了二阶创业心理资本的有效性，因此采用二阶创业心理资本验证创业认知三个维度的中介效应，具体情况如图5-1所示。其中 $a_1 \times b_1$ 为创业认知中创业准备脚本的中介效应，$a_2 \times b_2$ 为创业意向脚本的中介效应，$a_3 \times b_3$ 为创业能力脚本的中介效应，以上需要报告非标准化值（Preacher et al., 2008）。因 Amos 21.0 输出结果只能显示总中介效应，无法直接识别创业认知各维度各自的间接效应，因此，在具体操作中，输入相应语法，以识别创业认知及各个维度是否存在中介效应及中介效应情况。在软件中输入中介变量各维度中介效应的运行语法：

Dim x（5）As Double

x（0）= v.ParameterValue（"a1"）　　* v.ParameterValue（"b1"）

x（1）= v.ParameterValue（"a2"）　　* v.ParameterValue（"b2"）

x（2）= v.ParameterValue（"a3"）　　* v.ParameterValue（"b3"）

x（3）= x（0）- x（1）

x（4）= x（1）- x（2）

x（5）= x（2）- x（0）

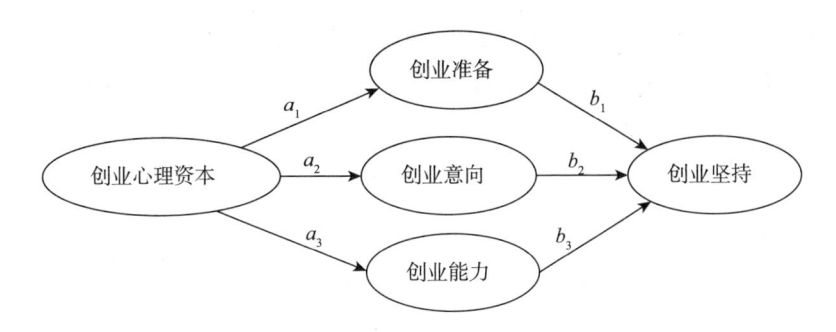

图5-1 创业认知各维度中介效应路径图

表5-35 创业认知中介效应各路径输出结果

中介效应	点估计值	S.E.	5 000次自主抽样 偏差校正的95%置信区间 下限	上限	95%的百分值 下限	上限
创业心理资本→创业准备脚本→创业坚持行为	0.263	0.079	0.126	0.439	0.124	0.432
创业心理资本→创业意向脚本→创业坚持行为	0.337	0.100	0.163	0.558	0.163	0.557
创业心理资本→创业能力脚本→创业坚持行为	0.336	0.077	0.206	0.512	0.198	0.496
创业认知总中介效应	0.936	0.109	0.752	1.187	0.749	1.182
创业准备脚本→创业意向脚本	−0.074	0.150	−0.374	0.221	−0.387	0.214
创业意向脚本→创业能力脚本	0.001	0.143	−0.267	0.287	−0.258	0.296
创业准备脚本→创业能力脚本	0.073	0.106	−0.135	0.280	−0.141	0.273

输入语法后假设5-4的结构方程模型的输出结果如表5-35所示。表5-35为输出结果后对创业认知中介效应的总结情况。由表5-35可知，创业认知在创业心理资本与创业坚持行为之间发挥显著的中介效应，其总中介效应的点估计值为0.936，且总中介效应的置信区间为［0.752，1.187］及［0.749，1.182］，均不包含0，可见创业认知发挥了显著的中介作用，假设5-4成立。在创业认知各维度的中介效应上，"创业心理资本→创业准备脚

本→创业坚持行为""创业心理资本→创业意向脚本→创业坚持行为""创业心理资本→创业能力脚本→创业坚持行为"三条路径的中介效应的置信区间均不包含0，表明这三条路径的中介效应显著，因此假设5-4a、假设5-4b、假设5-4c成立。从表5-35可知，创业认知三个维度所发挥的中介效应是不同的，从大到小依次是创业意向脚本（0.337）、创业能力脚本（0.336）、创业准备脚本（0.263）。尽管创业意向脚本和创业能力脚本发挥了较强的中介作用，但是通过进一步分析三条中介路径的差异，发现三条路径的中介效应差异的置信区间均包含0，可见创业认知各维度发挥的中介效应的差异是不显著的。

5.4.8 预期后悔的调节效应及有调节的中介效应检验

本节将对整体模型进行分析，若自变量与调节变量的交互项显著，则表示调节效应存在，反之则不存在调节效应。由于前文已经验证了中介效应的存在，因此，在此情况下将运用Bootstrap法进行有调节的中介效应检验，采用Spss 24.0和Process插件进行自助法分析。本节需要测度预期后悔在创业认知与创业坚持行为之间的调节作用，并检验其有调节的中介效应；社会支持在创业心理资本与创业坚持行为之间的调节作用，以及检验其有调节的中介效应。

本节以预期后悔作为调节变量，先分析自变量创业认知与因变量创业坚持行为之间的关系是否会受到预期后悔的影响，然后分析预期后悔有调节的中介效应。采用Spss 24.0的Bootstrap process程序进行验证，遵循Hayes（2013）提出的运行模型14，并参照Zhao等（2010）提出的分析程序，代入数据，具体结果如见表5-36和表5-37。

(1) 预期后悔在创业认知与创业坚持行为之间的调节效应检验

表 5-36 列出了预期后悔对创业认知和创业坚持行为之间关系的调节效应实证研究结果。由表 5-36 可知，创业认知的分维度创业准备脚本 × 预期后悔的调节效应的估计值为 -0.06（$|t|<1.96$，$p=0.097$），说明调节效应不显著，假设 5-5a 不成立。创业意向脚本 × 预期后悔的调节效应的估计值为 -0.054（$|t|<1.96$，$p=0.189$），调节效应同样不显著，假设 5-5b 不成立。但创业认知的分维度创业能力脚本 × 预期后悔的调节效应的估计值为 0.076（$t>1.96$，$p=0.034$），可见预期后悔在创业能力脚本与创业坚持行为之间的正向调节效应显著，表明预期后悔每增加 1 个单位，创业能力脚本对创业坚持行为的斜率会增加 0.076 个单位，假设 5-5c 成立。上述实证结果表明，预期后悔在创业认知和创业坚持行为之间的调节效应只有部分通过了显著性检验，即本章中的假设 5-5 在统计意义上得到了部分验证。

表5-36 预期后悔的调节效应结果

自变量	估计值	S.E.	t值	p值	下限	上限	对应假设	检验结果
创业心理资本	0.469	0.066	7.146	0.000	0.340	0.598		
创业准备脚本	0.169	0.041	4.148	0.000	0.089	0.248		
创业意向脚本	0.158	0.048	3.282	0.001	0.063	0.252		
创业能力脚本	0.147	0.041	3.568	0.000	0.066	0.228		
预期后悔	0.008	0.031	0.265	0.791	-0.052	0.068		
创业准备脚本 × 预期后悔	-0.060	0.036	-1.662	0.097	-0.131	0.011	假设 5-5a	不成立
创业意向脚本 × 预期后悔	-0.054	0.041	-1.315	0.189	-0.134	0.027	假设 5-5b	不成立
创业能力脚本 × 预期后悔	0.076	0.036	2.126	0.034	0.006	0.146	假设 5-5c	成立

（2）预期后悔调节下的中介效应检验

表 5-37 列出了在预期后悔调节下，创业认知对创业坚持行为的中介效应，其中，中介变量为创业认知的各个维度，调节变量为预期后悔。由表 5-37 左侧的实证结果可知，对预期后悔程度低的返乡创业农民工而言，创业准备脚本的中介效应值为 0.204，Bootstrap 检验的置信区间为 [0.081，0.349]，可知中介效应显著；在预期后悔程度为中等的情况下，创业准备脚本的中介效应值为 0.147，Bootstrap 检验的置信区间为 [0.066，0.242]，其中介效应显著；在预期后悔程度高的情况下，创业准备脚本的中介效应为 0.091，Bootstrap 检验的置信区间为 [-0.03，0.227]，此时中介效应不显著。由表 5-37 右侧数据可知，创业准备脚本有调节的中介效应指数（Index）值为 -0.044，Bootstrap 检验的置信区间为 [-0.13，0.043]，包括 0，这表明在预期后悔调节下，创业准备脚本的中介效应不显著，即本章的研究假设 5-6a 没有得到验证。鉴于篇幅，同理可知，对预期后悔中、低程度的返乡创业农民工，创业意向脚本的中介效应显著，对预期后悔程度高的返乡创业农民工，创业意向脚本的中介效应不显著，根据表 5-37 右侧相关数据可知，创业意向脚本有调节的中介效应 Index 值为 -0.053，Bootstrap 检验的置信区间为 [-0.151，0.03]，包含 0，表明在预期后悔调节下，创业意向脚本的中介效应不显著，本章假设 5-6b 没有得到验证。此外，由表 5-37 左侧数据可知，对预期后悔程度低的返乡创业农民工，创业能力脚本没有发挥显著的中介效应，但对于预期后悔中、高程度的返乡创业农民工，创业能力脚本发挥的中介效应显著，但是从表 5-37 右侧数据可见，创业能力脚本有调节的中介效应值为 0.075，Bootstrap 检验的置信区间为 [-0.007，0.158]，包含 0，表明在预期后悔调节下，创业能力脚本的中介效应不显著，因此本章假设 5-6c 没有得到验证。鉴于以上实证结果，本章假设 5-6 没有得到验证。

表5-37 预期后悔调节下的中介效应结果

中介变量	预期后悔	条件间接效应				有调节的中介效应			
		间接效应	自助法标准误差	偏差校正95%置信区间		Index	自助法标准误差	下限	上限
				上限	下限				
创业准备脚本	低值	0.204	0.070	0.081	0.349	-0.046	0.044	-0.130	0.043
	中值	0.147	0.044	0.066	0.242				
	高值	0.091	0.066	-0.030	0.227				
创业意向脚本	低值	0.187	0.065	0.072	0.331	-0.053	0.047	-0.151	0.030
	中值	0.137	0.050	0.044	0.244				
	高值	0.087	0.073	-0.038	0.255				
创业能力脚本	低值	0.064	0.067	-0.060	0.203	0.075	0.042	-0.007	0.158
	中值	0.145	0.050	0.061	0.259				
	高值	0.225	0.067	0.100	0.358				

5.4.9 社会支持的调节效应及有调节的中介效应检验

本节以社会支持作为调节变量，先分析社会支持各维度是否会影响自变量"创业心理资本"对因变量"创业坚持行为"的关系，然后分析社会支持调节下的中介效应。采用Spss 24.0的Bootstrap process程序进行验证，遵循Hayes（2013）提出的变量运行模型5，并参照Zhao等（2010）提出的分析程序，得到以下的结果。

（1）社会支持在创业心理资本与创业坚持行为之间的调节效应检验

表5-38、表5-39、表5-40列出了社会支持各维度对创业心理资本和创业坚持行为之间关系的调节效应实证研究结果。从表5-38中可知，创业心理资本×家庭支持的调节效应为0.174（$t>1.96$，$p=0.000$），说明家庭支持的调节效应显著，表明家庭支持每增加1个单位，创业心

理资本对创业坚持行为的斜率会增加 0.174 个单位，假设 5-7a 成立。从表 5-39 中可知，创业心理资本 × 伙伴支持的调节效应为 0.103（$t > 1.96$，$p=0.002$），说明伙伴支持的调节效应显著，表明伙伴支持每增加 1 个单位，创业心理资本对创业坚持行为的斜率会增加 0.103 个单位，假设 5-7b 成立。从表 5-40 中可知，创业心理资本 × 机构支持的调节效应为 0.151（$t > 1.96$，$p < 0.001$），说明机构支持的调节效应显著，表明机构支持每增加 1 个单位，创业心理资本对创业坚持行为的斜率会增加 0.151 个单位，假设 5-7c 成立。上述实证结果表明，社会支持对创业心理资本和创业坚持行为之间的正向调节效应通过了显著性检验，即本章的研究假设 5-7 在统计意义上得到了验证。

表5-38　社会支持分维度家庭支持的调节效应结果

自变量	估计值	S.E.	t 值	p 值	下限	上限
创业心理资本	0.363	0.058	6.234	0.000	0.249	0.478
创业准备脚本	0.165	0.039	4.224	0.000	0.088	0.242
创业意向脚本	0.173	0.046	3.756	0.000	0.083	0.264
创业能力脚本	0.111	0.041	2.736	0.006	0.031	0.190
家庭支持	0.116	0.027	4.249	0.000	0.063	0.170
创业心理资本 × 家庭支持	0.174	0.033	5.242	0.000	0.109	0.239

表5-39　社会支持分维度伙伴支持的调节效应结果

自变量	估计值	S.E.	t 值	p 值	下限	上限
创业心理资本	0.460	0.060	7.717	0.000	0.343	0.576
创业准备脚本	0.174	0.041	4.274	0.000	0.094	0.254
创业意向脚本	0.159	0.047	3.376	0.001	0.067	0.252
创业能力脚本	0.151	0.041	3.693	0.000	0.071	0.231
伙伴支持	-0.017	0.029	-0.599	0.549	-0.074	0.039
创业心理资本 × 伙伴支持	0.103	0.034	3.073	0.002	0.037	0.169

表5-40 社会支持分维度机构支持的调节效应结果

自变量	估计值	S.E.	t 值	p 值	下限	上限
创业心理资本	0.356	0.056	6.397	0.000	0.247	0.465
创业准备脚本	0.167	0.038	4.363	0.000	0.092	0.243
创业意向脚本	0.154	0.045	3.376	0.006	0.066	0.242
创业能力脚本	0.126	0.039	3.256	0.001	0.050	0.202
机构支持	0.133	0.021	6.494	0.000	0.093	0.174
创业心理资本 × 机构支持	0.151	0.029	5.209	0.000	0.094	0.208

（2）社会支持调节下的中介效应检验

表5-41左侧数据列出了在社会支持调节下，创业心理资本对创业坚持行为的影响。由实证结果可知，对于家庭支持程度低的返乡创业农民工而言，创业心理资本对创业坚持行为的直接效应为0.201，Bootstrap检验的置信区间为［0.062，0.339］，可知直接效应显著；在家庭支持程度中等的情况下，创业心理资本的直接效应为0.363，Bootstrap检验的置信区间为［0.249，0.478］，直接效应显著；在家庭支持程度高的情况下，创业心理资本的直接效应为0.526，Bootstrap检验的置信区间为［0.406，0.647］，直接效应显著。由此可见，家庭支持程度越高，创业心理资本对创业坚持行为的正向影响越大。同理可知，对于伙伴支持低、中、高程度的返乡创业农民工而言，创业心理资本对创业坚持行为的直接效应大小分别为0.362、0.46、0.557，相应Bootstrap检验的置信区间均不包含0，可见，伙伴支持程度越高，创业心理资本对创业坚持行为的正向影响越大。此外，对于机构支持低、中、高程度的返乡创业农民工而言，创业心理资本对创业坚持行为的直接效应分别为0.183、0.356、0.530，相应Bootstrap检验的置信区间均不包含0，可见，机构支持程度越高，创业心理资本对创业坚持行为的正向作用越显著。综合以上实证结果表明，社会支持程度越高，创业心理资本对创业坚持行为的正向作用越显著。

表5-41 社会支持调节下的中介效应结果

调节变量		条件直接效应（创业心理资本—创业坚持行为）				中介变量	有调节的中介效应			
社会支持		直接效应	自助法标准误差	偏差校正95%置信区间		创业认知	Index	自助法标准误差	下限	上限
				上限	下限					
家庭支持	低值	0.201	0.071	0.062	0.339	创业准备脚本	0.144	0.040	0.075	0.237
	中值	0.363	0.058	0.249	0.478	创业意向脚本	0.150	0.050	0.058	0.260
	高值	0.526	0.061	0.406	0.647	创业能力脚本	0.109	0.051	0.016	0.217
伙伴支持	低值	0.362	0.071	0.223	0.501	创业准备脚本	0.152	0.045	0.074	0.250
	中值	0.460	0.060	0.343	0.576	创业意向脚本	0.138	0.051	0.043	0.247
	高值	0.557	0.064	0.432	0.682	创业能力脚本	0.148	0.051	0.057	0.255
机构支持	低值	0.183	0.069	0.048	0.317	创业准备脚本	0.146	0.038	0.082	0.232
	中值	0.356	0.056	0.247	0.465	创业意向脚本	0.133	0.047	0.047	0.235
	高值	0.530	0.061	0.410	0.649	创业能力脚本	0.123	0.048	0.038	0.223

表5-41右侧是由在社会支持分维度的调节下，创业认知对创业坚持行为的中介效应。首先，在家庭支持的调节下，创业准备脚本的中介效应Index值为0.144，Bootstrap检验的置信区间为［0.075，0.237］，可知置信区间不包括0；在家庭支持调节下，创业意向脚本的中介效应Index值为0.150，Bootstrap检验的置信区间为［0.058，0.260］，置信区间不包括0；在家庭支持调节下，创业能力脚本的中介效应Index值为0.109，Bootstrap检验的置信区间为［0.016，0.217］，置信区间不包括0。以上结果表明，在家庭支持调节下，创业认知的中介效应显著，即假设5-8a得到验证。其次，同理可知，在伙伴支持调节下，创业准备脚本、创业意向脚本、创业能力脚本的中介效应Index值分别为0.152、0.138、0.148，相应Bootstrap检验的置信区间均不包括0，表明在伙伴支持调节下创业认知的中介效应显著，即假设5-8b得到验证。最后，在机构支持调节下，创业准备脚本、创业意向脚本、创业能力脚本的中介效应Index值分别为0.146、0.133、0.123，Bootstrap检验的置信

区间均不包括 0，以上结果表明在机构支持调节下，创业认知的中介效应显著，即假设 5-8c 得到验证。鉴于以上实证结果，本章假设 5-8 得到验证。

5.5 假设验证结果与结论讨论

5.5.1 研究假设验证结果

现将创业心理资本对返乡创业农民工创业坚持行为研究的假设验证结果列表，见表 5-42。

表5-42 研究假设验证结果

假　　设	结　论
假设 5-1：创业心理资本对创业坚持行为有显著正向作用	支持
假设 5-1a：创业效能感对创业坚持行为有显著正向作用	支持
假设 5-1b：创业激情对创业坚持行为有显著正向作用	支持
假设 5-1c：创业韧性对创业坚持行为有显著正向作用	支持
假设 5-1d：创业乐观对创业坚持行为有显著正向作用	支持
假设 5-1e：创业幸福感对创业坚持行为有显著正向作用	支持
假设 5-2：创业心理资本对创业认知有显著正向作用	不完全支持
假设 5-2a：创业效能感对创业认知有显著正向作用	支持
假设 5-2b：创业激情对创业认知有显著正向作用	不完全支持
假设 5-2c：创业韧性对创业认知有显著正向作用	不完全支持
假设 5-2d：创业乐观对创业认知有显著正向作用	不支持
假设 5-2e：创业幸福感对创业认知有显著正向作用	支持
假设 5-3：创业认知对创业坚持行为有显著正向作用	支持
假设 5-3a：创业准备脚本对创业坚持行为有显著正向作用	支持
假设 5-3b：创业意向脚本对创业坚持行为有显著正向作用	支持

续表

假　　设	结　论
假设 5-3c：创业能力脚本对创业坚持行为有显著正向作用	支持
假设 5-4：创业认知在创业心理资本与创业坚持行为之间发挥中介作用	支持
假设 5-4a：创业准备脚本在创业心理资本与创业坚持行为之间发挥中介作用	支持
假设 5-4b：创业意向脚本在创业心理资本与创业坚持行为之间发挥中介作用	支持
假设 5-4c：创业能力脚本在创业心理资本与创业坚持行为之间发挥中介作用	支持
假设 5-5：预期后悔正向调节创业认知与创业坚持行为之间的关系	不完全支持
假设 5-5a：预期后悔在创业准备脚本与创业坚持行为之间发挥正向调节作用	不支持
假设 5-5b：预期后悔在创业意向脚本与创业坚持行为之间发挥正向调节作用	不支持
假设 5-5c：预期后悔在创业能力脚本与创业坚持行为之间发挥正向调节作用	支持
假设 5-6：在预期后悔调节下，创业认知在创业心理资本与创业坚持行为之间发挥中介作用	不支持
假设 5-6a：在预期后悔调节下，创业准备脚本在创业心理资本与创业坚持行为之间发挥中介作用	不支持
假设 5-6b：在预期后悔调节下，创业意向脚本在创业心理资本与创业坚持行为之间发挥中介作用	不支持
假设 5-6c：在预期后悔调节下，创业能力脚本在创业心理资本与创业坚持行为之间发挥中介作用	不支持
假设 5-7：社会支持正向调节创业心理资本与创业坚持行为之间的关系	支持
假设 5-7a：家庭支持在创业心理资本与创业坚持行为之间发挥正向调节作用	支持
假设 5-7b：伙伴支持在创业心理资本与创业坚持行为之间发挥正向调节作用	支持
假设 5-7c：机构支持在创业心理资本与创业坚持行为之间发挥正向调节作用	支持
假设 5-8：在社会支持调节下，创业认知在创业心理资本与创业坚持行为之间发挥中介作用	支持
假设 5-8a：在社会支持调节下，创业准备脚本在创业心理资本与创业坚持行为之间发挥中介作用	支持
假设 5-8b：在社会支持调节下，创业意向脚本在创业心理资本与创业坚持行为之间发挥中介作用	支持
假设 5-8c：在社会支持调节下，创业能力脚本在创业心理资本与创业坚持行为之间发挥中介作用	支持

5.5.2 研究模型结论讨论

Simon 等（2002）学者的研究表明，创业者的行为会在某种程度上受到认知、情绪等的影响，并决定其在后续创业中对创业环境的敏感性。从返乡创业农民工产生创业意愿开始，再到各项返乡创业活动的实施，最后到新企业的创建与成长，创业活动是一个艰苦的蜕变过程。本章以创业认知为中介变量，以社会支持和预期后悔为调节变量，分析创业心理资本对创业坚持行为的影响，提出概念模型和研究假设，并通过数据进行实证验证，证实了创业认知的中介作用、社会支持的调节作用，而预期后悔的调节作用没有得到完全验证，以下对假设的验证情况进行分析。

（1）创业心理资本对创业坚持行为的影响

通过前文可知，创业心理资本可以分为创业效能感、创业激情、创业韧性、创业乐观和创业幸福感五个维度。这五大维度构建了创业心理资本的基本范围，是基于心理资本理论及创业理论对现有研究的总结，也是对目前研究的补充和完善。基于 SEM 的分析结果显示，创业心理资本下创业效能感、创业激情、创业韧性、创业乐观及创业幸福感对创业坚持行为均有显著正向影响。相关实证结果表明，拥有创业自信、创业热情、坚定的毅力、乐观的态度及较高的创业满足感，会促进返乡创业农民工的创业坚持行为，这是对现有相关研究的进一步验证。创业效能感能增强返乡创业农民工的自信心，促使其更为积极地投入创业行动中。依据心理所有权理论，个体在创业的过程中会投入巨大资源，将企业视为自己的"私人物品"，具有更多创业激情的返乡创业农民工和对创业者的身份有着极高的认同感，所以心理所有权高的创业者，会更快地投入后续的创业行动中。而创业韧性作为创业成功的一个重要因素，可以削弱不利环境的负面影响，促进返乡创业农民工创业坚持行为。创业心理资本能提升返乡创业农民工的自我效能，激发其创业激情，能使其在遇到困难时坚持不懈。创业心理资本越高，返乡创业农民工的进取心和主动性则越强，越愿意接受充满不确定性的挑战，越能积极地追求和利用创业机会，越能实施更具创新性和灵活性的创业行为。由此可见，创业心理资本这一积极的情绪和状态，对创业坚持行为发挥着关键性的"软实力"作用。

创业心理资本为返乡创业农民工提供了强大的内生动力，使其能够以更加正面、乐观、积极的心态迎接创业过程中的困难和不确定性。从影响程度来看，创业效能感、创业激情、创业韧性、创业乐观及创业幸福感对创业坚持行为作用路径的标准化回归系数分别为0.123、0.447、0.121、0.106、0.152，表明创业心理资本具体维度对创业坚持行为的影响程度由高到低分别为创业激情、创业幸福感、创业效能感、创业韧性、创业乐观。这也意味着创业激情是促进创业坚持行为的主要原因。这一研究结论充分验证了目前大多数学者提出的创业激情对创业坚持行为有显著正向影响的相关研究。

研究结论再次验证了笔者与多位返乡创业农民工的访谈结论，即返乡创业过程充满了挑战和艰辛，良好的创业心态是支持其创业持续开展的有力支撑。因此基于实证及访谈结论，可以发现创业心理资本的五大维度对创业坚持行为的正向作用不容忽视，值得引起创业者关注。在往后指导创业实践的过程中，应引导返乡创业农民工塑造积极心理状态和积极情绪体验，并将提升创业心理资本纳入创业管理实践中，发挥其在创业过程中应有的作用。

（2）创业心理资本对创业认知的影响

根据因子分析结果显示，创业认知包括创业准备脚本、创业意向脚本及创业能力脚本。基于 SEM 的研究发现，创业心理资本对创业认知有显著正向影响的假设没有完全得到验证，但是创业心理资本下的创业效能感、创业幸福感对创业认知的正向影响显著。其中创业效能感对创业认知下的创业准备脚本、创业意向脚本、创业能力脚本的标准化回归系数分别为 0.246、0.31、0.204，这说明创业效能感能够提高返乡创业农民工对返乡创业活动的认知，其每提高 1 个单位的创业效能感，创业准备脚本将提高 0.246 个单位、创业意向脚本将提高 0.31 个单位、创业能力脚本将提高 0.204 个单位。创业幸福感对创业准备脚本、创业意向脚本和创业能力脚本的标准化回归系数分别为 0.344，0.268，0.278，预示着返乡创业农民工的创业满足感越强，越容易让其为创业活动的开展筹备各种资源，可以提高其创业意向，并使其有意识地提升自身创业技能。

基于 SEM 的研究发现，创业激情对创业认知有正向影响，但不完全显著，其中创业激情对创业能力脚本有显著正向影响（$\beta=0.108$，$p < 0.05$）。由此可见，对创业的积极情绪和更强的创业身份认同感能够促进返乡创业农民工改善创业态度和增强技能，促进创业能力脚本的提升。但创业激情对创业准备脚本和创业意向脚本的正向影响不显著，这意味着农民工返乡创业过程中的积极情绪及身份认同对其筹备创业资源以及获得创业信息等认知活动的促进作用不显著。创业乐观对创业认知有正向影响，但均不在显著性水平上，这一结果与提出的假设不一致。笔者认为，返乡创业农民工的创业热情或者乐观可能会让返乡创业农民工忽视创业过程中的很多风险和细节，不利于其积累和筹备创业过程中所需的资源，进而反向影响创业认知。因此综合正向及负向影响来看，创业激情和创业乐观对促进返

乡创业农民工创业认知活动的正向影响不是很显著。此外，创业韧性对创业认知有正向影响，但不完全显著，其中创业韧性对创业意向脚本有显著正向影响（$\beta=0.149$，$p<0.01$），对创业能力脚本也有显著正向影响（$\beta=0.226$，$p<0.001$），这说明从困境恢复越快的返乡创业农民工越容易产生继续创业的意向，越能有意识地提升自身创业技能，但是对其筹备创业过程中各种资源的影响不大。

（3）创业认知对创业坚持行为的影响

结构方程模型的研究结果显示，创业认知三个维度对创业坚持行为有显著正向影响，无论是创业准备脚本、创业意向脚本还是创业能力脚本，均会促进创业坚持行为，进一步验证了龚亮华和杨杰（2021）的研究，即创业认知能够显著促进创业坚持行为。具体来说，每增加一个单位的创业准备脚本，创业坚持行为将增加0.236个单位；每增加一个单位的创业意向脚本，创业坚持行为将增加0.227个单位；每增加一个单位的创业能力脚本，创业坚持行为将增加0.376个单位。从影响程度来看，创业能力脚本发挥了更为重要的作用，因此不能忽视创业能力脚本对创业坚持行为的正向影响。

（4）创业认知的中介作用

结构方程模型的研究结果显示，创业认知发挥了显著的中介作用。"创业心理资本—创业准备脚本—创业坚持行为""创业心理资本—创业意向脚本—创业坚持行为""创业心理资本—创业能力脚本—创业坚持行为"三条路径的Bootstrapping的置信区间均不包含0，表明三条路径的中介效应显著。研究验证了创业心理资本可以增加或优化返乡创业农民工的创业准备脚本、创业意向脚本和创业能力脚本等认知结构，进而促进创业坚持行为的开展。同时，三条路径的中介效应的点估计值分别为0.263、0.337、0.336，将三者进行对比，可知"创业心理资本—创业意向脚本—创业坚持行为"这条路径的中介效应最大，其次是"创业心理资本—创业能力脚本—创业坚持行为"路径，"创业心理资本—创业准备脚本—创业坚持行为"这条路径的中介效应相对较小。此外，进一步对三条路径的差异性进行分析，发现三条路径中介效应差异的置信区间均包含0，可见创业意向脚本、创业能力脚本、创业准备脚本三者发挥中介效应的差异不明显。这说明在创业心理资本相同的情况下，创业认知三个维度在创业心理资本与创业坚持行为之间发挥的中介作用的差异不大。

（5）预期后悔的调节作用和调节中介作用

本章根据相关文献提出了预期后悔具有调节作用的假设，经过统计软件检验显示，预期后悔在创业认知和创业坚持行为之间发挥调节作用的假设不完全成立，即假设5-5部分成立。具体来说，回归结果表明，创业认知的分维度创业能力脚本×预期后悔的调节效应为0.076（$t > 1.96$，$p < 0.05$），即预期后悔在创业能力脚本与创业坚持行为之间的正向调节效应显著，假设5-5c成立，而预期后悔正向调节创业准备脚本与创业坚持行为之间的关系、预期后悔正向调节创业意向脚本与创业坚持行为之间的关系的假设均未获得实证支持，假设5-5a、假设5-5b不成立。按照Preacher等（2008）提出的Bootstrap检验方法，利用Process程序对有调节的中介效应进行了检验，分析了在预期后悔调节下，创业认知的中介效应，数据结果发现假设5-6、假设5-6a、假设5-6b、假设5-6c均未通过检验，表明在预期后悔调节下，创业认知在创业心理资本与创业坚持行为之间的中介效应不显著。笔者带着疑问对相关文献及访谈资料进一步进行分析，从后悔调节理论的角度看，预期后悔更多是通过影响创业者的认知来影响创业坚持行为，而非通过调节作用，未来有待进一步验证该变量的直接作用。

(6）社会支持的调节作用和调节中介作用

本章根据相关文献提出了社会支持具有调节作用的假设。经过统计软件检验显示，社会支持在创业心理资本和创业坚持行为之间起正向调节作用的假设完全成立，即假设 5-7 成立。具体来说，回归结果表明，创业心理资本 × 家庭支持的调节效应为 0.174（$t > 1.96$，$p=0.000$），创业心理资本 × 伙伴支持的调节效应为 0.103（$t > 1.96$，$p=0.002$），创业心理资本 × 机构支持的调节效应为 0.151（$t > 1.96$，$p=0.000$），可见社会支持在创业心理资本与创业坚持行为之间起显著的正向调节作用，而且不同社会支持类型的正向调节作用不一样，其中家庭支持的调节作用最大，其次是机构支持，最后是伙伴支持。Sabli 等（2018）等通过对非洲创业者的调查发现，缺乏政府政策的有效支持，创业者创业的外部环境将十分不利，会阻碍创业坚持行为的发生。从社会支持的调节作用可知，返乡创业农民工可通过获得更多的来自家庭、朋友、机构的信息、资源、情感的支持来发挥创业心理资本对创业坚持行为的正向作用。

接下来，本章按照 Preacher 等（2008）提出的 Bootstrap 检验方法，利用 Process 程序对有调节的中介效应进行了检验，验证了在社会支持调节下，创业认知的中介作用。实证结果表明，在家庭支持调节下，创业准备脚本、创业意向脚本、创业能力脚本的中介效应显著。其次，在伙伴支持调节下，创业准备脚本、创业意向脚本、创业能力脚本的中介效应显著。最后，在机构支持调节下，创业准备脚本、创业意向脚本、创业能力脚本的中介效应显著。可见，本章的研究假设 5-8 得到了验证，假设 5-8a、假设 5-8b、假设 5-8c 均得到了验证。因此在促进返乡创业活动的过程中，要充分认识到社会支持的重要意义，返乡创业农民工要尽可能多地获得外部的支持，进而更好地支撑返乡创业活动的持续开展。

5.6 本章小结

本章基于相关理论和已有文献中的观点，提出了创业心理资本、创业坚持行为、创业认知、预期后悔、社会支持之间关系的 36 个假设，然后进行研究设计和变量测量，最终在收集的 520 份样本数据的基础上，首先利用 Spss 24.0、Amos 21.0 对量表进行信、效度分析，然后开展相关分析，共同方法偏差检验，以检验所调研数据是否适合数据分析；其次，根据概念模型和研究假设运用 Amos 21.0 分别验证了创业心理资本对创业坚持行为的影响、创业认知对创业坚持行为的影响、创业心理资本对创业认知的影响，创业认知的中介作用；再次，运用 Spss 24.0 的 Bootstrap Process 程序检验预期后悔及社会支持的调节作用及有调节的中介作用。结果表明大部分研究假设通过了验证。通过本章的研究将明确各创业心理资本变量对创业坚持行为的影响，有利于为返乡创业农民工开展创业活动提供参考；通过明确创业认知在创业心理资本和创业坚持行为之间的中介作用，可以引导返乡创业农民工关注自身的积极情绪，培养积极心态，获取更优质的认知内容，进而促进创业坚持行为。明晰社会支持的调节作用，有利于返乡农民工获得更多的外部支持进而提升其创业心理素质，促进创业坚持行为。

6

创业人力资本对返乡创业农民工创业坚持行为的影响研究

6.1 问题提出

返乡创业已成为乡村建设和发展的重要驱动路径,在推动乡村振兴、农民就业等方面都发挥着极其重要的作用。在返乡创业过程中,返乡创业农民工是创业的主体,由于创业本身的风险及其他各种内外因素的影响,返乡农民工创业者遇到了各种问题和困难,其能否继续坚持下去已成为现实问题,如何促进返乡农民工创业者的创业坚持行为,也已成为社会各界广泛关注的话题。现有学者多从内外资源禀赋的角度分析影响创业坚持行为的路径,如从心理资本视角分析创业激情、创业效能感对创业坚持行为的影响;从社会资本视角分析社会支持对创业坚持行为的影响;从外部环境角度分析经济、文化环境对创业坚持行为的影响。但是在人力资本方面,大多数学者仅从学历或教育背景、是否接受过培训的角度分析其对创业坚持行为的直接影响,少有学者研究分析人力资本影响创业坚持行为的路径。对于返乡农民工创业者而言,人力资本是其在创业不同阶段中起决定性作用的资本。虽然人力资本的规模和增幅度对返乡创业行为具有重要的影响，但是目前学术界对人力资本如何影响创业坚持行为尚不清晰。

根据人力资本理论可知，创业者的人力资本涵盖隐性和显性的知识与信息。丰富的人力资本有利于创业者及时调动自己积累的知识、经验，对创业机会、创业活动做出判断与决策，最终影响创业过程和创业坚持行为。但创业者的人力资本并不能直接转化为创业者的创业行为，只有当创业者将人力资本内化为创业需要的能力时，才能影响创业行为。创业能力是创业者成功识别机会、运营创业企业的能力集合。从期望理论可知，那些能力强的创业者更容易实现创业目标并获得良好的创业结果，进而更愿意坚持开展创业活动。返乡农民工创业者的人力资本对创业坚持行为的影响在本质上是其内化创业能力的作用结果。从社会认知理论可知，个体行为是个人因素和社会因素共同作用的结果，个人的人力资本并非孤立发挥作用，而是嵌入在一定的社会网络中。返乡农民工创业者创业行为的开展离不开背后家庭的支持，其获得的来自家庭的情感、物质或信息方面的支持对其创业活动的开展有着重要影响。本章将构建"人力资本—创业能力—创业坚持行为"的研究框架，以创业能力为中介变量，以家庭支持为调节变量。本章旨在为返乡农民工创业者充分利用人力资本开展良性创业提供启示。

6.2 立论依据与研究假设

6.2.1 人力资本与创业坚持行为的关系

拥有多种多样的知识、技能、经验的创业者，即丰富的人力资本存量能使创业者有机整合不同领域的知识资源，并利用创业所需技能，根据创业经验或者经营管理经验，保障创业行为的持续开展。具备较高水平的人力资本能够为返乡农民工创业者提供必备的知识和技术支持，使其能够更加有效地解决创业过程中的存在的问题并做出明智的决策，从而促进其创业坚持行为。返乡农民工创业者的先前经验是其自身具备的特殊人力资本，因为先前的创业经验可以在创业者面对挑战和困难时为其提供解决方案和策略，从而促进其创业坚持行为。先前的从业经历和工作经验可以使创业者了解在创业过程中可能会遇到的风险和不确定性，并且使其了解应对和克服的方法，进而促进其创业坚持行为。此外，那些具备先前经验的返乡农民工创业者在先前的创业过程中积累了个人及原先组织的社会资源，包括上游供应商、下游分销商、行业专业咨询机构、顾客等，这些社会资源能够迁移到返乡创业过程中，推动返乡创业的顺利开展。基于此，提出假设6-1：人力资本对创业坚持行为有显著正向影响。

6.2.2 人力资本与创业能力的关系

创业能力是创业者识别与开发市场机会、运营管理创业企业所必备的知识、技能和态度的集合。在返乡创业过程中，创业能力主要包括在不确定的环境中感知、识别和开发创业机会的能力，以及在创业过程中充分利用现有资源，积极改善创业绩效的运营管理能力。人力资本可以为创业者提供所需的知识、技能和经验，从而增强他们的创业能力。随着农村经济的发展和政府一系列政策的出台，商业机会应运而生，人力资本丰富的返乡农民工创业者更能感知和发现各种机会，并在商业机会的吸引下筹集资源，有效运营创业企业。一方面创业者所具备的人力资本有助于强化其对创业机会信息的警觉性，从而更容易识别新的创业机会，优化机会识别能力；另一方面，高水平的人力资本能够使创业者更熟悉管理理论和技巧，以更好地应对各种管理问题和挑战，从而提高创业决策的质量和效果，优化运营管理能力。基于此，提出假设6-2：人力资本对创业能力有显著正向影响。

6.2.3 创业能力与创业坚持行为的关系

Holland 等（2011）基于期望理论指出，如果创业者对未来的成功具有坚定的信念，即对未来的期望值较高，那么他才可能会坚持创业。该研究认为期望理论可能成为解释创业坚持行为的基础理论。因为返乡创业是一项复杂而持久的活动，返乡农民工创业者能否充分利用自己的技能调动创业资源进而解决复杂的问题，并实现创业目标与创业者的创业能力密切相关。创业能力水平越高的返乡农民工创业者，越容易识别返乡创业机会、调动各种资源，进而对自己能够取得理想结果的信念就越强，其完成创业预期目标的热情也会越强烈，其在创业遇到困难时越愿意付出努力并选择坚持的态度和行为。返乡农民工创业者的机会能力越强，越容易发现商机，越能将商机转化为创业坚持行为的动力；返乡农民工创业者的运营能力越强，其在创建、运营新企业时越能发挥所拥有的人力、物力、财力资源的作用，保障创业坚持行为的持续进行。基于此，提出假设 6-3：创业能力对创业坚持行为有显著正向影响。

6.2.4 创业能力的中介作用

由知识、技能和经验构成的人力资本能在创业过程中内化为一系列与创业有关的能力，从而使创业者在创业过程中能够采取更高效的行动，促进创业坚持行为的开展。返乡农民工创业者所具备的人力资本，体现了其过往的知识积累、技能水平及经验沉淀，人力资本有助于拓展其认知范围、优化社会资源配置，使其在创业过程中能够迅速获取关键信息、把握创业机会、整合创业资源，进而提高提升创业企业的运营效率和竞争力。人力资本的丰富性和异质性，不仅决定了返乡农民工创业者在创业机会识别和资源整合能力水平上的差异，而且最终影响其对创业坚持行为的选择。首先，人力资本通过影响创业者的机会能力，进一步影响其创业坚持行为。创业者如果缺乏人力资本，则在创业信息的获取及知识的掌握上存在不足，其识别和开发创业机会的范围将比拥有丰富人力资本的创业者更为有限。其次，人力资本通过影响创业者的运营能力，影响创业坚持行为。具有丰富人力资本的创业者，通常会积累丰富的创业所需的行业和管理经验。这些经验会增加创业者自身的工作协调能力以及平衡企业外部利益关系的能力，进而促进企业运营及获取外部资源，推动创业活动的持续开展。基于此，提出假设6-4：创业能力在人力资本与创业坚持行为起中介作用。

6.2.5 家庭支持的调节作用

在访谈过程中，很多返乡农民工创业者表达了家人的态度对其返乡创业过程的影响。来自亲人的压力，使他们感受到诸如"孤独""无助""焦虑"等情绪，极大阻碍了创业行为的有效开展。社会支持理论认为，社会支持对缓解压力有很强的作用。来自家庭成员提供的情感、信息、建议和经济支持，在一定程度上可以帮助返乡农民工创业者在创业过程中调整心态，减轻压力。第一，家庭支持不一定能激发创业能力，但返乡创业过程中来自家庭的主、客观支持（家庭支持可以为创业者提供所需的资源、信息和情感支持）能够缓解返乡创业农民工在面临困难时产生的压力，帮助创业能力强的人更好地投入持续的创业活动中；第二，良好的家庭支持意味着返乡农民工创业者能够从家庭成员中收获更多的情感和物质支持，会强化返乡创业农民工对自身和创业环境的积极认知，继而推动创业活动的有效开展。反之，当返乡创业农民工感知到家庭支持甚微时，会导致其心理压力的增加，长此以往将导致其创业信心不足、创业热情大减、应对困难的能力下降、悲观情绪增加，不利于有创业能力的返乡农民工创业者创业活动的持续开展。基于此，提出假设6-5：家庭支持正向调节了创业能力对创业坚持行为的影响。

6.2.6 家庭支持调节下的中介作用

基于社会认知理论可知，社会支持作为外部情境变量会影响创业者的情绪和行为。丰富的人力资本可以内化为创业者的能力进而影响创业者的创业行为，家庭支持作为一种外部社会支持力量可以降低返乡农民工创业者在返乡创业活动中面临的不确定性压力，使得具有丰富人力资本的返乡农民工创业者能够更好地通过主动识别外部环境中的机会和资源，提高创业能力，继而使得创业退出行为较少发生，促进创业坚持行为。Duchek（2018）的研究指出，来自父母、配偶的支持和尊重，能将让创业者保持良好的心态，当其面对创业失败或者挫折时，能更快速地恢复创业行为。一方面，返乡创业农民工的很多行为紧紧依赖于家庭成员，尤其是当家庭成员中的其他创业者可以给予指导时，可以更好地激发有创业能力的返乡农民工创业者的创业坚持行为。另一方面，获得家庭支持的返乡农民工创业者更容易将积累的人力资本转化为创业能力并促进创业坚持行为。基于此，提出假设6-6：在家庭支持调节下，创业能力在人力资本对创业坚持行为的影响中发挥中介作用。

综上，本章构建了如图6-1所示的人力资本、创业能力、创业坚持行为、家庭支持之间关系的概念模型。

图6-1 理论分析模型

6.3 研究设计

6.3.1 数据收集

本章将返乡农民工创业者选定为核心研究对象，这一群体在中国经济和社会结构转型的大背景下具有显著的特殊性，从而赋予了本书深刻的现实意义和紧迫性。调研时间经过精心策划，选择在2022年6—9月，这一时间段全面覆盖了返乡农民工创业者在不同季节的创业活动，以此确保收集到的数据在广泛性和代表性上无偏差。此外，江西省和福建省被选为调研地点，这不仅是因为两省在经济发展水平和返乡农民工创业者特征上具有较高的代表性，同时也得益于笔者与当地农林院校乡村规划研究所的紧密合作，这为调研的顺利进行提供了坚实的基础。政府部门的积极协作，特别是在提供返乡创业企业数据和确定访谈名单方面的支持，为本章的深入研究提供了宝贵的资料。

本章选取了13位返乡农民工创业者进行访谈，他们所创办的企业涵盖了不同的行业规模，进一步增强了访谈样本的多样性。在访谈数据的收集上，本章综合运用了面对面深度访谈和电话访谈等多种方法，以满足不同访谈对象的具体需求。在访谈前期，研究团队与访谈对象进行了充分的沟通，并承诺了数据的匿名性和保密性，这些措施共同确保了调研过程的顺畅及所收集数据的可靠性。通过对访谈资料进行详尽的整理和分析，研究团队对问卷设计的量表进行了精准的调整与优化，以提高其测量的精确度和适用性。

问卷的发放则融合了当面呈送、电子邮件、微信等多种形式，旨在提高问卷的回收率，并适应不同受访者的习惯。收集到的数据经过了严格的预处理步骤，包括数据清洗、数据整理等操作，并运用统计软件进行了深入的描述性统计分析和相关性分析,这为后续研究的假设检验和模型建立打下了坚实的数据基础。尽管本章的研究在数据收集方面采取了多项措施以确保研究的严谨性,但仍存在一些固有的局限性。例如,调研的地理范围和样本量受到了时间和资源的限制,可能会影响到研究结果的普适性。因此,未来的研究应当扩大样本规模和拓展地理覆盖面。此外,对返乡农民工创业者的动态变化和长期影响的跟踪研究尚不充分,这同样是未来研究需要重点关注的领域。通过对这些局限性的深刻认识和对后续研究方向的明确展望,本章旨在对返乡农民工创业者的创业实践进行全面而深入的分析,并为政策制定者和创业实践者提供更加精确和实用的参考信息。

6.3.2 样本特征

在调查研究中,笔者通过对394份问卷的收集与整理,最终得到了310份有效问卷,有效回收率为78.68%。这一较高的问卷有效率为后续的数据分析提供了坚实的基础。笔者在对返乡农民工创业者的基本情况进行描述性统计分析后,得到了一些关键的发现,这些发现为理解这一群体的特征提供了宝贵的信息。

首先,在年龄分布方面,31~45岁的男性成为返乡创业的主力军,占比高达79%。这一年龄段的创业者通常拥有较为丰富的社会经验,同时在承担家庭和社会责任方面也更为成熟,这可能是他们选择返乡创业的重要原因。此外,这一年龄段的男性在体力和精力上仍处于较为旺盛的阶段,有利于他们应对创业过程中的各种挑战。

其次,在学历方面,具有高中及以上文化程度的返乡农民工创业者的占比达到54.7%。这一数据显示,返乡农民工创业者普遍具有较高的受教育水平,他们掌握的知识和技能为创业活动提供了必要的智力支持。高学历创业者在获取信息、学习新技术、理解市场变化等方面具有明显优势,这有助于他们在创业过程中更好地识别机会、做出决策。

再次，在先前工作经验年限方面，调研显示返乡农民工创业者都拥有一定的工作经验，且返乡时间大部分集中在3~5年。这表明他们是在城市积累了宝贵的工作经验和一定的资本后，选择返乡创业的。这些资本不仅为他们提供了创业所需的初始资金，也为他们积累了宝贵的社会资本和人脉资源。

最后，在产业选择方面，返乡农民工创业者的分布呈现多样化的特点。其中，选择第一产业的创业者占23.5%，选择第二产业的占17.2%，而选择第三产业的占40.2%。这一分布反映出返乡农民工创业者在选择创业领域时的偏好和考量。第一产业虽然门槛较低，但受自然条件影响较大，因此风险也相对较高；第二产业则需要较高的技术和资本投入，对创业者自身的专业技术能力要求较高；第三产业则以其较低的进入门槛、较小的风险和较快的投资回报吸引了最多的创业者。特别是第一、二、三产业融合的产业，如乡村旅游、电子商务业等，因其较低的进入门槛、较小的风险和相对稳定的回报，成为返乡农民工创业者的首选。

此外，家庭支持作为本章研究的调节变量，其对创业坚持行为的影响也不容忽视。调研数据显示，返乡农民工创业者在创业过程中得到了不同程度的家庭支持，这种支持不仅包括经济支持，还包括情感上的鼓励和人力上的帮助。家庭支持的强度和形式对创业者的创业坚持行为有着显著的影响，它能够降低创业者在面临困难时的放弃倾向，而且提高他们克服挑战、持续经营的可能性。

综上所述，本章研究的样本特征分析揭示了返乡农民工创业者在年龄、学历、先前工作经验年限、产业选择和家庭支持等方面的特点。这些特征不仅为理解返乡农民工创业者的创业行为提供了基础，也为后续分析创业人力资本、创业能力和创业坚持行为之间的关系提供了重要的背景信息。深入分析这些特征，旨在为返乡农民工创业者的创业活动提供更加精准的支持和指导，为相关政策的制定提供科学依据。

6.3.3 变量测量

相关变量均采用国内外较为成熟的量表进行测量，同时，根据需要以及对 13 位返乡农民工创业者的访谈情况进行了适当调整。人力资本量表主要借鉴了胡江霞等（2016）、王洁琼等（2018）的测量方法，将人力资本划分为知识、能力、经验三个维度；创业能力量表则借鉴易朝辉等（2018）的研究，将创业能力划分为机会能力和运营管理能力；创业坚持行为量表则是基于 Baum 等（2004）的量表，并进行了调整；家庭支持量表则是参考芮正云等（2021）的研究，并进行了调整。相关量表情况如表 6-1 所示，该量表采用李克特 5 点量表，题项均正向赋值，"1" 代表匹配性极差，"5" 代表匹配性极好。此外，选取返乡农民工创业者的年龄、性别、学历、先前工作经验年限、返乡创业年限等作为控制变量。

6.4 实证研究及假设验证

本章主要采用 Spss 24.0 和 Amos 21.0 来完成相应实证检验，具体分析过程如下。

6.4.1 信效度分析

由表 6-1 可以看出，各变量维度的 Cronbach's α 值高于 0.85。采用主成分分析法，因子载荷系数高于 0.5、组合信度 CR 高于 0.8、平均方差抽取量高于 0.5，可见本章各个变量的量表收敛效度较好。从表 6-2 可见，除调节变量家庭支持与运营能力的相关关系不显著外，人力资本、创业能力、创业坚持行为存在显著相关关系，有待进一步深入分析。同时，各变量的 AVE 的平方根均大于其与其他变量间的相关系数，可见量表区别效度较好。

表6-1 测量工具的信度检验

变量名称	测项问题构成	因子载荷系数	CR	AVE	Cronbach's α
机会能力	Q1 我能准确感知消费者未被满足的要求	0.875	0.904	0.757	0.923
	Q2 我善于开发新产品或服务	0.869			
	Q3 我善于发现新市场	0.867			
运营能力	Q4 我能合理配置创业项目现有资源	0.763	0.844	0.643	0.870
	Q5 我能根据创业过程的内外部情况及时调整经营目标和经营思路	0.868			
	Q6 我能与创业项目内的社会网络成员建立良好的关系	0.771			
创业坚持行为	Q10 在返乡创业过程中，当别人都放弃的时候我仍然坚持创业	0.858	0.836	0.516	0.870
	Q11 当其他人已经退出返乡创业活动时，我会反复思考是否继续坚持	0.779			
	Q12 无论返乡创业多么具有挑战性，我都不会放弃	0.832			
	Q13 我愿意花费数年时间实现一个创业项目	0.504			
	Q14 我对所创事业的长期发展状况期望水平较高	0.538			
家庭支持	Q15 父母、亲属在返乡创业过程中给予了我情感上的安慰、鼓励与支持	0.910	0.945	0.811	0.963
	Q16 我能与自己的家庭谈论我的难题	0.899			
	Q17 在需要时我能够从家庭获得物质上的帮助和支持	0.918			
	Q18 我的家庭能心甘情愿地协助我做出各种决定	0.875			
知识	Q19 我接受过创业方面的培训	0.847	0.889	0.728	0.908
	Q20 我有丰富的创业知识	0.862			
	Q21 我有丰富的"三农"领域知识	0.850			
技能	Q22 我有较强的沟通技能	0.821	0.892	0.733	0.912
	Q23 我有一定互联网运用技能	0.884			
	Q24 我在创业项目领域有较强的技术技能	0.862			
经验	Q25 我有丰富的管理经验	0.899	0.914	0.779	0.929
	Q26 我有丰富的创业经验	0.894			
	Q27 我有丰富的打工经验	0.855			

表6-2　Pearson相关检验

变量名称	1	2	3	4	5	6	7
1 知识	0.853						
2 技能	0.264**	0.856					
3 经验	0.182**	0.361**	0.883				
4 机会能力	0.271**	0.424**	0.411**	0.870			
5 运营能力	0.280**	0.354**	0.410**	0.439**	0.802		
6 创业坚持行为	0.433**	0.497**	0.532**	0.549**	0.547**	0.718	
7 家庭支持	0.229**	0.294**	0.192**	0.180**	0.089	0.037 5**	1

注：对角线为各量表的 AVE 开平方根，** 表示双尾检验显著性水平 $p < 0.01$。

6.4.2　共同方法偏差检验

本章采用 Harman 单因子分析，利用 Spss 24.0 软件对所有题项数据开展探索性因子分析（EFA），以验证是否能由 1 个因子解析所有变异。结果显示，未旋转的第一个因子的解释总方差为 15.76%，低于 50%，说明问卷的共同方法偏差较小，受问卷调查者主观性的影响不大。

6.4.3　模型拟合度检验

本章采用 Amos 21.0 针对人力资本、创业能力、创业坚持行为之间的直接影响模型分别开展检验，借助 MI（互信息）值修正，使得所有指标均达到能够接受的适配范围，结果如表6-3所示，可见模型有较理想的拟合度。

表6-3　模型拟合度检验

拟合指数	χ^2/df	RMSEA	GFI	AGFI	NFI	IFI	TLI	CFI
可接受值	≤ 3	≤ 0.08	≥ 0.8	≥ 0.8	≥ 0.8	≥ 0.9	≥ 0.9	≥ 0.9
模型	2.374	0.067	0.898	0.863	0.926	0.956	0.946	0.955

6.4.4 人力资本、创业能力、创业坚持行为之间的关系验证

通过对数据进行结构方程分析得到如表 6-4 所示的实证结果。人力资本对创业坚持行为有显著正向影响。其中，知识显著正向影响创业坚持行为（$r=0.202$，$p<0.001$）；技能显著正向影响创业坚持行为（$r=0.14$，$p=0.011$）；经验显著正向影响创业坚持行为（$r=0.293$，$p<0.001$），即本章提出的假设 6-1 得到支持，且完全显著。从表 6-4 可知，人力资本正向显著影响创业能力，其中知识对机会能力、运营能力的正向影响系数分别为 0.157、0.197，技能对机会能力、运营能力的正向影响系数分别为 0.338、0.241，经验对机会能力、运营能力的正向影响系数分别为 0.304、0.316，均在显著性水平上，即本章提出的假设 6-2 得到验证。此外，创业能力对创业坚持行为有显著正向影响，机会能力和运营能力对创业坚持行为的正向影响系数分别为 0.237、0.199，在显著性 $p<0.001$ 的水平上，即本章提出的假设 6-3 得到完全验证。

表 6-4 结构方程模型检验

假设	模型路径	S.E.	C.R.	p 值	非标准化回归系数（r）	标准化回归系数	假设支持
假设 6-1：人力资本对创业坚持行为有显著正向影响	ZS → JC	0.046	4.395	***	0.202	0.212	支持
	JN → JC	0.055	2.533	0.011	0.140	0.134	支持
	JY → JC	0.053	5.520	***	0.293	0.294	支持
假设 6-2：人力资本对创业能力有显著正向影响	ZS → JH	0.056	2.793	0.005	0.157	0.156	支持
	JN → JH	0.067	5.055	***	0.338	0.306	支持
	JY → JH	0.061	4.978	***	0.304	0.290	支持
	ZS → YY	0.055	3.593	***	0.197	0.204	支持
	JN → YY	0.064	3.756	***	0.241	0.228	支持
	JY → YY	0.060	5.238	***	0.316	0.314	支持
假设 6-3：创业能力对创业坚持行为有显著正向影响	JH → JC	0.051	4.677	***	0.237	0.250	支持
	YY → JC	0.052	3.844	***	0.199	0.201	支持

注：变量缩写情况如下，ZS：知识；JN：技能；JY：经验；JC：创业坚持行为；JH：机会能力；YY：运营能力；CY：创业能力。*** 表示双尾检验显著性水平 $p<0.001$。

6.4.5 中介效应检验

本章采用 Amos 21.0，利用 Bootstrap 法验证创业能力的中介效应，结果如表 6-5 所示。由表 6-5 中的数据发现，创业能力在人力资本与创业坚持行为之间起显著的中介作用，即本章提出的假设 6-4 得到了验证。其中，创业能力在知识、技能、经验和创业坚持行为之间均起部分中介作用，可见人力资本是部分通过创业能力影响创业坚持行为的。

表6-5 创业能力中介效应检验

中介路径	总效应	直接效应	间接效应	95% 置信区间（间接效应）	检验结论
ZS→EC→JC	0.278***	0.202**	0.076**	[0.026,0.149]	部分中介
JN→EC→JC	0.268***	0.140*	0.128***	[0.063,0.224]	部分中介
JY→EC→JC	0.427***	0.292**	0.135***	[0.071,0.230]	部分中介

注：变量缩写情况如下，ZS：知识；JN：技能；JY：经验；JC：创业坚持行为；EC：创业能力。*** 表示双尾检验显著性水平 $p < 0.001$；** 表示双尾检验显著性水平 $p < 0.01$；* 表示双尾检验显著性水平 $p < 0.05$。

6.4.6 家庭支持的调节效应及有调节的中介效应检验

本节以家庭支持作为调节变量，首先分析家庭支持是否会影响创业能力与创业坚持行为之间的关系，然后再分析家庭支持调节下的中介效应。采用 Spss 24.0 的 Bootstrap process 程序进行验证，遵循 Hayes（2013）提出的变量运行模型 14，并参照 Zhao 等（2010）提出的分析程序，得到如表 6-6 和表 6-7 所示的结果。表 6-6 列出了家庭支持对创业能力和创业坚持行为之间关系的调节效应实证研究结果。创业能力 × 家庭支持的调节效应为 0.15（$t > 1.96$，$p=0.000$），说明家庭支持的调节效应显著，表明家庭支持每增加 1 个单位，创业能力对创业坚持行为的斜率会增加 0.15 个单位，即本章提出的假设 6-5 成立。

表6-6 家庭支持的调节效应结果

变量	估计值	S.E.	t 值	p 值	下限	上限
人力资本	0.368	0.056	6.633	0.000	0.259	0.477
创业能力	0.357	0.042	8.590	0.006	0.275	0.439
家庭支持	0.156	0.028	5.637	0.000	0.101	0.210
创业能力 × 家庭支持	0.150	0.034	4.449	0.000	0.084	0.216

表 6-7 左侧列出了在家庭支持调节下，人力资本对创业坚持行为的影响作用。由实证结果可知，在低、中、高三种不同家庭支持程度的情况下，人力资本对创业坚持行为的直接效应分别为 0.191、0.357、0.522，且置信区间均不包括 0，可见直接效应显著，此结果表明随着家庭支持程度的提高，人力资本对创业坚持行为的正向影响越大。表 6-7 右侧是在家庭支持调节下，创业能力的中介效应结果。在家庭支持调节下，创业能力的中介效应 Index 值为 0.112，Bootstrap 检验的置信区间均间不包括 0，表明在家庭支持调节下，创业能力的中介效应显著，即本章提出的假设 6-6 得到了验证，创业能力在家庭支持调节下依旧发挥部分中介作用。

表6-7 家庭支持调节下的中介效应结果

调节变量	条件直接效应 （人力资本—创业坚持行为）				中介变量	有调节的中介效应			
家庭支持	直接效应	自助法标准误差	偏差校正95%置信区间			Index	自助法标准误差	下限	上限
			上限	下限					
低值	0.191	0.057	0.079	0.303	创业能力	0.112	0.027	0.059	0.165
中值	0.357	0.042	0.275	0.439					
高值	0.522	0.055	0.415	0.630					

6.5 主要结论与讨论

6.5.1 研究结论

本章的研究主要聚焦于人力资本对创业坚持行为的影响机理，探讨了人力资本、创业能力、创业坚持行为、家庭支持之间的关系。通过对310位返乡农民工创业者的调查研究，得出以下结论。第一，人力资本对创业坚持行为有显著正向影响，换言之，在返乡创业过程中拥有丰富人力资本的返乡农民工创业者更愿意坚持创业行为。第二，人力资本正向影响创业能力，人力资本越丰富，其创业能力越高。第三，创业能力对创业坚持行为有显著正向影响，说明创业能力水平越高，越能驱使返乡农民工创业者克服困难，坚持他们从事的返乡创业活动，且在人力资本和创业坚持行为之间起部分中介作用。具有丰富人力资本的返乡农民工创业者能够借助其所拥有的先前经验和创业所需的技能和知识，优化创业能力，从而提高创业成功的可能性，使得返乡农民工创业者更能在艰难的创业活动中持续坚持。第四，家庭支持正向调节了创业能力和创业坚持行为的关系，家庭支持程度越高的返乡农民工创业者，创业能力对创业坚持行为的促进作用越强。此外，在家庭支持调节下，创业能力在人力资本对创业坚持行为的影响中发挥部分中介作用。

6.5.2 研究意义

对返乡农民工创业者的创业坚持行为以及其成功路径的探讨，成为当前推动乡村振兴战略发展的重点议题。本章的研究旨在探索人力资本与创业坚持行为之间关系的理论模型，分析两者之间的关系，并进一步通过引入创业能力和家庭支持揭示影响的作用机理。对理解返乡农民工创业者的创业坚持行为具有重要的理论和实践意义。

（1）理论意义

第一，进一步拓宽了对创业坚持行为影响因素的研究。目前，国内外对创业坚持行为的研究还处于探索阶段，尤其是对创业坚持行为的前置因素及其作用机理的探索较少。第二，进一步拓宽了人力资本对结果变量直接和间接作用的研究。目前对人力资本结果变量的研究主要是验证其对创业绩效、创业成功的直接影响，事实上，还存在很多中间环节，而现有研究中分析人力资本如何影响创业坚持行为的内容较少。第三，本章的研究引入了创业能力这一创业领域重点关注的要素，探索了创业能力的中介作用，是对创业能力的前因变量和结果变量研究的有效补充。第四，本章首次将家庭支持这一外部环境因素引入返乡农民工创业者创业坚持行为的研究中，研究发现家庭支持对返乡农民工创业者的创业坚持行为具有显著影响，这一研究是对现有个体创业坚持行为影响因素研究的创新和补充。

（2）实践意义

本章构建的结构方程模型对促进返乡农民工创业者创业成功有重要的指导意义。首先，人力资本、创业能力对创业坚持行为有重要意义，要鼓励返乡农民工创业者通过各种学习渠道优化创业所需的知识、技能和先前经验，增强自身的创业能力。一方面，返乡农民工创业者可以充分利用先前经验、社会网络，以及互联网平台进行有效的自主创业学习；另一方面，当地政府可以通过开设返乡创业培训线上线下课程和平台，让返乡创业农民工更好地积累创业领域的知识、技能、信息及其他创业资源，以提高创业者的创业能力，继而更好地识别和开发创业机会、更有效地运作创业项目，实现创业企业的高效持续发展。其次，家庭支持正向调节创业能力对创业坚持行为的正向影响。家庭成员在返乡创业过程中能为返乡创业农民工提供良好的情感支持、物质支持、资源支持，因此需要重视家庭对返乡创业农民工的后备支持和牵引作用。

（3）不足及展望

本章在研究过程中仍然存在以下不足。一是由于考虑调研的便利性，在样本选择方面只探索了福建省、江西省的少数返乡创业县域进行问卷调研，样本量较小，因此未来将进一步扩大样本的取样范围，提高问卷的研究效度。二是返乡创业是一个过程，返乡农民工创业者的人力资本、创业能力和创业坚持行为是一个动态演化的过程。本章仅分析返乡农民工创业者创业的一般情况，尚未从动态演化的角度分析人力资本对创业坚持行为的影响。未来研究可以通过纵向案例调查的方式，了解返乡农民工创业者在不同创业阶段人力资本的变化及其对创业坚持行为的影响。三是返乡农民工创业者的创业坚持行为受到其他多种内外部资源禀赋的综合影响，本章仅从人力资本角度进行分析，未来可以系统地探讨返乡农民工创业者的社会资本、经济资本、心理资本等是如何共同作用于创业坚持行为的，并进一步挖掘可能影响人力资本与创业坚持行为之间关系的其他变量，如返乡创业商业模式的影响。

6.6 本章小结

在本章中，基于人力资本理论、期望理论及社会认知理论，深入探讨了人力资本、创业能力、家庭支持与创业坚持行为之间的关系。本章的理论框架在对返乡农民工创业者的人力资本进行详细分析的基础上，考虑了个体的创业能力和家庭支持对其创业坚持行为的潜在影响。通过运用 Spss 24.0 和 Amos 21.0 软件，对 310 位返乡农民工创业者的调研数据进行了实证分析，旨在验证理论假设的有效性。实证研究结果揭示了人力资本与创业坚持行为之间的正向关系，表明具备较高人力资本的返乡农民工创业者更倾向于维持其创业活动。此外，创业能力在人力资本与创业坚持行为之间起中介作用，这意味着提升创业能力可以作为促进人力资本对创业坚持行为发挥正向作用的一个途径。同时，家庭支持不仅直接影响创业坚持行为，还增强了创业能力的中介作用，表明家庭支持能够正向调节创业能力与创业坚持行为之间的关系。本章的研究结果对理解返乡农民工创业者的创业行为具有重要的理论和实践意义。本章的研究结果不仅丰富了人力资本理论、期望理论和社会认知理论在创业领域的应用，而且为返乡农民工创业者提供了有针对性的策略建议。通过提升个体的人力资本和创业能力，以及增强家庭支持，可以有效地促进返乡农民工创业者的创业坚持行为，从而为乡村振兴战略的实施贡献力量。此外，本章的研究也为政策制定者提供了数据支持，以帮助他们设计和实施更有效的创业支持政策。

7 创业社会资本对返乡创业农民工创业坚持行为的影响研究

7.1 问题提出

创业之路充满着各种艰辛、不确定性和挑战，通常那些能够坚持追寻目标的创业者更有可能获得成功，学术界也论证了创业坚持行为与创业成功间的正相关关系。创业坚持行为已经成为创业研究的重要主题之一。乡村振兴的战略的实施、"三农"政策的陆续出台、返乡创业政策的加强、农村基础设施的完备，使得越来越多的农民工选择返乡创业。但是，在面对各种困难、压力、阻碍和诸多不确定性，甚至创业失败时，有的创业者选择退出，有的创业者却坚持下来并获得创业成功。那么，究竟是什么样的返乡农民工创业者更愿意坚持创业呢？为了促使创业者在创业过程中更加"明智"，现有研究主要关注驱动创业坚持行为的创业者的个人因素和外部环境因素。如创业者的积极心理状态或者情绪（成就需求、自我效能感、乐观情绪、创业激情、创业幸福感、角色认同）、创业者的人力资本

（先前经验）均会对创业坚持行为有正向影响。此外，有利的外部环境能够促进创业者的创业坚持行为。在这些研究中，已经对创业坚持行为的个体影响因素给予了充分关注，而在外部环境方面，特别是社会网络环境因素的研究则相对不足。

对农民工来说，返乡创业并非一件易事，从外部环境中获得更多的创业资源对促进其创业坚持行为有重要作用。Hite（2005）认为创业者的资源局限是影响其创业坚持行为的主要原因，而创业者所拥有的社会资本是克服此局限的决定性因素。实践发现，那些拥有更多由社会关系网络带来的社会资本、能够感受到更多来自外界的社会支持、对创业有强烈认同感的创业者更愿意坚持创业。从社会资本和社会认知理论可知，在返乡创业过程中，由外部社会网络环境中亲缘、宗族缘、地缘、学缘所带来的资源对创业坚持行为会产生重要的影响。同时，从社会支持理论来看，返乡农民工创业者在创业过程中感受到的外界的情感支持、物质支持和工具支持将大大降低其创业压力，促进创业坚持行为的发生。此外，社会认同理论认为，个体行为不仅受到个体内部心理认知的影响，还与其在社会交互过程中形成的自我概念和身份息息相关（Bandura，1986）。创业者在社会网络中获得的资金及社会支持，将激发创业者的身份认同感和对创业事业的热爱，最终使创业认同成为保障创业者坚持创业的内在驱动力和持久续航力。因此，基于已有的社会资本、社会认知、社会支持理论和社会认同理论，按照"环境—认知—行为"的逻辑思路，本章将探索研究社会资本如何通过社会支持、创业认同影响创业坚持行为，并且分析社会支持、创业认同的链式中介作用。以期为建立健全农民工返乡创业社会扶持机制，促进返乡农民工创业者创业坚持行为，助力乡村振兴提供一些启示。

7.2 立论依据与研究假设

7.2.1 社会资本对创业坚持行为的影响

创业坚持行为，指创业者长期致力于探索预先确定的创业机会，并在遭遇挑战时持续努力以实现该机会的过程。在这一过程中，创业坚持行为离不开创业者从外部社会环境获取的各种信息和资源。从社会资本角度研究创业活动的社会嵌入性，是一个有效的分析角度。社会资本是创业者所拥有的社会网络及其所能调动的社会资源的总和，可分为表现为强关系的结合型社会资本和表现为弱关系的桥接型社会资本。社会资本作为支持创业活动的重要的资源池，能够帮助返乡农民工创业者识别创业机会、聚集和动员资源，为创业活动的持续进行提供保障。尤其是在企业初创阶段，由于新创企业存在脆弱性和合法性不足的问题，导致新创企业缺乏市场信用和声誉，在公开市场获取资源时面临较高的交易成本。在此背景下，返乡农民工创业者通常依赖在城市务工积累的行业和市场弱关系网络，基于家乡亲缘、学缘、地缘的强关系网络，以及在创业过程中与供应商、公众、政府部门、服务组织、媒介、中间商、客户等建立的弱关系网络来获取创业资源，从而降低创业活动的不确定性和风险。Huang等（2024）的研究成果表明，创业者的社会资本对其创业坚持行为具有显著的正向影响。拥有丰富社会资本的返乡农民工创业者在创业资源、信息、资金、人力等方面拥有更多的优势，会促进其创业坚持行为。基于此，提出假设7-1：社会资本对创业坚持行为有显著正向影响。

7.2.2 社会资本、社会支持、创业坚持行为的关系

社会支持研究起源于心理学领域,它包括个体从家人、朋友、机构等获得的物质、情感、信息等各类支持,其中情感支持尤为关键。随着社会支持理论在创业研究中的应用日益广泛,越来越多的学者认识到创业者感知到的社会支持对他们的创业行为具有重要意义。在支持性氛围中的返乡农民工创业者更容易坚持创业。返乡农民工创业者所拥有的社会关系网络越丰富,越能获得较多的信息、资金、技术等资源,进而使返乡农民工创业者坚持创业。社会支持理论认为,社会支持对缓解压力有很强的主效应,来自不同人提供的情感、信息、知识和建议等社会支持(Klyver et al., 2017),能在一定程度上帮助返乡创业农民工在创业过程中调整心态,缓解压力。Duchek(2018)的研究指出,来自父母、配偶的支持和尊重,能让创业者保持良好的心态,使其在面对创业失败时,能够更加迅速地恢复创业行为。社会支持对创业压力与创业退出行为之间的关系具有负向调节作用,有助于促进创业坚持行为的发生。拥有丰富社会资本的返乡创业农民工能够从返乡前后的社会网络成员中收获更多的创业情感和物质支持,这可以强化他们对社会网络成员提供的情感和物质支持的感知,有助于纾解创业过程中的压力,甚至解决他们面临的创业困难,从而推动创业坚持行为的持续进行。相对地,社会资本较少的返乡创业农民工,由于感知到的社会支持有限,其心理压力会增加,长此以往会导致其创业信心不足、创业热情大减、应对困难的决心下降,这不利于创业活动的持续开展。综上,返乡创业农民工的社会资本越丰富,其感受到的社会支持越多,其对创业成功越有信心,对创业活动越有激情,越能推动其更好地坚持创业目标,即社会支持越多,越有利于促进创业坚持行为。基于此,提出假设7-2:社会支持在社会资本与创业坚持行为之间发挥中介作用。

7.2.3 社会资本、创业认同、创业坚持行为的关系

基于社会认同理论可知，创业认同与创业坚持行为紧密相连。创业认同过程根植于个体与社会交互的过程中，并深受社会网络环境的影响。创业认同是指个体主动了解社会对创业者的角色期待，并将其内化为自我认知，从而遵循这一认知进行相应的创业活动，认可并热爱创业事业的心理认知和情感体验。具有较高创业认同感的个体，他们能够充分认识到创业者角色的责任和任务，将积极的情感投入创业活动，并主动参与创业活动。研究表明，具有强烈创业认同感的创业者，在面临挑战时更可能以坚定的方式回应他们作为创业者的角色，从而在遇到障碍时坚持创业。创业者在与社会网络成员交互的过程中所得到的创业资源和积极反馈能够进一步增强其自我意识和促进创业坚持行为。对于社会资本较丰富的返乡农民工创业者，更容易获得来自家庭、伙伴和机构源源不断的创业资源和支持，从而驱动个体积极参与创业活动。相反，对于社会资本较少的创业者来说，由于他们获取创业资源的可能性较低，其创业认同感也较低，也难以激发他们做出对创业活动持续投入的承诺。鲁喜凤等（2018）研究表明，社会资本会对创业者的创业认知、创业情感和行为，以及创业绩效都起着促进作用。丰富的社会资本能增强创业者的信心，塑造返乡农民工创业者对创业活动的认同感和归属感，使其投入更多的时间和精力于持续的创业活动中。因此，提出假设7-3：创业认同在社会资本和创业坚持行为之间发挥中介作用。

7.2.4 社会支持、创业认同的链式中介作用

在充满不确定性的商业环境中，来自家庭、朋友及外界的情感支持、物质及资源支持，在创业过程中具有至关重要的作用。这类支持能够激发创业

者的热情与投入，促进创业者保持更高的创业认同感，进而努力工作促进其创业坚持行为。社会资本代表返乡农民工创业者的社会网络资源，不仅会给创业者带来家庭的关爱和支持，还包括来自朋友、搭档、组织等多方面的关爱和支持（即高水平的社会支持）。这些支持有助于返乡农民工创业者保持积极、乐观的态度，增强其对创业者身份的认同感，并持续参与创业活动，以实现创业目标。根据资源保存理论（Hobfoll，1989），资源的获得与保存是应对压力的有效策略。那些能够得到更多来自家人、朋友、机构的有形和无形情感和资源支持的返乡农民工创业者，其创业认同感更强，更能积极地面对和乐观地评价在创业过程中遇到的挑战。因为社会支持会缓解创业过程中的风险和压力，使创业者更加专注地、坚持不懈地投身于返乡创业事业中。基于此，提出假设7-4：社会支持、创业认同在社会资本和创业坚持行为之间发挥链式中介作用。

综上所述，本章构建了返乡农民工创业者的社会资本、社会支持、创业坚持行为、创业认同的概念模型，如图7-1所示。

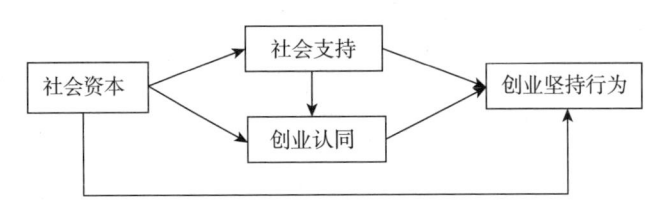

图7-1 理论分析模型

7.3 研究设计

7.3.1 问卷设计

本次调查问卷涉及返乡农民工创业者的基本情况、社会资本、社会支持、创业认同、创业坚持行为等5个部分。研究所用相关量表来自国内外文献资料，为确保量表在中国情境下的适用性，量表内容结合了与返乡农民工创业者访谈的结论以及与创业专家探讨的结果。其中，社会资本量表参考参照 Han 等（2013）、林筠等（2017）、张强强等（2022）的量表进行设计，将社会资本划分为结合型社会资本和桥接型社会资本两个维度，并对相关题项表述进行了调整，便于被调查者理解；社会支持量表主要考虑社会支持的类型，从情感、信息、物质支持维度进行考察，主要参考 Klyver 等（2017）、张秀娥等（2019）的研究，并结合本书的研究需求进行了调整；创业认同采用现有实证研究中运用较为广泛的 Obschonka 等（2015）的研究量表；创业坚持行为量表则是笔者在 Baum 等（2004）的 6 题项量表的基础上进行适当调整后形成的。各量表均采用李克特 7 点评分法。

7.3.2　数据收集

为了确保研究的严谨性和实证分析的准确性，本章的研究采取了一系列细致的数据收集步骤。本章的数据来自笔者研究团队对返乡企业的具体调研。依托某校企业发展研究中心和乡村规划中心的专业资源，研究团队深入福建省的多个县、乡、镇，对当地的返乡企业进行了实地走访。这一初步的田野调查工作不仅帮助本书的研究团队与返乡农民工创业者建立了联系，而且为了解返乡创业的实际情况提供了第一手的资料。在预调研阶段，研究团队发放了 97 份问卷，并对收集到的数据进行了细致的信度和效度分析。信度分析确保了问卷的内部一致性，而效度分析则验证了问卷题目对研究概念的准确反映。基于预调研的结果，笔者对部分问题进行了必要的修改和优化，形成了更加精确和可靠的正式问卷。正式的问卷调研从 2022 年 6 月开始，持续至 2022 年 10 月。在这一过程中，研究团队共发放了 460 份问卷，最终回收了 402 份。为了确保样本的有效性，研究者排除了返乡创业年限在 8 年以上的问卷以及存在缺失值的问卷。经过筛选，剩余有效问卷为 344 份，问卷的回收率为 87.39%，有效率则为 85.57%。这一较高的有效率表明，所收集到的数据具有较好的代表性和可靠性，为后续的统计分析和研究假设的验证提供了坚实的基础。

7.3.3 样本情况

在本章中，通过 Spss 24.0 软件对问卷数据进行了细致的统计分析。对样本特征的详细分析对理解研究结果具有重要意义，以下是对样本特征的详细描述和分析。首先，在性别分布上，在回收的样本中，男性占据了绝大多数，比例高达 72%。这一发现可能与当前社会性别角色的分工有关，男性在创业活动中可能会更倾向于采取积极行动。然而，这并不意味着女性在创业活动中的作用可以被忽视，在未来的研究中可以进一步探讨性别差异对创业社会资本的构建和利用的影响。其次，在年龄构成方面，40 岁以下的创业者占比 81.2%，这表明中青年群体是返乡创业的主力军。这一年龄段的创业者通常具有较高的活力和创新精神，同时也面临着职业发展和家庭责任的双重压力，这些因素都可能激发他们更积极地利用社会资本以坚持创业活动。再次，在学历方面，拥有大专及以下学历的创业者占比 79.5%。这反映了返乡创业者的受教育水平现状，同时也提示了提升创业者的受教育水平对增强其创业社会资本潜在的重要性。受教育水平往往与创业者获取信息、学习新技能的能力和创新能力密切相关，这对创业成功和创业坚持行为具有不可忽视的影响。从次，先前工作经验年限是创业成功的重要预测因素之一。在本章的样本中，拥有 5 年及以上先前工作经验年限的创业者占比 79.6%。这表明大多数返乡农民工创业者在创业前已经积累了一定的工作经验，这为他们在创业过程中应对各种挑战提供了宝贵的知识和技能储备。最后，样本中 79.5% 的农民工创业者的返乡创业年限在 3 年以上。这一比例显示，部分创业者并非首次创业，他们可能已经从过往的创业经历中吸取了教训，并构建了较为丰富的社会资本网络，这可能对他们的创业坚持行为产生了积极影响。

为了更准确地评估社会资本对创业坚持行为的影响，本章的研究选取了性别、年龄、学历、先前工作经验年限和返乡创业年限作为控制变量。这些控制变量的设置有助于排除其他背景因素的干扰，使得研究结果更加准确和可靠。将性别作为控制变量，有助于理解性别差异在社会资本构建和创业坚持行为中的作用。将年龄作为控制变量，可以揭示不同年龄段的创业者在社会资本积累和利用方面的差异。将学历作为控制变量，有助于评估受教育水平对创业者社会资本的影响。将先前工作经验年限作为控制变量，可以反映创业者在创业前的知识和技能积累对创业坚持行为的影响。将返乡创业年限作为控制变量，有助于理解创业者在返乡创业过程中社会资本的动态变化。

综上所述，本书的样本特征分析为理解返乡创业者的基本情况提供了一个全面的视角。通过深入分析这些特征，本书旨在揭示社会资本、创业认同和社会支持如何共同作用于创业坚持行为，进而为返乡创业者提供更具针对性的支持和指导。

7.4 实证研究及假设验证

本章采用 Spss 24.0 和 Amos 21.0 两个软件对收集的 344 份有效样本数据的信效度进行分析，并对所提出的研究假设进行验证，具体分析过程如下。

7.4.1 共同方法偏差检验

本章采用 Harman 单因子分析，利用 Spss 24.0 软件对所有题项数据开展探索性因子分析，以验证是否能由 1 个因子解析所有变异。结果显示，未旋转的第一个因子的解释总方差为 35.72%，低于 50%，说明问卷的共同方法偏差较小，受问卷调查者主观性的影响不大。

7.4.2 信效度分析

本章通过 Spss 24.0 进行信度分析，各变量维度的 Cronbach's α 值均在 0.8 以上水平（见表 7-1），由此可见问卷及量表的一致性较高。在效度分析方面，基于 Spss 24.0 分析，整体 KMO 值为 0.875，Bartlett 球形检验显著性为 0.000，各量表 KMO 值均高于 0.8，Bartlett 球形检验显著性为 0.000，可见适合进行因子分析。采用探索性因子分析，各个量表的因子载荷系数高于 0.7，通过计算得出组合信度 CR 高于 0.8、平均方差萃取值 AVE 高于 0.5，可见各量表的收敛效度良好。进一步对各量表间的关系进行皮尔逊相关分析（见表 7-2），变量间关系显著，且各变量的 AVE 的平方根均大于其与其他变量间的相关系数，可见问卷量表区别效度较好。

表7-1　测量工具的信度检验

变量名称	测项问题构成	因子载荷系数	CR	AVE	Cronbach's α
情感支持	Q1 父母、亲属在返乡创业过程中给予了我情感上的安慰、鼓励与支持	0.845	0.903	0.755	0.918
	Q2 朋友在返乡创业过程中给予了我情感上的安慰、鼓励与支持	0.884			
	Q3 业务伙伴在返乡创业过程中给予了我情感上的安慰、鼓励与支持	0.878			
信息支持	Q4 父母、亲属在创业过程中给予了我有用的信息和知识	0.823	0.894	0.739	0.891
	Q5 朋友在创业过程中给予了我有用的信息和知识	0.891			
	Q6 业务伙伴在创业过程中给予了我有用的信息和知识	0.863			

续表

变量名称	测项问题构成	因子载荷系数	CR	AVE	Cronbach's α
物质支持	Q7 在需要时我能够从家庭中获得物质上的帮助和支持	0.801	0.869	0.690	0.880
	Q8 朋友在返乡创业过程在给予了我物质上的帮助与支持	0.863			
	Q9 业务伙伴在返乡创业过程中给予了我物质上的帮助与支持	0.826			
创业认同	Q10 我认为创业者这个身份符合我的自我认知	0.846	0.851	0.656	0.883
	Q11 作为创业者参与相关创业活动对我来说完全不陌生	0.804			
	Q12 作为创业者参与相关创业活动符合我对自身和未来工作的形象认知	0.779			
创业坚持行为	Q13 在返乡创业过程中，当别人都放弃的时候我会仍然坚持	0.766	0.881	0.597	0.910
	Q14 当其他人已经退出返乡创业活动时，我会反复思考是否继续坚持	0.740			
	Q15 无论返乡创业多么具有挑战性，我都不会放弃	0.804			
	Q16 我愿意花费数年的时间完成一个创业项目	0.805	0.908	0.766	0.92
	Q17 当别人劝我放弃时，我仍要继续克服困难完成工作	0.746			
结合型社会资本	Q18 我在返乡创业过程中可以与亲朋好友保持密切的合作关系	0.778	0.859	0.603	0.838
	Q19 我在返乡创业过程中经常与亲朋好友共享知识	0.773			
	Q20 我在返乡创业过程中与亲朋好友的关系是值得信赖的	0.819			
	Q21 亲朋好友在我返乡创业过程中提供的信息是可靠的	0.735			

续表

变量名称	测项问题构成	因子载荷系数	CR	AVE	Cronbach's α
桥接型社会资本	Q22 我能与返乡创业过程中建立的纵向关系（供应商、客户等）、横向关系（同行、竞争对手等）、资源关系（政府及其他机构等）进行良好的沟通	0.718	0.868	0.622	0.870
	Q23 我能与返乡创业过程中建立的纵向关系（供应商、客户等）、横向关系（同行、竞争对手等）、资源关系（政府及其他机构等）共同合作解决问题	0.791			
	Q24 我能在与返乡创业过程中建立的纵向关系（供应商、客户等）、横向关系（同行、竞争对手等）、资源关系（政府及其他机构等）合作时考虑共同利益	0.855			
	Q25 我能在与返乡创业过程中建立的纵向关系（供应商、客户等）、横向关系（同行、竞争对手等）、资源关系（政府及其他机构等）合作时保持信任	0.784			

表7-2 Pearson相关检验

变量	社会资本	社会支持	创业认同	创业坚持行为
社会资本	0.783			
社会支持	0.428**	0.853		
创业认同	0.379**	0.490**	0.809	
创业坚持行为	0.490**	0.580**	0.557**	1

注：对角线为各量表的 AVE 开平方根，** 表示双尾检验显著性水平 $p < 0.01$。

7.4.3 主效应检验

为了检验社会资本对创业坚持行为的正向影响，本书以创业坚持行为为因变量，以社会资本为自变量进行回归，具体结果见表 7-3 中的模型 4。由模型 4 可知，社会资本有效地解释了创业坚持行为变异的 47%，且社会资本对创业坚持行为具有显著正向影响（$\beta=0.47$，$p<0.001$），即本章的假设 7-1 成立。

7.4.4 社会资本、社会支持和创业坚持行为的关系检验

本章利用层次回归法验证社会支持的中介作用，结果如表 7-3 所示。由模型 2 可知，社会资本对社会支持的正向影响显著（$\beta=0.449$，$p<0.001$）。同时，从模型 5 可以看出，社会支持对创业坚持行为具有显著正向影响（$\beta=0.567$，$p<0.001$）。将社会资本和社会支持同时作为自变量对创业坚持行为进行回归，结果由模型 6 可知，社会资本（$\beta=0.279$，$p<0.001$）和社会支持（$\beta=0.453$，$p<0.001$）对创业坚持行为的正向影响依旧显著，但是社会资本对创业坚持行为的回归系数由 0.47 下降为 0.279。因此，社会支持在社会资本和创业坚持行为之间发挥部分中介作用，即本章的假设 7-2 成立。为了使研究结果更加准确，采用 Bootstrap 方法进一步验证社会支持的中介作用。由表 7-4 可知，社会支持在社会资本对创业坚持行为影响中的中介效应为 0.234，95% 的置信区间为 [0.154，0.334]，此区间不包含 0，说明社会支持的中介作用显著；社会资本对创业坚持行为的直接效应为 0.343，95% 的置信区间为 [0.230，0.455]，此区间不包含 0，表明社会资本对创业坚持行为的直接效应显著，说明社会支持在社会资本对创业坚持行为的影响过程中发挥部分中介作用，进一步验证了本章的假设 7-2 成立。

表7-3 社会资本、社会支持、创业坚持行为之间的回归结果

变量	社会支持			创业坚持行为		
	模型1	模型2	模型3	模型4	模型5	模型6
社会资本		0.449***		0.470***		0.279***
社会支持					0.567***	0.453***
性别	-0.113*	-0.054	-0.090	-0.024	-0.026	0.001
年龄	0.056	-0.009	0.185**	0.112	0.153**	0.116*
学历	-0.034	-0.022	-0.091	-0.078	-0.072	-0.068
先前工作经验年限	-0.036	-0.021	-0.052	-0.035	-0.031	-0.026
返乡创业年限	0.046	0.041	0.029	0.024	0.003	0.005
R^2	0.019	0.188	0.043	0.254	0.359	0.421
调整 R^2	0.005	0.174	0.029	0.241	0.348	0.409
F 值	1.311	13.032	3.052	19.145	31.468	34.864

注：*** 表示双尾检验显著性水平 $p < 0.001$；** 表示双尾检验显著性水平 $p < 0.01$；* 表示双尾检验显著性水平 $p < 0.05$。

表7-4 社会支持中介效应结果

中介路径	直接效应				中介效应			
	效应值	效应占比	95% 置信区间		效应值	效应占比	95% 置信区间	
			上限	下限			上限	下限
Ind1：$X \to M_1 \to Y$	0.343	59.45	0.230	0.455	0.234	40.55	0.154	0.334

注：X 为社会资本；Y 为创业坚持行为；M_1 为社会支持；M_2 为创业认同。

7.4.5 社会资本、创业认同和创业坚持行为的关系检验

本章采用层次回归法来验证创业认同的中介作用，结果如表7-5所示。由模型8可知，社会资本对创业认同的正向影响显著（$\beta=0.38$，$p < 0.001$）。同时，在模型9中，创业认同对创业坚持行为具有显著正向影响（$\beta=0.544$，

$p<0.001$）。将社会支持和创业认同同时作为自变量对创业坚持行为进行回归，结果由模型 10 可知，社会资本（$\beta=0.306$，$p<0.001$）和创业认同（$\beta=0.432$，$p<0.001$）对创业坚持行为的正向影响依旧显著，但是社会资本对创业坚持行为的回归系数由 0.47 下降到 0.306。因此，创业认同在社会资本和创业坚持行为之间发挥部分中介作用，即本章的假设 7-3 成立。采用 Bootstrap 方法进一步验证创业认同的中介作用。由表 7-6 可知，创业认同在社会资本对创业坚持行为影响中的中介效应为 0.202，95% 的置信区间为 [0.114，0.313]，此区间不包含 0，说明创业认同的中介作用显著；社会资本对创业坚持行为的直接效应为 0.375，95% 的置信区间为 [0.264，0.486]，此区间不包含 0，说明创业认同在社会资本对创业坚持行为的影响过程中发挥部分中介作用，进一步验证了本章的假设 7-3 成立。

表7-5 社会资本、创业认同、创业坚持行为之间的回归结果

变量	创业认同			创业坚持行为		
	模型 7	模型 8	模型 3	模型 4	模型 9	模型 10
社会资本		0.380***		0.470***		0.306***
创业认同					0.544***	0.432***
性别	-0.043	0.010	-0.090	-0.024	-0.066	-0.028
年龄	0.049	-0.010	0.185**	0.112	0.158**	0.116**
学历	-0.066	-0.056	-0.091	-0.078	-0.055	-0.054
先前工作经验年限	-0.008	0.006	-0.052	-0.035	-0.048	-0.038
返乡创业年限	0.037	0.032	0.029	0.024	0.009	0.010
R^2	0.010	0.148	0.043	0.254	0.337	0.413
调整 R^2	-0.005	0.133	0.029	0.241	0.325	0.401
F 值	0.678	9.757	3.052	19.145	28.489	33.819

注：*** 表示双尾检验显著性水平 $p<0.001$；** 表示双尾检验显著性水平 $p<0.01$；* 表示双尾检验显著性水平 $p<0.05$。

表7-6　创业认同中介效应结果

中介路径	直接效应				中介效应			
	效应值	效应占比	95% 置信区间 上限	95% 置信区间 下限	效应值	效应占比	95% 置信区间 上限	95% 置信区间 下限
Ind1: $X \to M_2 \to Y$	0.375	65	0.264	0.486	0.202	35	0.114	0.313

注：X 为社会资本；Y 为创业坚持行为；M_2 为创业认同。

7.4.6　链式中介效应检验

本章采用 Bootstrap 对链式中介效应进行检验，结果如表 7-7 所示。通过观察表 7-7 中置信区间的上下限可知，社会资本对创业坚持行为的间接效应显著，效应值为 0.313。其中，以社会支持为中介变量所得的效应值为 0.171，以创业认同为中介变量所得的效应值为 0.079，以社会支持和创业认同共同作为链式中介变量所得的效应值是 0.063，以上在 95% 的置信区间内均不包含 0。由此可知，社会支持和创业认同在社会资本与创业坚持行为之间发挥链式中介作用，即本章的假设 7-4 成立。

表7-7　Bootstrap链式中介效应分析

模型	效应值	自助法标准误差	95% 置信区间上限	95% 置信区间下限
X 对 Y 的总间接效应	0.313	0.059	0.212	0.446
$X \to M_1 \to Y$	0.171	0.044	0.098	0.276
$X \to M_2 \to Y$	0.079	0.036	0.026	0.175
$X \to M_1 \to M_2 \to Y$	0.063	0.245	0.024	0.123

注：X 为社会资本；Y 为创业坚持；M_1 为社会支持；M_2 为创业认同。

7.5 主要结论与讨论

7.5.1 主要结论与启示

（1）研究结论

本章基于相关理论，构建了社会资本对创业坚持行为影响的概念模型，得到以下结论。第一，社会资本对创业坚持行为有显著正向影响，即不论是强关系的结合型社会资本还是弱关系的桥接型社会资本，均能促进返乡创业农民工创业坚持行为。第二，社会资本可以部分通过社会支持影响创业坚持行为，社会资本越多，越容易使返乡农民工创业者在返乡创业过程中获得情感、信息、资源支持，能够使返乡农民工创业者克服创业过程中的风险和困难，减少压力，继而促进其创业坚持行为。第三，社会资本能够部分通过创业认同影响创业坚持行为，即返乡农民工创业者的社会资本越多，越有利于激发其创业热情和对创业者身份的认同，继而促进创业坚持行为。第四，社会支持和创业认同在社会资本和创业坚持行为之间发挥链式中介作用，社会资本丰富的返乡农民工创业者，在返乡创业过程中更容易获得社会支持，更容易克服障碍与挑战，其对创业活动的信心和决心更坚定，使其更愿意投入持续的创业活动中。

（2）研究启示

本章对促进返乡农民工创业者的创业坚持行为有一定的借鉴意义。从返乡农民工创业者个人来看：第一，返乡农民工创业者应该重视积累社会资本，提高自身的社会交往能力，在返乡创业过程中积极寻求来自亲缘、学缘、宗族的帮助，积极与当地政府、银行、各种返乡创业扶持平台和社团进行交流和联系，继而获得更多的创业信息和资源。第二，重视来自家庭、朋友、伙伴和各类机构对返乡创业提供的精神、物质、信息等方面支持的重要性。第三，返乡农民工创业者要充分重视自身对返乡创业者角色的认同，积极面对返乡创业过程中的困难和挑战，培养自身的创业认同感和对创业事业的热爱。对于政府来说，当地政府应该完善返乡创业支持体系，加强创业支持网络的建设，丰富创业资源的供给；完善返乡创业资金、人才、心理辅导等政策的制定和普及；加强返乡创业教育和培训；增加返乡农民工创业者交流互动的线上线下交流平台，激发其创业认同感，增强返乡农民工创业者的创业信心，推动返乡创业工作的有序开展。

7.5.2 研究展望

第一，本章的调研数据是横截面数据，没有从动态演化的角度进行追踪研究社会资本、社会支持、创业认同、创业坚持行为之间的演化规律和关系的动态变化，未来可以通过单个案例或者多个案例的形式进行动态跟踪调查研究并形成有效的质性研究成果。第二，本章调查的样本相对较少，且主要聚焦于所在福建省部分县域的乡镇，没有涉及其他省份，未来可扩大研究样本的范围，选择返乡创业参与度更高的省市乡镇进行分析。第三，本章主要引入了社会支持、创业认同作为中介变量，未来可以探索其他变量的影响，如创业能力、创业学习、商业模式等的中介作用，在调节变量方面可重点纳入个人因素和环境因素，如乡土情结、乡土认同、乡土责任、乡土环境等。

7.6 本章小结

本章采用了多维的理论视角结合社会资本理论、社会支持理论、社会认知理论和社会认同理论，深入探讨了返乡农民工创业者的社会资本对其创业坚持行为的影响机制。本章的理论框架旨在揭示社会资本如何通过社会支持和创业认同这两个中介变量，影响并促进返乡农民工的创业坚持行为。本章细致分析了344位返乡农民工创业者样本的调查数据，得到了一系列的实证研究结果。结果显示，社会资本与创业坚持行为之间存在显著的正向关系。具体而言，社会资本的增加能够正向地影响创业者对社会支持的感知，以及他们对创业活动的认同感。这种影响机制表明，社会资本不仅是一种资源，更是一种能够促进个体积极行为的心理和社会动力。此外，社会支持和创业认同被证实是社会资本影响创业坚持行为的有效中介变量。社会资本的积累和运用能够增强创业者的社会支持网络，这种增强的社会支持网络又提高了创业者的创业认同感，从而激励他们持续地投身于创业活动。这一发现为理解社会资本在创业过程中的作用提供了新的理论解释，并为如何通过积累和利用社会资本促进返乡农民工创业者的创业坚持行为提供了实践指导。由此得出的结论不仅为返乡农民工创业者管理社会资本提供了新的视角，也为政策制定者和社会工作者在设计和实施创业支持政策时，考虑社会资本的重要作用提供了依据。

8

返乡创业农民工三维创业资本的协同关系与发展

探讨创业心理资本、创业人力资本及创业社会资本对返乡创业农民工创业坚持行为的影响,对提升农民工返乡创业成功率具有重要的意义,然而,仅此尚不足够。需要进步分析三者之间的具体关系究竟是替代关系还是协同关系。如果三者是替代关系,则返乡创业农民工仅需着重发展其中一种资本,即可促进其创业坚持行为;如果是协同关系,则需返乡创业农民工在三大资本方面实现全面发展。明确三者间的具体关系和内在作用机制,有助于返乡农民工创业者理性地对创业人力资本、创业社会资本和创业心理资本进行投资,更好地开展创业活动,也能够为教育部门、政府等机构引导和指导培养返乡农民工创业者的三大资本提供借鉴。

8.1 协同理论

协同理论（synergetics）是由德国物理学家赫尔曼·哈肯于 20 世纪 70 年代提出的。协同理论认为，自然界中存在着许多非线性系统，这些系统具有自组织和协同现象。协同现象是指系统中的各个部分之间相互作用，从而产生整体的协同效应。该理论从物理学、生物学、化学等领域逐渐拓展到社会科学和管理学领域，成为一种综合性的理论体系。

根据协同理论，个体的绩效不仅受到个体的能力和技能等人力资本的影响，还受到个体所处的社会网络和关系等社会资本的影响，以及个体的心理资本，如自我效能感、乐观主义和韧性等内在素质的影响。个体的人力资本、社会资本和心理资本三者是动态协同发展的，这是因为它们相互作用、相互影响并相互促进。首先，个体的人力资本可以促进社会资本和心理资本的发展。一个具有高水平人力资本的个体能够更好地完成任务和工作，从而获得更高的信誉和声誉，进而增加社会资本。同时，高水平的人力资本也可以帮助个体更好地应对挑战和困难，进而增加心理资本，如自我效能感和韧性等。其次，社会资本可以促进个体的人力资本和心理资本的发展。社会资本可以提供资源和信息，帮助个体更好地获取和应用知识和技能，从而增强人力资本。同时，社会资本还可以提供支持和鼓励，帮助个体更好地应对挑战和压力，从而增强心理资本，如韧性和自我效能感等。最后，心理资本可以促进个体的人力资本和社会资本的发展。心理资本，如韧性、自我效能感和乐观主义等，可以帮助个体更好地应对挑战和困难，从而增强人力资本和社会资本。例如，具有韧性和自我效能感的个体可以更快地适应变化，更好地利用社会网络中的资源和信息与应对困难和挑战。

在现实生活中，人力资本、社会资本与心理资本三者的动态协同发展是个体实现从现实自我向可能自我转变的必经途径，三者的构成因素间存在交叉影响，对农民工返乡创业的决策、行为具有支撑作用。

8.2 返乡农民工三维创业资本的协同关系

8.2.1 心理资本、人力资本、社会资本的内涵与关系

人力资本、社会资本和心理资本是三种不同但相互关联的概念，它们在个人和社会的发展中具有重要的作用。人力资本、社会资本和心理资本都是个体所拥有的资源，它们之间是相互作用与相互促进的关系。人力资本是指个体在教育、技能和经验等方面的资源；社会资本是指个体在社会网络中的关系和资源；心理资本是指个体在信念、态度和情感等方面的资源。这些资源互相作用，可以共同促进个体的发展和成功。心理资本的侧重点是"你是什么样的创业者"；人力资本的侧重点是"你知道什么"；社会资本的侧重点是"你认识谁"。人力资本和社会资本是个体外显的、可见的部分，具有动态性；心理资本是个体潜在的、内隐的部分，具有决定性作用。不应将人力资本、社会资本与心理资本三者孤立看待，三大资本要素间以累加且协同的方式发挥作用，它们会相互影响、相互作用，并以动态协同的方式促使彼此的强化与持续提升。

8.2.2 返乡创业农民工三维创业资本的内涵与关系

返乡创业农民工的创业心理资本是返乡创业农民工在创业过程中表现出来的一种可持续、可发展的积极心理状态或积极情绪体验的集合，是推动创业活动持续开展的内在动力。返乡创业农民工的创作心理资本包括创业效能感、创业激情、创业幸福感、创业韧性、创业乐观五个方面。返乡创业农民工的创业人力资本泛指返乡创业农民工拥有的知识、技能和经验的总和。返乡创业农民工的创业社会资本是返乡创业农民工所拥有的社会网络及其带来的社会资源的总和，表现为强关系的结合型社会资本和表现为弱关系的桥接型社会资本。

三维创业资本在每个返乡创业农民工的身上并不是孤立存在的，它们是相互影响、相互促进的关系，对其创业活动的发展发挥着协同作用。如果说创业人力资本与创业社会资本是创业能力的重要源泉，那么创业心理资本是创业坚持行为的基础和动力。虽然创业人力资本具有重要价值，而且是一种稀缺资源，但是如果离开了社会环境和心理环境，即缺少了一定的社会关系网络、社会交往圈以及积极的情感支持、心理状态等，那么个体的创业人力资本很难充分发挥其独特作用，最终导致创业人力资本失去其存在的社会意义，农民工返乡创业的成功便无从谈起。如果只有社会网络组织或是情感的信任和支持，没有创业人力资本作为根基，或者缺少创业心理资本作为支柱，那么创业社会资本就失去了存在的价值。创业者的知识、技能和经验的提升和优化，会促进其产生积极的情感；良好的社会关系和网络，会强化其创业心理资本。只有建立在创业人力资本和创业社会资本有效积累基础上的创业心理资本，才会对返乡农民工的创业意识、创业态度和创业行为产生积极影响，才能实现它的协同效能。

8.3 创业心理资本对创业社会资本、创业人力资本的巩固协同

8.3.1 创业心理资本对创业社会资本的巩固协同

积极的创业心理资本对返乡创业农民工的社会资本具有正向促进作用。一方面，拥有积极心理资本的返乡创业农民工会更加积极主动、更有意识地拓展自己的社会关系网络和寻求社会支持，以积累更多的社会资本，赢得更多的创业机会。另一方面，创业心理资本会通过"涟漪效应"间接影响创业社会资本的形成。凝聚在高创业心理资本返乡农民工创业者身上的人格魅力和榜样力量，对周围成员有着扩散性以及渗透性的影响，进而会在群体中形成某种特定的规范原则和约束力。这类个体犹如一个"正能量磁场"或者"一股气流"，不仅能够凝聚周边较为弱小的"正能量磁场"，而且还可改造、弱化周边小的"负能量磁场"，并中和较强的"负能量"，甚至完全消除全部的消极"负能量"。乐观积极的返乡创业农民工易于和他人进行沟通交流，并赢得他人好感，营造良好的、轻松的人际氛围；具备坚韧自信品质的返乡农民工创业者能够坚持不懈，百折不挠。通常，人们倾向与积极向上、心理健康的"正能量"个体交往，这种"正能量"的个体会在无形中影响到他人，促使他们变得积极乐观，对未来充满信心。因此，具备高创业心理资本的个体会吸引和凝聚周围身处不同行业、具有不同特质的优秀人才，从而扩大其社交范围。同时，他们会用积极的行为方式对这个关系网络进行有效的管理和维护，进而形成并拓展社会资本。Shang 等（2021）采用问卷调查法对国内返乡农民工创业者进行了研究，研究结果表明，创业心理资本可以通过提升社会认同度对创业社会资本的形成与拓展产生正向影响。具体而言，

创业心理资本可以正向影响创业者的积极心态、创新意识和决策能力，从而提高创业的成功率和创业者的社会认同度，进而影响创业社会资本的形成与拓展。

8.3.2 创业心理资本对创业人力资本的巩固协同

一方面，创业心理资本决定着创业人力资本的水平和层次。当返乡农民工创业者拥有较高的自我效能感和创业激情时，他们会投入更多的时间和精力来积极探索和学习创业知识和技能，从而积累更多的创业人力资本。充满创业幸福感的返乡创业农民工对创业带来的成长和成就具有强烈的渴望；创业韧性高的返乡农民工创业者具备不达目的誓不罢休的意志力和行动力。另外，创业乐观的人在面对创业过程中的挫折和困难时能够吸取教训，学习和掌握新知识和技能，进而会在无形中提高其创业人力资本，使其能更加从容地应对创业过程中的新的挑战。

另一方面，创业心理资本能够激发个人的潜能，使之更好地发挥创业人力资本的作用。在内在动力的驱动下，个体因信念而具备掌控自我命运的能力。因此，他们能够正视生活、学习或工作中的逆境，并且能够适时调整自我状态。同时，他们能够积极学习新观念和新思想，将困境视为暂时现象。于是，他们能够在挑战中不断寻找机遇，挖掘并培养个人潜能，从而提升自己的竞争力，增加自身的优势。在返乡创业农民工群体中，创业心理资本水平越高，越能激发其自身的成就动机，从而自觉强化和提升创业知识、创业技能等方面。反之，返乡创业农民工的创业心理资本水平越低，其越会对创业和职业发展感到悲观消极，对外界环境和信息表现出较为封闭的状态。在此情况下，其往往会对创业培训等缺乏主动性，并且在面对创业过程中的困难时，其应对态度往往会较为消极，难以积极寻找解决问题的办法，这在一定程度上会降低返乡农民工创业的成功率。Wang 等（2021）采用问卷调查法对中国的创业者进行研究，研究结果表明，创业心理资本对创业人力资本的巩固协同具有重要作用。具体而言，创业心理资本可以提高创业者的自我效能感、创新性和决策能力等，从而提升其创业人力资本。同时，创业人力资本的积累也可以促进创业心理资本的提升，两者之间是相互作用和相互促进的关系。

8.4 创业人力资本对创业社会资本、创业心理资本的巩固协同

8.4.1 创业人力资本对创业社会资本的巩固协同

Zhang 等（2021）对国内的中小企业进行了调查和分析，研究发现创业人力资本对创业社会资本的巩固协同具有重要作用。具体而言，首先，创业人力资本的积累可以帮助创业者建立广泛的人际关系网络，拓展创业社会资本的来源和扩大创业社会资本的规模。同时，创业人力资本的积累还可以提高创业者的社会认可度和信誉度，进一步增加其创业社会资本。其次，创业人力资本的积累可以促进创业社会资本的巩固和协同发展。创业人力资本的积累可以帮助创业者更好地理解和应对不同的社会文化和行业背景，从而深化与不同社会群体的交流和合作，巩固创业社会资本。最后，创业人力资本的积累还可以提高创业者的创造力和决策能力，使其更有能力制订切实可行的合作计划和策略，促进创业社会资本的协同发展。

对于返乡农民工创业者而言，一方面，创业人力资本可以外化为创业社会资本。首先，创业人力资本的积累可以帮助返乡创业农民工建立更广泛的人际关系网络，扩大创业社会资本的来源。创业者通过积累人力资本可以获得更多的社会资源和信息，扩大人际关系网络，发现更多的创业机会和认识更多的创业合作伙伴。这些社交网络的建立和扩大可以为返乡农民工创业者提供更多的支持和帮助，从而增加他们的创业社会资本。其次，创业人力资

本的积累还可以提高创业者的社会认可度和信誉度，进一步扩大创业社会资本。创业者通过积累人力资本可以提高自身的专业水平和技能，提高社会认可度与社会信誉度。社会认可度和信誉度可以帮助创业者更容易地获得社会资源和信息，扩大创业社会资本。最后，创业人力资本的积累还可以促进创业者与其他创业者和企业家之间的合作和交流，进一步扩大创业社会资本。创业者通过积累创业人力资本可以建立自己品牌和声誉，吸引其他创业者和企业家的关注，从而促进合作和交流，扩大创业社会资本。

另一方面，个体创业人力资本的存量越高，其拓展社交关系网络的范围以及与具有更高身份地位的创业关系网络成员建立联系的概率越大，他们也将融入更加丰富和多样化的社会资本中。返乡创业农民工拥有的创业人力资本越充足，其由此接触的社会资源的层次越高，越能拓宽自身社会关系网络的广度和深度，突破原有的以基于血缘、地缘等同质性社会资本为主的社交网络，使得个体可以在更广阔的社会关系网络中交换资源，进而丰富其社会资本。一般说来，受过良好教育和培训的个体，通常会比那些没有受过教育和培训的个体更容易进入资源丰富的人脉圈子和社会团体中。返乡创业农民工的创业人力资本存量越高，个人社会关系网络的宽度、广度、深度会随之增大，其拥有的创业社会资本会越多。

8.4.2 创业人力资本对创业心理资本的巩固协同

吴能全等（2020）对返乡创业农民工进行了问卷调查和实地访谈，研究发现，创业人力资本对创业心理资本的积累具有正面影响。具体来说，首先，创业人力资本的积累可以提高创业者的自我效能感和创业动机，使他们更有信心和动力去面对创业过程中的挑战和压力。其次，创业人力资本的积累还可以帮助创业者更好地应对实际问题，提高创业成功率，从而增强他们的创业心理资本。再次，研究还发现，创业人力资本的积累还可以促进创业社交网络的建立和扩大，从而为创业者提供更多的支持和帮助，增强他们的创业心理资本。最后，创业人力资本的积累还可以提高创业者的创造力和决策能力，使他们更有能力应对创业过程中的各种挑战和难题，从而增强他们的创业心理资本。

返乡创业农民工的创业人力资本包括技能、知识、教育和工作经验等方面。这些创业人力资本的积累可以增强他们的自我效能感和创业动机，为创业者提供信心和动力，从而促进创业心理资本的积累。返乡创业农民工创业人力资本的存量越高，创业能力就越强，越能增加创业者的自信心，坚定其通过努力实现创业梦想的信念，使其即使在遇到困难时，依然能够保持积极的创业态度，提高自身抗挫折能力。但对于返乡农民工创业者来说，他们的创业人力资本往往比较薄弱，特别是在知识和教育方面，这会影响他们的创业心理资本水平。因此，建立强化机制是一种可以增强返乡农民工创业者创业心理资本的重要方式。强化机制包括提供创业教育和培训、建立创业社交网络、提供创业指导和咨询等。这些机制可以帮助返乡农民工创业者提高自我效能感、增强创业动机、提高创造力和决策能力等。同时，强化机制也可以提供信息和资源，缓解返乡农民工创业者在创业过程中的压力和困难，从而增强他们的创业心理资本。

8.5 创业社会资本对创业人力资本、创业心理资本的巩固协同

8.5.1 创业社会资本对创业人力资本的巩固协同

Coleman（1988）认为，社会资本对人力资本的产生和发展具有重要的作用。社会资本是指个体在社会关系中拥有的资源，包括信任、互惠、社会支持等。研究认为，社会资本可以通过个体的社会关系来影响个体的行为和决策，从而促进个体人力资本的产生和发展。一是社会资本可以提供信息和

知识，从而促进个体的学习。例如，个体可以通过社会关系网络，获得关于工作、学习和生活的信息和建议，帮助个体更好地掌握知识和技能。二是社会资本可以提供机会和资源，从而促进个体的发展和成功。例如，个体可以通过社会关系，获得工作机会、资金支持和其他资源，从而提高个体的社会地位和经济地位。Lin（2001）探讨了社会资本如何通过关系网络对个体产生影响。研究认为，社会资本可以作为一种资源，通过个体的社会关系来影响个体的行为和决策，进而提高个体的人力资本。例如，通过参加社交活动和组织，个体可以建立更多的社会关系，获得更多的信息和资源，从而提高个体的人力资本。

创业社会资本能够有效促进人力资本的增加。首先，创业社会资本可以为返乡农民工创业者提供所需的资源和信息，帮助其更好地应对创业过程中的挑战和困难。返乡农民工创业者可能会在创业过程中面临很多困难，如缺乏资金、缺乏市场信息等。而创业社会资本可以帮助他们在创业过程中获取所需的资源和信息，如获得创业资金、拓展市场等，从而提高他们的创业人力资本水平。其次，创业社会资本可以提供返乡农民工创业者所需的人际关系和社会支持。返乡农民工创业者可能会在家乡缺乏社会关系和社会支持，而社会资本可以帮助他们建立社会关系并获得社会支持。社会关系和社会支持可以帮助返乡农民工创业者获得更多的商业机会和创业资源，如政策支持、资金、人才等。在这个过程中，返乡农民工创业者的创业人力资本可以得到更好的提升。再次，返乡农民工创业者的创业社会资本可以创造提升其创业人力资本所必需的场域。由于返乡农民工创业者的背景和资源有限，他们需要在社会中寻找到合适的场域，以更好地发挥自身人力资本的作用。这些场域可以包括乡镇企业、行业协会、商业团体、社交网络等，这些场域可以为创业者提供更多的机会和资源，帮助他们更好地发挥自身人力资本的作用。最后，返乡农民工创业者的创业社会资本有助于限制机会主义行为的发生。在创业过程中，返乡农民工创业者可能会遇到机会主义者或者不良商业伙伴等问题，这些问题会对创业者的创业人力资本造成不利影响。通过创业社会资本的帮助，返乡农民工创业者可以更好地了解市场和合作伙伴，减少机会主义行为的发生，从而更好地保护自身的人力资本。

8.5.2　创业社会资本对创业心理资本的巩固协同

Zhao 等（2019）通过对美国加州的初创企业的创始人进行问卷调查，探究了创业社会资本对创业心理资本的影响。结果表明，创业社会资本对创业心理资本的巩固协同是由社会支持效应以及社会缓冲效应来发挥作用的。具体来说，社会支持效应是指创业社会资本可以为创业者提供社会支持，如情感上的支持、建议和鼓励等，从而增强他们的创业信心和决策能力。社会缓冲效应是指创业社会资本可以缓解创业者面临的压力，如提供资源和信息等，从而减轻创业者的负担，增强其应对挑战的能力。该研究还发现，不同类型的创业社会资本对创业心理资本的影响存在差异。例如，家庭社会资本有助于提高创业者的自我效能感，而专业社会资本则有助于提高创业者的创造性思维能力。

针对返乡创业农民工而言，一方面，社会支持效应指的是返乡农民工创业者在创业社会资本的支持下，能够更加自信地应对挑战和压力，从而增强其创业心理资本。创业社会资本可以为返乡农民工创业者提供所需的资源和信息，帮助其更好地应对创业过程中的挑战和困难。同时，创业社会资本还可以提供情感支持和精神鼓励，增加创业者的创业自我效能感，从而增强其韧性和抗压能力。这种社会支持效应可以帮助创业者巩固和发展其创业心理资本，从而更好地应对未来的挑战。另一方面，社会缓冲效应指的是创业社会资本可以缓解返乡创业农民工在创业过程中可能会遭遇的挫折和失败对其创业心理资本的负面影响。当创业者遭遇挫折和失败时，精神状态会时常处于紧张和焦虑中，往往会感到失落和气馁，这会对其创业心理资本造成不利影响。而创业社会资本可以提供创业者所需的物质、情感支持和鼓励，以缓解返乡农民工创业者的悲观情绪与消极心理，进而帮助其从失败的经历中吸取经验教训，从而增强其韧性和抗挫能力。这种社会缓冲效应可以帮助创业者更好地应对在创业过程中的挫折和失败，从而巩固和发展其创业心理资本。

8.6　本章小结

返乡创业农民工的创业心理资本、创业社会资本和创业人力资本在其创业过程发挥着重要作用。创业心理资本，包括创业效能感、创业激情、创业韧性、创业乐观、创业幸福感等心理因素，为创业者提供了必要的内在动力和积极心态。创业社会资本为创业者提供了获取资源和信息的渠道。创业人力资本则涵盖了创业者的知识和技能，是创业成功的重要基础。本章进一步探讨了这三种创业资本之间的相互作用和协同效应。返乡创业农民工的创业心理资本能够增强其运用创业社会资本和创业人力资本的能力，而强大的创业社会资本又可以促进创业者获取更多的学习机会，进而增强其创业人力资本。同时，丰富的创业人力资本为创业者建立和维护社会关系网络提供了支撑。这种三维资本的相互作用，形成了一种正向的循环机制，共同推动了返乡创业农民工创业活动的发展。本章旨在揭示返乡创业农民工在创业过程中，三维资本的独立作用及其协同效应，以及这些资本如何共同促进返乡创业农民工的创业发展。这一发现对理解和支持返乡农民工的创业活动具有重要的理论和实践意义，为相关政策的制定和创业教育的开展提供了理论依据。

9 三维资本视角下促进返乡创业农民工创业坚持行为的策略

创业坚持行为是创业成功的关键因素,是创业企业创建、持续生存与发展的关键。因此,研究创业坚持行为及其影响因素与作用机理,对揭开创业成功的"黑箱"具有重要意义。本书的研究旨在讨论如何通过保持良好的心理资本、人力资本及社会资本状态,促进创业者的理性创业坚持行为。根据创业坚持行为的个人特性和社会属性,本章从返乡创业农民工个体内部和外部支持两个层面出发,多角度提出促进其创业坚持行为的对策。

9.1 促进创业坚持行为的内部驱动措施

创业成功与否与创业坚持行为密切相关。在相同的创业环境中,创业心理资本越强的返乡创业农民工,能够更加积极地感知创业过程,并展现出更高的创业坚持意愿。本书研究结果发现,创业心理资本、创业认知,以及社会支持对返乡创业农民工的创业坚持行为具有显著影响。因此,根据本书研究结果,先从返乡创业农民工个体层面出发,提出相应的策略促进创业坚持行为。

9.1.1 自觉开发创业心理资本,激发创业内在能量

从创业心理资本对创业坚持行为的显著正向影响来看,返乡创业农民工在创业过程中,不仅需要充分发挥创业心理资本的积极作用,而且应当有意识地塑造和提升自身的创业心理资本。心理资本理论和心理素质形塑论(shaping theory of psychological quality)均认同积极心理素质的可塑性,并主张可按照内外路径相结合的方式塑造积极的心理素质。其中,个人有意识地开展训练是积极心理素质的内部开发路径,而家庭、学校、社会教育则是三条外部路径。对于返乡创业农民工而言,虽然他们拥有一定的城市务工经验,并积累了一定的社会资本和经济资本,但是在创业心理资本方面存在一定欠缺,亟待加强。创业心理资本具有"类状态性",它可以通过有效测量和开发,成为创业坚持行为的内源动力。返乡创业农民工如果能清晰地认识到自身的创业心理资本状况,并有意识地培养与提升自身的创业心理资本,将有利于促进创业坚持行为并推动创业成功。

(1)培育积极心理倾向及思维

在返乡创业过程中,创业者不可避免地会面临各种困难和不可预测的环境因素。对此,返乡创业农民工需对自身情况进行深入审视,也需要分析问题产生的主客观原因。在积极寻求解决方案的同时,应避免沉溺于消极的情绪和困惑中。在实际创业活动中,不少返乡创业农民工过分关注创业过程中的压力和困难,担忧无法创业成功,而情绪低落。与此同时,有些返乡创业农民工更倾向于关注创业过程中的积极因素,以乐观的心态面对事情的发展,持续吸收有利于创业的信息,以促使创业活动的顺利开展。

因此,有必要培养返乡创业农民工的积极心理倾向和思维方式。一是回

忆、冥想和书写表达等方式都可以激发积极心态。返乡创业农民工可以通过回忆、想象、记录、总结返乡过程中的关键事件的积极感受来激发积极创业心理，进而调整自己的认知状态，为创业坚持行为提供可靠的心理支撑。二是用积极思维取代消极思维。在面对返乡创业过程中的任务、压力和困难时，返乡创业农民工可通过进行积极的心理暗示减少负面思维，坚定理想信念，以获得较高的创业心理资本水平。三是包容过去。面对过去发生的事情，不管是可控的还是不可控的，返乡创业农民工要尽可能地用一种包容的态度去看待。

（2）协同发展多维创业心理资本

本书认为，创业心理资本涵盖创业效能感、创业激情、创业乐观、创业韧性、创业幸福感等五类要素。提升创业效能感、加强创业角色认同，并保持坚强、乐观、积极向上的心态，有利于增强返乡创业农民工对自身创业成功的信念，从而促进其创业坚持行为。返乡创业农民工可以通过以下方式增加创业心理资本的存量。一是建立信心，制定明确的创业目标。返乡创业是一个极具挑战性的过程，需要返乡创业农民工发挥自身优势和潜力，并确定坚定不移的创业目标。二是提升对创业角色的认同感，并保持积极向上的心态，应通过感知返乡创业的价值，提高对创业角色的认同感。返乡创业农民工在面对困难或责任时，不应逃避或推诿，而应该积极思考和应对，对创业的投入感和价值感将油然而生。三是提高心理韧性，提升面对创业挫折的恢复力。由于农民工在创业资源和技能方面的先天不足，在创业过程中难免会遭遇挫折和困难。如果能在逆境中调整心态、化解压力、适应环境变化，将有助于其获得成功。四是保持乐观态度，发现创业中的幸福感。在创业过程中，适时保持乐观的态度，能够让人更清晰地看到创业带来的自主、自由、挑战自我以及造福当地等益处，从而获得更多的满足感。

9.1.2 主动积累社会资本，获取社会支持、丰富创业资源

创业并非"孤独的旅程"，社会资本对创业坚持行为具有显著的积极影响。而受社会资本影响的社会支持在创业心理资本与创业坚持行为之间起正向调节作用，在社会资本与创业坚持行为的关系中起中介作用。家庭支持在创业能力与创业坚持行为之间具有正向调节作用。返乡创业农民工应认识到社会支持的重要性，不能忽视家庭支持的作用。返乡创业农民工必须认识到仅依靠个人力量存在局限性。因此，他们应当积极拓展社会网络，维护良好的社会关系，积极主动地寻求家人、朋友，以及相关机构的外部支持。在这一过程中，他们能够获得返乡创业必需的社会资源、信息资源、知识资源及情感资源。

（1）创业社会资本的积累与拓展

创业社会资本是一种工具性资源，能够帮助创业者获取其他资源。返乡创业农民工的初始创业社会资本相对匮乏，需通过不断拓展和完善社会关系网络来增强社会资本。返乡创业农民工应该充分认识到社会资本在创业过程中的重要作用，并采取各种措施扩大社会资本的广度和深度，并进行有效运用以发挥其正向作用，从而促进创业坚持行为和提高创业的成功率。一是积极结网。返乡创业农民工应重视正式和非正式网络（家人、朋友及其他人）的建立及维护，并与存在业务往来的企业或者机构（如供应商、分销商、银行等金融机构、科研院所、政府相关部门）保持良好的互动，以获得差异化的信息和资源。同时，应学会利用现有社会关系网络中的强关系，不断发展生成新的弱关系，应对有利于创业活动发展的社会关系网络成员投入更多的时间和精力开展交流活动。此外，应对给予创业指导与帮助的组织和个人持有感激之情。二是加强与社会的联结，积极参与学习和各类交流活动，结交志同道合的朋友，精心维护所建立的人际关系网络。三是参与当地公共事

务，返乡创业农民工可以积极参与地方公共事务，为当地的发展和建设贡献力量。例如，他们可以参与当地的公益组织，为当地的环保、文化、教育等出谋划策，以拓展现有的社会网络。四是树立良好的声誉和信誉。返乡创业农民工应通过自己的行动和业绩，建立良好的声誉和信誉。例如，他们可以积极地参与地方经济建设，提供优质的产品和服务，赢得当地居民的信任和支持；可以组织公益活动，为当地居民提供帮助，提升自己的社会认同感和归属感；可以将在城市工作期间所学得的创新理念和技术引入家乡，到当地进行推广与应用。

（2）创业支持的寻求与争取

当返乡农民工创业者在返乡创业过程中遇到困难和困惑时，其应发挥主观能动性，并积极寻求外部帮助。一是积极寻求亲朋好友的支持。返乡农民工创业者通过与朋友、家人、合作者的沟通可以获得更多心理上的支持，使其能够较快地从困难和挫败中恢复。因此，当返乡农民工创业者出现消极心态或者情绪时，应与亲朋好友进行交流沟通，以疏解压力并获得情感、资金，甚至人才方面的支持。二是主动与在返乡创业领域具有经验的人进行沟通。返乡农民工创业者应向当地具有丰富返乡创业经验的合作伙伴、其他返乡创业前辈，以及其他同行创业者咨询、与他们交流经验，既可以让他人为自己指点迷津，也可积聚积极的创业力量。三是积极了解政策支持，与当地政府保持良好互动。返乡创业农民工应及时关注当地政府发布的返乡创业支持政策，适时申请相关政策扶持，并通过参与当地政府组织的一些企业活动，与当地政府保持必要的沟通与联系。四是充分认识到家庭支持的重要性，借助家庭支持促进创业成功。家庭成员能够为返乡创业农民工提供经济、资源、人力、情感等方面的支持，帮助他们克服困难，提高创业成功率。同时，返乡农民工也可以利用家族资源，打造家庭品牌，促进家族传统产业的传承和发展。

9.1.3 自我积累创业人力资本，提升创业竞争力

返乡农民工创业者的人力资本对创业坚持行为有正向影响，且能够内化为创业能力，对创业成功有重要意义。返乡创业农民工可以通过加强自身的人力资本投资、培养自身的深层自觉、建立互补的返乡创业团队提升创业人力资本的存量，以促进返乡农民工创业者的创业坚持行为。

（1）加大创业人力资本投资

返乡创业农民工可以通过学习和培训来提高自己的技能和知识水平。他们可以参加各种培训班、课程和研讨会，学习创业管理、市场营销、财务管理等方面的知识，提高自己的人力资本价值。此外，他们可以寻求导师和顾问的帮助，以获取更多的经验和知识。具体方式包括向经验丰富的创业者、专业人士或商业顾问请教、咨询和学习，从而进一步提高自己的人力资本。同时，返乡创业农民工可以建立合作机制，与其他创业者或企业家合作，共享资源和经验。

（2）培养"在干中学""在学中干"的学习力

返乡农民工创业者在创业过程中，可以通过在实践中学习、在学习中实践、持续学习、学习交流和自我反思等方式，培养"在干中学""在学中干"的学习力。一是通过在实践中学习，不断积累经验和知识。返乡农民工创业者要通过观察、思考、总结和反思提高自己的能力和水平。二是通过在学习中实践，将理论知识应用于实际操作中，以此验证理论并应对新的问题和挑战，在解决问题的过程中提高自己的创新能力和应变能力。三是通过持续学习，不断提高专业技能和知识水平。四是通过学习交流，与其他创业者、专

家和学者相互交流和学习。他们可以通过参加各种创业组织、商会和协会，结交志同道合的朋友，共同探讨问题，以拓宽视野与认知。五是通过自我反省和自我评价，发现自己的优点和缺点，明确改进的方向，从而不断提高学习力和创新力。

（3）组建创业人力资本互补的创业团队

返乡创业的成功，只凭借个体的努力是难以实现的，通常要依赖于一个强有力的团队，形成强强联合的协同效应。返乡创业农民工可以通过明确职责、招募人才、建立良好的沟通机制、建立合格的奖惩机制和培养团队文化等方式，构建一个人力资本互补、凝聚力强的创业团队。在组建团队时，应重点考虑创业团队的规模、团队成员的工作经验和行业经验、职能的异质性以及任期的多样性等因素。如，在团队规模方面，不是人越少越好，而应以适度为原则。团队成员应各有所长、能力互补，因为具有不同教育背景、专业知识、成长经验、擅长不同技能的创业团队，其职能的异质性较高。此类创业团队更能在协作中发挥各自优势，共同实现创业目标和愿景。

9.1.4 创业认知的升级与管理

通过本章的理论分析和实证研究得出，创业认知对创业坚持行为有显著正向影响，而且创业心理资本可通过创业认知的中介作用对创业坚持行为产生正向影响。因此，需要关注返乡创业农民工创业认知的升级和发展。

在创业领域，创业者的创业认知水平越高，越可以快速并准确地掌握创业所面临的内外部环境的不确定性和复杂性，从而使其在创业过程中拥有更多的主动权。在返乡创业过程中，返乡创业农民工要有意识地培养和发展创业认知。一是应辨识自身的创业认知缺口，弥补"认知短板"。返乡创业农民工要自查自身的创业认知水平，了解自身在创业过程中存在的问题，并有针对性地进行弥补。从目前样本数据的统计分析来看，返乡创业农民工对自己创业认知水平的评价情况并不乐观，整体创业认知水平有待提高。二是做好充分的创业准备。返乡创业农民工应尽可能地利用亲缘、学缘、宗族缘、地缘优势积累社会关系网络，并获取创业所必需的各种资源，以便为返乡创业活动的顺利开展做好充足的准备。三是培养创新创业意识。返乡创业农民工应通过关注当地的媒体和公众号了解家乡的自然资源、地理环境、政策支持等的优势，增强创业风险意识，抓住发展机遇，获取创业信息，提高创业意向，促进创业坚持行为。四是注重学习，提升创业能力。返乡创业农民工要重视学习知识与技能，有意识地参加创业训练和创业指导活动，掌握具体的技能知识和创业知识，并在培训中与同行业返乡企业分享和探讨经验，从而为创业坚持行为提供能力支持。

本章的实证研究表明创业心理资本对创业坚持行为有积极影响，但是强调的是理性的创业坚持行为。返乡创业农民工要对创业环境及自身条件具有客观的认知和评价，在各项创业准备活动及后续创业活动中，要充分了解创业环境及自身的创业资源与能力，量力而行，而非盲目地坚持创业。因此，返乡农民工创业者在创业过程中要有正确的创业认知。一是要预防创业认知偏差。在创业心理资本影响创业认知的过程中，由于返乡创业农民工知识结构的差异，其认知能力存在差异。在创业活动中需要正确识别积极心理状态的类型，规避负面心态及情绪，预防创业认知偏差，避免因此导致创业项目失败。二是要客观认知、量力而行。返乡创业农民工比非创业者具有更高的创业激情，更高的激情可能导致非理性的创业坚持行为。

9.1.5 多方学习促进创业能力的提升与发展

提升返乡创业农民工的创业认知水平，不仅需要依靠先前经验和创业实践，而且需要转变学习理念，从多渠道开展创业学习活动，提升其创业认知水平，具体如下。一是在社会关系网络中进行学习。返乡农民工创业者需要拓展交际范围，提高社会关系网络的多样性，并尽可能地挖掘其所在社会关系网络中的社会资源，积极地与社会关系网络成员进行互动与交流以获得其所需的创业知识、信息及能力。二是充分利用互联网进行学习。互联网的普及使得返乡创业农民工能在互联网平台上获得更广泛、更丰富的创业资讯、创业课程，并能通过社交平台与其他同行返乡创业者进行互动，学习相关成功创业者的经验，这些均能丰富返乡创业农民工的认知结构，提升其创业认知水平。三是在经验积累的基础上进行学习。在返乡创业过程中，返乡创业农民工会遇到各种困难和挑战，其要建立常态化总结反思机制，对实践经验进行总结和复盘，为后续创业活动的开展储备能力和资源基础。

9.1.6 创业认同的内化与优化

创业认同的内化与优化对创业者来说非常重要，可以帮助他们更好地适应创业环境，增强自我价值感和自信心，最终提高创业成功率。可从以下几个方面优化返乡农民工创业者的创业认同感，一是返乡创业农民工可以明确自己的创业目标和愿景。他们可以制定短期和长期的创业目标，为自己制订切实可行的计划和行动方案。二是返乡创业农民工可以建立自己的品牌形象，如通过精心设计企业的标志、网站和产品包装等，打造具有较高认知度和美誉度的品牌形象。三是返乡创业农民工可以通过学习和培训，提高自己的素质和能力。四是他们可以参加创业组织的活动，通过建立新的人际关系，增强创业认同感。这些方式有利于返乡农民工创业者强化对创业者身份的认同感和创业的成就感。

9.1.7 客观与理性坚持

对于返乡创业农民工而言，对待创业活动需要理性客观，应避免盲目坚持。返乡创业农民工需要尽可能地积累自我资源及收集创业信息，从而客观地评估坚持创业的成本和收益。具有良好创业心理资本的返乡创业农民工通常认为发生消极事件的概率较小，因此更愿意坚持创业。然而，当返乡创业农民工持有强烈且持续的过度积极的创业心理时，他们可能会在决策时过于仓促，忽视创业环境中的不利因素。相反，过度消极的创业心理则可能会影响他们的创业积极行为。因此，返乡创业农民工需要有效管理自己的积极心态和情绪，避免高估积极情绪和心态带来的积极影响，防止因过度自信甚至自负心理做出不理智的决策。二是降低消极心态的不利影响，保持良好的心态，时刻注意调节自身心态及情绪，促进理性认知和理性创业坚持行为。三是参加一些调节心态的活动。当返乡创业农民工感到创业压力较大时，可适当放松，参与一些乡村旅游项目，边学习边放松。

与此同时，返乡创业农民工的反事实思维会影响创业过程，本书通过实证研究发现，预期后悔在创业认知与创业坚持行为之间没有发挥显著的调节作用。在创业认知维度下，预期后悔在创业能力脚本与创业坚持行为之间发挥正向调节作用。相关研究表明，对于创业坚持行为而言，消极情绪并非都是不利的。然而，预期后悔能在一定程度上调节创业心理资本对创业坚持行为的影响，因为创业心理资本水平较高的返乡创业农民工倾向于高估环境和自身的情况，创业心理资本水平较低的返乡创业农民工则倾向于关注消极信息，从而会低估事情的积极方面。预期后悔程度较高的个体倾向于保持更为平衡的视野。他们对消极信息更敏感，不会掩饰负面障碍，也不易受正面信息的影响。因此，返乡创业农民工在创业过程中，要发挥预期后悔的优势，设定科学的目标，进行合理归因，以促进理性创业坚持行为。

9.2 促进创业坚持行为的外部支持措施

本书发现，来自家庭、伙伴、机构的社会支持会显著正向调节创业心理资本对创业坚持行为的影响，而且在社会支持调节下，创业认知的中介作用依然显著。同时，通过调研数据分析发现，参与创业培训会显著影响创业心理资本水平。因此，促进返乡创业农民工的创业坚持行为，不仅需要从返乡创业农民工自身的角度考虑，还需要外部因素的支持，以下将从家庭、伙伴和朋友的支持，相关教育机构的支持，地方政府的支持及其他机构的支持四个方面提出相关建议。

9.2.1 发挥家庭、伙伴和朋友的支持作用

要充分发挥家庭、伙伴、朋友的支持作用，可从以下几个方面入手：一是要注重家庭对返乡创业农民工的后备支持和牵引作用。本书发现，相对于伙伴支持、机构支持，家庭支持最能引发返乡创业农民工的创业心理资本对创业坚持行为的促进作用，因为家庭成员在返乡创业过程中能为返乡创业农民工提供良好的情感支持、物质支持、资源支持，能促进创业心理资本对创业坚持行为的正向影响。当返乡创业农民工着手创业时离不开来自家庭的经济支持和情感支持，甚至是人力支持；当其在创业过程中遇到难题时可从家庭成员中获得鼓励和安慰；当其创业成功时能够与家庭成员分享喜悦。返乡创业农民工的很多行为紧紧依赖于家庭成员，尤其是当家庭成员中有创业者时。在笔者的调研过程中，大量返乡创业农民工表达了家人和朋友的态度在早期创业过程中对其产生的影响，尤其是来自亲人的压力，会使他们感到

"孤独""无助""焦虑"等情绪。因此，家庭成员可以通过鼓励和支持返乡创业农民工，发挥后备支持作用，减少其对创业失败的担心，鼓励返乡创业农民工勇于尝试创业活动。

二是需要重视创业伙伴、朋友支持的积极作用。在建立和维护创业伙伴、同学、朋友的社会关系网络时，返乡创业农民工需要重视关系的数量和质量。同时，在返乡创业过程中，要寻求志同道合的创业伙伴，因为伙伴支持对创业心理资本促进创业坚持行为具有正向调节作用。

9.2.2　发挥相关教育机构的支持作用

随着乡村振兴战略的实施及国家对"新农科"教育的重视，返乡创业农民工整体素质的提升需要高等教育、职业教育与专业培训的支持。一是打造返乡创业农民工培训共同体，以优化培训内容为核心。对具备条件的农业职业院校，可以提供专门的返乡创业导师服务或者开设有针对性的农民工返乡创业培训课程，旨在针对创业过程中可能遇到的困惑与难题，为其提供创业辅导、创业支持，提升其创业能力。在教学内容方面，不仅要涵盖创业相关的多样化知识，还应增加返乡创业实践案例分析，以促使返乡创业农民工更有效地解决创业过程中遇到的具体问题。二是加强心理培训，提高其抗压能力。本书发现，创业心理资本及创业认知等主观因素是促进返乡创业农民工创业坚持行为的核心要素。以往创业教育的主要目的是提升个人的知识水平，而在未来的创业培训和教育中，要让返乡创业农民工了解创业行为的驱动要素，明确培养积极心态和良好认知习惯的重要意义，并采取措施缓解消极情绪的负面影响，增加压力管理、心理疏导和挫折应对等方面的培训内容。

9.2.3 发挥地方政府的支持作用

政府应持续关注返乡创业农民工创业坚持行为的培育以及创业能力的提升，以促进农村经济的发展。政府可以通过宣传册、媒体、网络等方式，向创业者传达相关政策和创业支持措施。政府应深入关注返乡创业农民工在创业过程中的真实需求。从微观行动主体的视角出发，政府需要出台一系列相互配套的创新创业活动支持措施，尤其是应该充分关注提升返乡创业农民工的创业心理资本、人力资本、社会资本，优化其创业认知、创业能力、创业认同，确保创业支持的实效性，进而为返乡创业农民工持续助力乡村振兴提供更有效、更具创造性和适应性的资源和创业环境。

（1）优化返乡创业农民工的创业心理资本

创业心理资本对创业坚持行为有重要意义，政府应采取以下措施优化返乡创业农民工的创业心理资本。一是政府各级部门应意识到良好的心理素质对创业活动的重要性，并在提供的各类培训中加入心理知识培训。同时，可运用新媒体平台，如微信公众号、微博、头条、抖音、QQ或者相关社群，发布并推送优化创业心理资本的文章和资讯。此外，应关注返乡创业农民工在面对压力时的心理变化，并加强在心理与情绪方面的正确引导和沟通交流。二是制订创业心理和认知考评方案。相关部门可依据本书研究成果，制订适用于返乡创业农民工的创业心理及认知考评方案，通过问卷、访谈等方式了解其心理状态，并定期制订个性化的培训计划。三是搭建心理服务机构或平台。例如，增加"心理咨询""心理疏导"等项目，为返乡创业农民工提供面对创业逆境和倾诉压力的平台。同时，应加强对返乡创业农民工心理状态的关注，当其面临重大心理困境时，应提供专业的心理辅导。四是增强返乡创业农民工的自我效能感。相关部门应在精神上鼓励他们自尊自强，并在心理上关怀他们。并且相关部门应该加大对返乡创业农民工的支持与关怀力度，切实开展创业思想疏导和心理辅导工作，营造良好的创业心理环境。当其创业遇到困难时，相关部门应能及时关注并给予适时的援助。同时，应充分发挥社会舆论的导向作用，引导广大农民群众客观积极地看待创业，营造积极、开放、和谐的外部环境，从而促进返乡创业农民工积极心理资本的积累。

（2）促进返乡创业农民工积累人力资本

促进返乡农民工积累人力资本，政府可从以下几个方面着手：一是搭建返乡创业交流、学习、培训平台。为促进返乡创业农民工的创业坚持行为，地方政府应当构建系统化的交流、学习与培训平台。具体措施如下：首先，建立返乡创业行业交流体系。通过举办行业交流会，引导返乡创业农民工参与，使其快速掌握农村创业及行业信息，并激发其学习动力。其次，设立公益性质的返乡创业者论坛，促进返乡创业农民工之间的交流，以及与政府之间的沟通。再次，组织返乡创业农民工外出考察，学习其他地区的成功经验，参加行业展销会，拓宽视野。从次，引进优秀的创业资源，如星创天地运营主体、科技特派员、创业专家等，定期为返乡创业农民工提供个性化的指导与支持。最后，搭建智慧学习平台，运用"互联网+学习资源+线上培训"模式，整合网络资源，使返乡创业农民工能够灵活地进行线上学习。

二是结合返乡农民工创业的具体需求与面临的困难，开展有针对性的创业知识与技能培训。在第一产业领域，应围绕现代农业、特色农业、绿色农业以及"互联网+"农业等，运用互联网思维拓展产业链，深化产业链开发，并对返乡创业农民工进行农业技能及互联网应用技术培训。在第二产业领域，应根据返乡创业农民工外出务工的经验，分专业、分类型提供必要的创业教育和培训。在第三产业领域，应针对返乡创业农民工利用家乡自然资源开发农家乐、休闲旅游等特色乡村旅游项目，进行相应的创业培训。此外,应鼓励其通过自我学习、在线学习等多种方式,扩大培训覆盖范围,尽可能地为有创业意愿的返乡农民工奠定创业基础,促进其基础人力资本的积累。

(3) 推动返乡创业农民工拓展社会资本

当地政府可采取以下措施促进返乡创业农民工之间的交流与合作:一是构建返乡创业农民工交流平台,无论是线上或是线下形式,均有助于返乡创业农民工相互认识、增进了解,从而提升社会资本的积累与运用效率。二是设立创业孵化器及创业基地,为返乡创业农民工提供必要的场地、设备及服务支持,以此推动返乡创业农民工之间的交流与合作,提高社会资本的积累与运用效率。三是建立创业导师制度,为返乡创业农民工提供专业的创业指导与咨询服务,导师人选可包括成功创业者、行业专家及政府官员等。四是组织各类交流会与培训班,为返乡创业农民工创造交流与学习的机遇,以此促进返乡创业农民工之间的相互了解,提高社会资本的积累与运用效率。

(4) 优化乡(镇)、县域的创业环境

为帮助返乡创业农民工充分利用返乡创业的机遇,政府必须为返乡创业农民工提供优质的创业环境保障。稳定的政策及社会环境能够激发返乡创业农民工的创业激情、增强其创业自信及提升创业幸福感。反之,恶劣且不确定的创业环境将导致返乡创业农民工产生焦虑、不安及迷茫的情绪,降低其创业心理资本,进而影响创业活动的持续进行。地方政府及相关职能部门应通过以下措施优化创业环境:一是在返乡创业项目的选择上,应倾向于支持返乡创业农民工创办的企业及农民专业合作社承担地区重点项目,以发挥辐射带动作用。二是引导金融机构为返乡农民工创业者提供多样化的贷款担保,并确保政策性补贴与优惠措施的落实。三是工商、税务部门应严格执行相关优惠政策，减轻返乡创业农民工的创业负担，简化各类手续流程。四是构建返乡创业服务跟踪体系，准确把握返乡创业农民工的实际需求，提供有针对性的支持与协助。

9.2.4 发挥其他机构的支持作用

农民工返乡创业需要发挥多方机构的支持作用，一是充分发挥社会投资机构与科研技术机构的作用。应当鼓励更多社会投资机构、天使基金、农业技术企业以及科研院所等机构或企业，为返乡创业项目提供资金或技术支持，以降低因资金及技术问题导致项目失败的风险。二是积极运用社会媒体进行宣传推广。社会媒体应加大对中央一号文件及各类返乡创业政策的宣传力度，并对政策内容进行详细解读。同时，可通过新闻媒体及微信公众号等平台，宣传和推广返乡创业的成功案例，营造一个鼓励创新创业、不畏失败、勇于探索的社会氛围。三是重视发挥星创天地、返乡创业团体、返乡创业协会、农村合作社等民间组织的作用。这些组织聚集了丰富的民间资源，对返乡创业农民工的实际情况有更深入的了解，可以为政府提供有效的支持补充。

9.3 本章小结

本章从返乡创业农民工个体和外部支持两个维度，提出了一系列旨在促进其创业坚持行为的策略。个体层面的策略侧重于通过自我提升，增强返乡农民工的创业心理资本、人力资本、社会资本、创业认知、创业能力以及创业认同。具体而言，本章建议返乡创业农民工应通过持续学习和实践，提升自身的专业技能和行业知识，并加强心理素质的培养，提高对创业过程中的不确定性的适应能力和抗挫折能力。此外，返乡农民工创业者应通过积极参与社区活动、行业协会等，扩展社会关系网络，积累社会资本。同时，他们应培养积极的创业认知，加强创业认同感，以及学会管理自身的情绪，保持积极的创业态度。外部支持层面的策略则侧重于发挥家庭、伙伴和朋友，相关教育机构，地方政府以及其他机构的支持作用。家庭、伙伴和朋友的支持对创业者在面对困难时坚持创业具有不可替代的作用；相关教育机构可以通过提供创业培训、创业指导和资源共享等服务，增强创业者的创业能力；地方政府的支持作用在于制定和实施有利于创业发展的政策，如提供创业资金支持、税收优惠，建设创业园区等；其他机构，如行业协会、商会等，也可以通过组织创业交流活动、提供市场信息等方式，为返乡农民工创业者提供支持。本章提出的策略旨在通过内外两个层面的共同努力，形成一个支持返乡创业农民工创业坚持行为的综合性策略体系。这些策略的实施，不仅能够提高返乡创业者的创业成功率，还能够为乡村振兴战略的推进提供新的动力和支持。通过这些策略的实施，期望能够有效促进返乡创业农民工的创业坚持行为，为乡村振兴贡献力量。

10 研究结论与展望

本章将对本书的主要理论成果进行整理与总结,指出研究的不足并对未来研究进行展望。

10.1 研究结论

第一,创业心理资本的维度划分。本书基于心理资本理论及创业文献中的观点,立足创业情境,结合访谈结果,总结出创业心理资本包括创业效能感、创业激情、创业韧性、创业乐观、创业幸福感等五个方面。通过调查问卷得到的数据,进行探索性因子分析和验证性因子分析验证了分类的合理性,能够真实反映返乡创业农民工在返乡创业过程中所需的各种创业积极心理状态。其中,将创业激情、创业幸福感引入创业心理资本维度,是对创业研究及返乡创业农民工创业心理状态的真实再现。对其他维度的划分则与现有的创业心理资本研究基本一致,但是本书更深入地将这些积极心态置于创业情境,是对心理资本在创业领域运用的有效尝试。通过对创业心理资本内部结构的分析,有助于返乡创业农民工充分认识自身创业心态中所存在的具体的薄弱环节,并能具体地、有针对性地补足积极心态的不足之处,从而提高整体的创业心理资本水平,最终内化为促进返乡创业企业的创建和快速发展的动力。

第二,返乡创业农民工创业现状及问题总结。本书通过对数据的描述性分析,对返乡农民工基本情况、返乡创业项目情况、返乡创业心理状态等进行了说明。通过方差分析、t检验和控制变量法分析了返乡创业农民工在创业坚持行为、创业心理资本、社会支持方面的差异情况。通过分析发现:一是在返乡农民工基本情况方面,男性青壮年是返乡创业主力,大部分返乡创业农民工的学历在高中以下且拥有5年以上工作经验,但之前有过创业经历及创业培训经验的不多。二是在返乡创业项目方面,返乡创业农民工主要依托自己家乡的资源优势与要素特点,选择自己较为熟悉的涉农企业以及与农业相关的第二、三产业作为返乡创业项目,所创办的企业一般规模较小,雇佣的人员不多。三是在创业动态方面,大部分返乡创业农民工有过放弃的想法,认为返乡创业难度较大,并且认为提升创业心理素质十分重要。四是差异分析的结果表明,年龄对创业坚持行为有显著影响,有无创业培训经验对创业心理资本有显著正向影响,而且创业类型也会显著影响创业心理资本及社会支持情况。五是返乡创业农民工所面临的问题为返乡创业企业规模小、资金持续支持能力弱、返乡创业农民工自身心理和能力素质不高、政策与机构支持不到位等。

第三,创业心理资本对创业坚持行为影响的模型构建与验证。一是本书构建了创业心理资本对创业坚持行为影响的模型,本书基于现有的创业理论、期望理论、社会认知理论、心理资本理论、后悔调节理论、社会支持理论的研究成果及访谈的结论,从创业心理资本视角探讨了创业坚持行为的形成与发展过程。本书通过理论梳理和访谈结论发现,创业心理资本各个子维度对创业坚持行为有重要影响。二是本书通过数据分析发现,创业认知在创业心理资本与创业坚持行为之间发挥中介作用;预期后悔在创业认知与创业坚持行为之间发挥调节作用与有调节的中介作用;社会支持在创业心理资本与创业坚持行为之间发挥调节作用与有调节的中介作用。据此本书构建了一个反映返乡创业农民工创业心理资本、创业认知、创业坚持行为、预期后悔及社会支持之间关系的理论模型。该模型无论是在研究对象、研究内容、研究方法上都具备一定的创新性。

第四，创业心理资本、创业认知、创业坚持行为之间关系的实证检验。本书以理论模型和样本数据为支撑，运用 Amos 21.0 软件，实证检验了创业心理资本与创业坚持行为之间的直接与间接关系，具体如下。一是创业心理资本显著促进创业坚持行为，其中创业激情发挥的正向作用最大，其次为创业幸福感、创业自我效能、创业韧性、创业乐观。二是创业心理资本对创业认知有显著积极作用的假设得到大部分支持，其中创业自我效能、创业幸福感对创业认知的正向作用显著；创业激情显著正向作用于创业意向脚本和创业能力脚本，对创业准备脚本作用不显著；创业韧性显著正向作用于创业意向脚本，对创业准备脚本、创业能力脚本作用不显著；创业乐观对创业认知各维度的正向作用均不显著。三是创业认知对创业坚持行为的正向作用显著，相对于创业准备脚本，创业意向脚本、创业能力脚本对创业坚持行为的正向作用更显著。四是创业认知在创业心理资本与创业坚持行为之间发挥显著中介作用。其中，创业准备脚本、创业意向脚本、创业能力脚本均发挥显著中介作用，而且三者发挥中介作用的差异不显著。

第五，预期后悔、社会支持调节作用的实证检验。本书以理论模型和样本数据为支撑，运用 Spss 24.0 的 Bootstrap process 程序对预期后悔和社会支持的调节作用进行了实证检验，结果显示如下。一是预期后悔在创业认知与创业坚持行为之间发挥正向调节作用的假设没有得到完全支持，其中预期后悔在创业认知中的创业能力脚本与创业坚持行为之间发挥的正向调节作用显著，而预期后悔在创业认知中的创业准备脚本、创业意向脚本与创业坚持行为之间均未发挥正向调节作用。此外，本书运用 Processing 程序对预期后悔有调节的中介效应进行验证，在预期后悔调节下，创业认知的中介作用不显著。二是社会支持在创业心理资本和创业坚持行为之间起显著正向调节作用的假设完全成立。其中家庭支持发挥的调节作用最大，然后是机构支持，最后是自伙伴支持。此外，本书利用 Processing 程序对社会支持有调节的中介效应进行了检验，实证结果表明，在家庭支持调节下，创业准备脚本、创业意向脚本、创业能力脚本的中介效应显著；在伙伴支持调节下，创业认知各维度的中介效应依然显著；在机构支持调节下，创业认知各维度的中介效应也是显著的。

第六，创业人力资本对创业坚持行为影响的模型构建与验证。本书以人力资本理论、期望理论、社会支持理论为基础梳理了创业人力资本对创业坚持行为产生影响所涉及的相关变量的逻辑关系并构建了理论模型。本书以创业能力为中介变量，以家庭支持为调节变量，构建了"人力资本—创业能力—创业坚持行为"的研究框架，并开展了实证研究。本书通过对310位返乡农民工创业者的调查研究得出以下结论。一是人力资本对创业坚持行为有显著正向影响，也就是说在返乡创业过程中，拥有丰富人力资本的返乡农民工创业者更愿意坚持创业。二是人力资本对创业能力有显著正向影响，也说是说返乡农民工创业者的人力资本越丰富，其创业能力水平越高。三是创业能力对创业坚持行为有显著正向影响，创业能力水平越高，越能驱使返乡农民工创业者克服困难，坚持他们从事的返乡创业活动，并且其在人力资本和创业坚持行为之间起部分中介作用。具有丰富人力资本的返乡农民工创业者有一定的先前经验和创业所需的技能和知识，能够推动其创业能力的优化，进而使得返乡农民工创业者能够坚持创业。四是家庭支持正向调节创业能力和创业坚持行为的关系，家庭支持程度越高的返乡农民工创业者，创业能力对创业坚持行为的促进作用越强，而且家庭支持调节了创业能力在人力资本与创业坚持行为之间发挥的部分中介作用。

第七，创业社会资本对创业坚持行为影响的模型构建与验证。在已有的社会资本、社会支持和创业认同理论的基础上，本书以"环境—认知—行为"的逻辑框架为指导，研究了社会资本如何通过社会支持和创业认同的中介作用影响创业坚持行为。具体而言，本书考察了社会支持和创业认同在社会资本与创业坚持行为之间的链式中介效应。本书通过对344位返乡农民工创业者的调查研究,得出以下结论。一是社会资本对创业坚持行为有显著正向影响,也就是说不论是强关系带来的结合型社会资本还是弱关系带来的桥接型社会资本,均能促进返乡农民工创业坚持行为。二是社会资本可以部分通过社会支持影响创业坚持行为,社会资本越多,越容易使返乡农民工创业者在返乡创业过程获得情感、信息、资源支持,越能使返乡创业者克服创业过程中的风险和困难,减少压力继而促进其创业坚持行为。三是社会资本能够部分通过创业认同影响创业坚持行为,也就是说,返乡农民工创业者的社会资本越多,越有利于激发其创业热情和对创业者身份的认同感,继而坚持创业。四是社会支持和创业认同在社会资本与创业坚持行为之间发挥链式中介作用,社会资本丰富的返乡农民工创业者,在返乡创业过程中更容易获得社会支持,更容易克服障碍与挑战,其对创业活动的信心和决心更坚定,使其更愿意投入持续的创业活动中。

第八,返乡农民工三维创业资本的协同关系。三维创业资本在每个返乡创业农民工的身上都不是孤立存在的,它们彼此是相互影响、相互促进的关系,对其创业活动的发展发挥着协同作用。一是创业心理资本对创业社会资本的巩固协同。积极的创业心理资本对返乡创业农民工的社会资本起着正向促进作用,一方面,拥有积极创业心理资本的返乡创业农民工会更加积极主动、有意识地拓展自己的社会关系网络和获得社会支持,以积累更多的社会资本,赢得更多的创业机会。另一方面,创业心理资本通过"涟漪效应"间接地影响创业社会资本的形成与拓展。二是创业心理资本对创业人力资本的巩固协同。创业心理资本一方面决定着创业人力资本的水平和层次。另一方面,创业心理资本能够激发个人的潜能,使之更好地发挥创业人力资本的作用。三是创业人力资本对创业社会资本的巩固协同。对于返乡农民工创业者而言,一方面,创业人力资本可以外化为创业社会资本。创业人力资本的积累不仅可以帮助返乡创业农民工建立更广泛的人际关系网络,扩大创业社会资本的来源,而且可以提高返乡农民工创业者的社会认可度和信誉度，进一步扩大创业社会资本。同时，创业人力资本的积累还可以促进返乡农民工创业者与其他创业者和企业家之间的合作交流，进一步扩大创业社会资本。另一方面，个体创业人力资本的存量越多，其能够拓展的社交关系网络的范围越广，以及能够联系到具有更高身份地位的社会关系网络成员的概率越大，就越能融入更加丰富和多样化的社会资本中。四是创业人力资本对创业心理资本的巩固协同。创业人力资本的积累可以增强他们的自我效能感和创业动机，为创业者提供信心和动力，从而促进创业心理资本的积累。五是创业社会资本对创业人力资本的巩固协同。创业社会资本可以为返乡农民工创业者提供所需的资源和信息，帮助其更好地应对创业过程中的挑战和困难；创业社会资本可以为返乡农民工创业者提供所需的人际关系和社会支持；返乡农民工创业者的社会资本可以创造提升创业人力资本所必需的场域；返乡农民工创业者的社会资本有助于限制机会主义行为的发生。六是创业社会资本对创业心理资本的巩固协同。一方面，社会支持效应指的是返乡农民工创业者在创业社会资本的支持下，能够更加自信地应对挑战和压力，从而增强其创业心理资本。另一方面，社会缓冲效应指的是创业社会资本可以缓解返乡创业农民工在创业过程中可能遭遇的挫折和失败对其创业心理资本的负面影响。

第九，提出促进返乡创业农民工创业坚持行为的内部驱动与外部支持的对策建议。根据全书理论研究及创业资本对创业坚持行为影响的实证研究结果，本书从返乡创业农民工个体内部驱动的七个方面与外部支持的四个方面共十一个方面探索在中国返乡创业情境下，促进返乡创业农民工创业坚持行为的对策，以期为返乡创业农民工创业成功及持续经营提供理论指导与对策建议。

10.2 研究不足

尽管本书力求创新、精确，构建了系统的创业资本与创业坚持行为之间关系的结构方程模型，得出了较为丰富的研究成果，但依然存在研究不足之处，主要表现在研究内容、研究方法、研究样本方面存在一些局限性。

第一，研究内容的局限性。一是，目前，创业坚持行为的结果变量尚未得到充分研究。尽管理论与实践均强调创业坚持行为对创业成功的重要性，但现有研究多聚焦于创业坚持行为的形成路径，而对其结果的探讨相对不足，多着眼于创业坚持行为的积极影响，未充分考虑其潜在的消极作用。事实上，盲目的创业坚持行为可能会给创业者带来显著的财务与情感成本。未来研究可以探索如何拒绝盲目的创业坚持行为。二是，本书主要分析创业心理资本、创业人力资本、创业社会资本分别对创业坚持行为的作用机理，尚未结合创业社会资本、创业人力资本、创业经济资本对创业坚持行为的影响开展综合研究。三是，除了创业认知、创业能力、创业认同、社会支持之外，创业资本对创业坚持行为的影响是否存在其他路径，有待深入挖掘。另外，返乡农民工创业者自身的创业心理资本、创业人力资本和创业社会资本并非一成不变，它将随着创业者创业周期的变化而变化。因此，创业者应从企业生命周期视角出发，优化上述资本的配置。

第二，研究方法的局限性。一是变量自我评估或者自我汇报的测量方式可能存在主观性问题。在已有创业研究中，对微观个体的创业动态及创业行为主要采用自我评估或者自我汇报的测量方式，因此本书中所有量表均是采用自我汇报的多题目测量的方式，尽管变量通过了统计意义上的检验，但是对返乡创业农民工的创业状态、行为的真实含义的表述可能还是无法像案例研究那样清晰。二是本书主要采用定量的静态研究方法。囿于研究方法的可行性以及研究数据的可获得性，本书并未针对返乡农民工创业者的创业心理资本、创业人力资本、创业社会资本对创业坚持行为在远期的作用趋势进行分析。本书基于先前文献和访谈结论，设计研究模型和测量量表，以增强研究结果的可靠性、全面性。同时，运用大样本对研究假设进行验证，这种以定量和实证为主的研究方法是在个体创业领域普遍应用的静态研究方法，其有助于揭示相关因素对创业者行为的影响性质与程度，但是却难以刻画出行为变化过程的动态规律。

第三，研究样本的局限性。本书的数据收集时间和范围较窄，样本主要来自福建省各个市县的部分乡（镇），尚未覆盖到全国，尤其是中国农村中、东、西部，不同地域情况差异很大，返乡创业农民工分层也比较明显，目前的样本较为局限，研究结论和政策操作性可能会受影响。

10.3 研究展望

立足研究局限，未来研究可着重从以下方面加以改善。

第一，研究内容的进一步深入。一是分析创业坚持行为的结果，尤其是能够从创业坚持行为的正面和负面影响两个角度进行分析。一方面可以重点考虑将创业成功、创业绩效纳入研究模型。另一方面，也可探索构建"放弃指标"体系，引导返乡创业农民工依据客观数据验证并修正预期，进而提高其决策的科学性和准确性。二是分析不同类型的创业资本对创业坚持行为的综合影响，并进行对比分析。三是可以探索其他中介变量，如商业模式、创业学习等变量是否可以在创业资本与创业坚持行为之间发挥中介作用。

第二，将定性与定量研究相结合。未来研究可以更多地考虑时间因素，将开展动态定性研究与静态定量研究相结合。在定性研究方面可以考虑以下视角：一是采用动态研究方法或者实验研究法对返乡创业农民工的心理状态和行为进行测量，以便更真实、准确、细致地刻画其创业心理资本、创业认知、创业坚持行为的情况。二是采用案例研究方法。案例研究方法有利于深入分析返乡创业农民工实施创业坚持行为的具体过程，以便更好地剖析返乡创业坚持行为实施过程中的一般规律。三是后续研究可以适当采用以多重共线性分析为核心的动态分析模型，以系统地研究初创企业在初生期、成长期、成熟期等不同的生命周期阶段中，返乡农民工创业者自身心理资本、人力资本与社会资本对其创业坚持行为以及创业绩效影响的变化情况。

第三，扩充取样的地域范围。未来研究可以着重在中国东部、中部、西部不同地区开展样本收集，要尽可能地同时涵盖返乡创业很活跃的东部地区、较活跃的中部地区、不太活跃的西部地区，甚至可以开展不同民族地区返乡创业农民工的相关差异比较研究。

参考文献

1. 中文参考文献

蔡莉，单标安，2013. 中国情境下的创业研究：回顾与展望［J］. 管理世界（12）：160-169.

蔡莉，黄贤凤. 2016. 西方创业行为研究前沿回顾及对我国众创的展望［J］. 科学学与科学技术管理，37（8）：34-46.

蔡莉，汤淑琴，马艳丽，等，2014. 创业学习、创业能力与新企业绩效的关系研究［J］. 科学学研究，32（8）：1189-1197.

蔡莉，于海晶，杨亚倩，等，2019. 创业理论回顾与展望［J］. 外国经济与管理，41（12）：94-111.

曹宗平，2018. 多重风险维度下农民工返乡创业问题研究［J］. 贵州社会科学（11）：162-168.

曹宗平，2019. 返乡农民工进入农业领域创业的风险类别与化解对策［J］. 中州学刊（4）：38-44.

曹宗平，2019. 经济新常态下农民工返乡创业的多重动因与特殊作用［J］. 广东社会科学（3）：23-30，254.

陈东勤，王碗，2018. 返乡创业农民工与三维资本理论关系研究［J］. 中国成人教育（14）：149-153.

陈建安，2019. 创业成长抱负：研究综述与展望［J］. 经济管理，41（2）：191-208.

陈娟娟，李惠萍，杨娅娟，等，2019. 家庭韧性对癌症患者心理韧性的影响：领悟社会支持和生命意义感的链式中介作用［J］. 中国临床心理学杂志，27（6）：1205-1209.

陈梦妍，刘静，马红玉，等，2019. 新生代农民工心理资本、创业机会识别对创业绩效的影响研究［J］. 四川文理学院学报，29（2）：103-110.

陈明，张姝骁，2016. 女性创业者的创业动机对创业承诺的影响研究［J］. 当代财经（12）：77-84.

陈雄鹰，邹建刚，任启敏，等，2018. 我国农民工返乡创业影响因素研究的回顾与展望［J］. 北京联合大学学报（人文社会科学版），16（3）：86-99.

陈阳阳，2018. 创业失败经历、创业能力与后续创业企业成长绩效关系研究［D］. 长春：吉林大学.

程聪，2015. 创业者心理资本与创业绩效：混合模型的检验［J］. 科研管理36（10）：85-93.

程族桁，廖真珍，谭海娟，2017. 高校大学生创业自我效能感与心理韧性的关系探究［J］. 人才资源开发（21）：29-30.

丁明磊，杨芳，王云峰，2009. 试析创业自我效能感及其对创业意向的影响［J］. 外国经济与管理，31（5）：1-7.

董保宝，2014. 创业研究在中国：回顾与展望［J］. 外国经济与管理，36（1）：73-81.

董静，赵策，2019. 不同社会网络关系对农民创业意愿的影响［J］. 求索（2）：56-65.

杜柏玲，2010. 预期后悔研究的回顾与展望［J］. 齐齐哈尔大学学报（哲学社会科学版）（2）：31-33.

段春晓，2019. 感恩与生命意义感的关系：主观幸福感和领悟的社会支持的链式中介作用［D］. 长春：吉林大学.

甘宇，邱黎源，胡小平，2019. 返乡农民工人力资本积累与创业收入的实证分析——来自三峡库区的证据［J］. 西南民族大学学报（人文社科版），40（3）：107-113.

高红梅，张燕，许燕，等，2013. 后悔的内部发展过程：影响因素、后效及研究展望［J］. 心理学探新，33（2）：110-117.

高娜，江波，2014. 创业心理资本量表的初步编制［J］. 牡丹江师范学院学报（哲学社会科学版）（2）：127-129.

高鹏，杜建国，聂佳佳，等，2018. 消费者后悔预期对再制造供应链质量决策的影响［J］. 管理评论，30（11）：234-246.

龚军姣，2011. 创业活跃区农民人力资本与心理资本对创业决策的影响［J］. 经济纵横（12）：125-129.

龚亮华，杨杰，2021. 砥砺前行或中道而弃：创业逆境的认知效应及其对创业坚持的影响研究［J］. 科学学与科学技术管理，42（12）：49-63.

龚亮华，杨杰，梅小安，2019. 创业韧性：研究述评与展望［J］. 社会科学家（2）：57-67.

关培兰，罗东霞，2009. 女性创业者积极心理资本与创业发展［J］. 经济管理，31（8）：81-88.

郭彤梅，郭秋云，孟利兵，等，2019. 知识型员工心理资本和创新绩效的关系研究［J］. 经济问题（10）：71-78.

郝喜玲，陈忠卫，刘依冉，2016. 创业失败学习内容的差异性及其根源［J］. 华东经济管理，30（3）：141-147.

郝喜玲，涂玉琦，刘依冉，2018. 失败情境下创业者韧性对创业学习的影响研究［J］. 管理学报，15（11）：1671-1678.

郝喜玲，张玉利，刘依冉，等，2018. 创业失败情境下的反事实思维研究框架构建［J］. 外国经济与管理, 40（4）: 3-15.

郝喜玲, 张玉利, 刘依冉, 等, 2018. 庆幸还是后悔: 失败后的反事实思维与创业学习关系研究［J］. 南开管理评论, 21（2）: 75-87.

何红光, 宋林, 2015. 大学生创业资本对创业绩效的影响［J］. 教育发展研究, 35（5）: 35-40.

何良兴, 张玉利, 宋正刚, 2017. 创业情绪与创业行为倾向关系研究［J］. 研究与发展管理, 29（3）: 13-20.

胡江霞, 文传浩, 2016. 人力资本、社会网络与移民创业绩效——基于三峡库区的调研数据［J］. 软科学, 30（3）: 36-40.

黄洁, 蔡根女, 买忆媛, 2010. 谁对返乡农民工创业机会识别更具影响力: 强连带还是弱连带［J］. 农业技术经济（4）: 28-35.

黄绍升, 闫春, 2022. 农村电商创业者人力资本、社会资本对创业绩效的交互影响——兼论节俭式创新的中介作用［J］. 农林经济管理学报, 21（4）: 395-404.

黄永春, 毛竹青, 苏德金, 等, 2020. 创业期望、风险恐惧与新生企业家的创业行为——基于调节聚焦理论［J］. 科研管理, 41（6）: 17-28.

黄祖辉, 宋文豪, 叶春辉, 等, 2022. 政府支持农民工返乡创业的县域经济增长效应——基于返乡创业试点政策的考察［J］. 中国农村经济（1）: 24-43.

姜乾金, 2001. 社会支持量表［J］. 行为医学量表手册（特刊）（10）: 41-42.

晋琳琳, 陆昭怡, 奚菁, 2014. 创业者的人格开放性对创业绩效的影响: 毅力的调节作用［J］. 科学学与科学技术管理, 35（8）: 115-124.

柯江林, 吴丹, 孙健敏, 2015. 心理资本对工作投入、主观幸福感与沉默行为的影响: 交互效应与效应比较［J］. 心理与行为研究, 13（6）: 804-810, 845.

乐章, 秦习岗, 2020. 创业资本与创业农民的创业收益［J］. 湖北省社会主义学院学报（1）: 68-74.

黎常, 朱玥, 王永跃, 2018. 创业激情对创业坚持行为的影响机制研究[J]. 科研管理, 39(9): 134-142.

李爱国, 曾宪军, 2018. 成长经历和社会支撑如何影响大学生的创业动机?——基于创业自我效能感的整合作用[J]. 外国经济与管理, 40(4): 30-42.

李海翔, 2012. 大学生心理资本对创业意愿的影响研究[D]. 西安: 西安工程大学.

李焕荣, 张兴, 张建平, 等, 2021. 坚持就是胜利吗?创业坚持的研究述评与展望[J]. 中国人力资源开发, 38(4): 6-24.

李慧慧, 黄莎莎, 孙俊华, 2022. 心理资本对创业坚持的影响——内在动机与创业榜样的调节作用[J]. 科技进步与对策, 39(22): 9-19.

李慧慧, 黄莎莎, 孙俊华, 等, 2022. 社会支持、创业自我效能感与创业幸福感[J]. 外国经济与管理, 44(8): 42-56.

李剑富, 江珊, 2018. 环境约束下大学生村官创业倾向的影响因素研究[J]. 农林经济管理学报, 17(2): 210-217.

李敏, 2015. 大众创业背景下农民工返乡创业问题探究[J]. 中州学刊(10): 79-82.

李彦娅, 谢庆华, 2019. 农民工返乡创业的动力机制研究——基于三次返乡创业高潮的调查[J]. 重庆社会科学(7): 99-110.

李永周, 阳静宁, 田雪枫, 2016. 科技创业人才的孵化网络嵌入、创业效能感与创业绩效关系研究[J]. 科学学与科学技术管理, 37(9): 169-180.

李祖民, 张忠梅, 2017. 返乡农民工创业成功度EHSP影响实证分析[J]. 统计与决策(7): 103-105.

梁群君, 武碧云, 林妙莲, 等, 2017. 毕业生未来时间洞察力对主观幸福感的影响: 社会支持和职业决策自我效能感的多重中介效应[J]. 中国临床心理学杂志, 25(6): 1147-1151.

林筠, 韩鑫, 张敏, 2017. 结合型与桥接型社会资本对双元创新的影响[J].

科学学研究，35（10）：1557-1566．

刘凤，余靖，明翠琴，2020．灾害情境下韧性与创业意愿的实证研究——基于汶川地震十周年调查［J］．科学学研究，38（8）：1428-1435+1480．

刘凤军，孟陆，段珅，等，2021．搜索成本与消费者预期后悔悖论研究——基于"U"型曲线假说及验证［J］．管理工程学报，36（4）：1-15．

刘景江，刘博，2014．情境性调节焦点、即时情绪和认知需要对技术创业决策的影响［J］．浙江大学学报（人文社会科学版），44（5）：110-120．

刘新民，张亚男，范柳，2020．创业认知、创业教育对创业行为倾向的影响——基于CSM的实证研究［J］．软科学，34（9）：128-133．

刘馨怡，翁贞林，张梦玲，2019．创业支持对农民大学生创业意愿的影响机理——基于创业自我效能感的中介效应［J］．湖南农业大学学报（社会科学版），20（1）：82-88．

刘志侃，程利娜，2019．家庭经济地位、领悟社会支持对主观幸福感的影响［J］．统计与决策，35（17）：96-100．

柳青，蔡莉，单标安，等，2010．中国创业研究回顾与展望——研究主题、研究方法和分析层次［J］．科学学与科学技术管理，31（4）：66-71

鲁喜凤，郭海，2018．机会创新性、资源整合与新企业绩效关系［J］．经济管理，40（10）：44-57．

罗竖元，2017．农民工市民化意愿的模式选择：基于返乡创业的分析视角［J］．南京农业大学学报（社会科学版），17（2）：70-81．

罗翼丰，2018．创业团队嵌入性对创业绩效的影响机制研究——创业坚持和创业导向的中介作用［D］．厦门：厦门大学．

吕斐斐，邓艳斌，贺小刚，2017．家族期望与创业坚持：参考点影响效应研究［J］．南开管理评论，20（5）：41-55，68．

吕斐斐，张可，朱丽娜，等，2020．经济期望、家族情感依恋与创业坚持的关系研究［J］．管理学报，17（3）：394-401．

吕惠明，王亚南，2021．社会网络对农民工创业绩效的影响研究——基于创业能力的中介作用[J]. 宁波大学学报（人文科学版），34（1）：95-102.

吕培瑶，2010. 关于社会支持理论研究的综述[J]. 时代教育（教育教学）（4）：109-113.

马红玉，王转弟，2018. 社会资本、心理资本对农民工创业绩效影响研究——基于陕西省889份农户调研数据[J]. 农林经济管理学报，17（6）：738-745.

马娟娟，2020. 创业团队社会资本对创业坚持行为的影响[D]. 上海：上海师范大学.

马蓝，杨红，茹东燕，等，2020. 创业经验与创业导向对企业竞争优势的影响研究——基于双元机会开发的视角[J]. 技术经济与管理研究（11）：38-44.

马欣悦，石伟平，2018. 返乡创业农民工心理资本提升的职业教育路径与策略[J]. 中国职业技术教育（26）：20-25.

买忆媛，辜雪娜，陈懿龟，2011. 同群效应对创业路径选择的影响[J]. 技术经济，30（5）：33-38，99.

苗青，2005. 基于认知的中小企业创业研究[J]. 人类工效学（1）：66-68.

木志荣，2007. 国外创业研究综述及分析[J]. 中国经济问题（6）：53-62.

牛芳，张玉利，田莉，2012. 创业者的自信、乐观与新企业绩效——基于145家新企业的实证研究[J]. 经济管理（1）：83-93.

戚迪明，刘玉侠，2018. 人力资本、政策获取与返乡农民工创业绩效——基于浙江的调查[J]. 浙江学刊（2）：169-174

祁伟宏，张秀娥，李泽卉，2017. 创业者经验对创业机会识别影响模型构建[J]. 科技进步与对策，34（15）：136-140.

秦颖，何慧敏，文革，2023. 心理资本与社会资本对返乡农民创业绩效的影响研究——基于四川省样本数据[J]. 西南大学学报（自然科学版），45（7）：45-56.

芮正云，方聪龙，2017. 新生代农民工创业韧性的影响机理研究——基于创业资本维度的作用差异视角［J］．社会科学（5）：54-60．

芮正云，马喜芳，2021．创业者跨界能力与创业质量关系研究［J］．科学学研究，39（7）：1277-1284．

芮正云，史清华，2018．中国农民工创业绩效提升机制：理论模型与实证检验——基于"能力—资源—认知"综合范式观［J］．农业经济问题（4）：108-120．

宋国学，2019．创业韧性：概念，测量与影响［J］．商业经济与管理，39（2）：22-29．

隋雪，高淑青，王娟，2010．情绪影响认知实验研究的进展［J］．辽宁师范大学学报（社会科学版），33（2）：55-58．

汤淑琴，蔡莉，陈娟艺，等，2015．经验学习对新企业绩效的动态影响研究［J］．管理学报（8）：1154-1162．

唐靖，姜彦福，2007．初生型创业者职业选择研究：基于自我效能的观点［J］．科学学与科学技术管理（10）：180-185．

田莉，龙丹，2009．创业过程中先前经验的作用解析——最新研究成果评述［J］．经济理论与经济管理（11）：41-45．

田莉，张玉利，2018．创业者的工作家庭冲突——基于角色转型的视角［J］．管理科学学报，21（05）：90-110．

田硕，申晴，2015．心理资本与创业能力关系的实证研究［J］．创新与创业教育，6（5）：13-19．

汪昕宇，陈雄鹰，邹建刚，等，2018．我国农民工返乡创业影响因素研究的回顾与展望［J］．北京联合大学学报（人文社会科学版），16（3）：86-99．

王洁琼，孙泽厚，2018．新型农业创业人才三维资本、创业环境与创业企业绩效［J］．中国农村经济（2）：81-94．

王巧然，陶小龙，2016．创业者先前经验对创业绩效的影响——基于有中介的调节模型［J］．技术经济，35（6）：24-34．

王瑞尧，2022．基于社会支持的创业韧性驱动因素研究——评《基于青年公益创业能力提升的社会支持体系研究》[J].科技管理研究,42(2):253.

王晓明,2018.基于返乡农民工创业资本困境的职业教育支持路径研究[J].教育与职业(21):20-26.

王肖芳,2018.农民工返乡创业集群驱动乡村振兴:机理与策略[J].南京农业大学学报(社会科学版),18(6):101-108.

王秀峰,2016.创业者行为研究文献综述——连接创业者个体因素与创业过程及结果[J].科学学与科学技术管理,37(8):3-19.

王学军,王春国,2020.创业压力与退出意愿——创业激情的中介作用与社会支持的调节效应[J].经济管理,42(3):40-54.

王彦青,2020.农民工返乡创业的实践困境及其政策与理论反思[J].云南行政学院学报,22(4):81-85.

韦雪艳,王重鸣,段锦云,2012.民营企业家社会支持与职业倦怠的关系研究[J].重庆大学学报(社会科学版),18(4):33-37.

魏江,权予衡,2014."创二代"创业动机、环境与创业幸福感的实证研究[J].管理学报,11(9):1349-1357.

魏乾梅,2012.论创业女性人力资本协同开发研究[J].山西财经大学学报,34(S3):130-131.

文革,何慧敏,秦颖,2023.心理资本与社会资本对返乡农民创业绩效的影响研究——基于四川省样本数据[J].西南大学学报(自然科学版),45(7):45-56.

翁贞林,张梦玲,刘馨怡,2019.创业支持对农民大学生创业意愿的影响机理——基于创业自我效能感的中介效应[J].湖南农业大学学报(社会科学版),20(1):82-88.

毋靖雨,2019.乡村振兴战略背景下大学生返乡创业的社会支持体系构建[J].教育与职业(15):79-84.

吴明隆,2013.结构方程模型:Amos实务进阶[M].重庆:重庆大学出版社．

吴能全，李芬香，2020．创业者心理资本、人力资本与社会资本对其创业能力的影响研究——基于结构方程模型的分析［J］．湖南大学学报（社会科学版），34（4）：39-46．

谢桂花，王林萍，2021．社交媒体嵌入对创业型领导者动态能力的双重影响路径研究［J］．领导科学（16）：78-81．

谢雅萍，叶丹容，2018．创业激情实证研究现状评析与未来展望［J］．太原理工大学学报（社会科学版），36（3）：42-49．

谢雅萍，于彩云，陈睿君，2018．创业情绪、创业认知与创业决策［J］．太原理工大学学报（社会科学版），36（1）：57-62．

徐小凤，李苗苗，关浩光，等，2021．家庭和谐对员工韧性的影响：自我效能感与社会支持的作用［J］．中国人力资源开发，38（6）：68-78．

许明，2020．外出务工经历与返乡农民工创业成功率——基于倾向得分匹配法的反事实估计［J］．首都经济贸易大学学报，22（4）：70-79．

宣星宇，2017．创业学习对创业坚持的影响研究［D］．太原：山西财经大学．

薛红志，王迎军，田莉，2009．创业者先前工作经验与新企业初期绩效关系研究［J］．科学学研究，27（6）：896-903．

薛继东，王娜，2021．连续创业者创业认知演进与创业有效性——基于"机会－能力"匹配的纵向多案例研究［J］．管理案例研究与评论，14（1）：37-49．

薛宪方，郭晗，吕晓颖，等，2020．创业者元认知监控对创业成功的影响：以差错学习为中介［J］．浙江理工大学学报（社会科学版），44（1）：9-15．

薛永基，马奔，2014．集体林权改革后林区农民创业意向影响因素的实证研究——个体特征与环境认知视角［J］．林业经济问题，34（1）：50-55．

严瑜，吴艺苑，郭永玉，2014．基于认知和情绪反应的工作场所无礼行为发展模型［J］．心理科学进展，22（1）：150-159．

杨昊, 贺小刚, 杨婵, 2019. 异地创业、家庭支持与经营效率——基于农民创业的经验研究[J]. 经济管理, 41 (2): 36-54.

杨俊, 张玉利, 刘依冉, 2015. 创业认知研究综述与开展中国情境化研究的建议[J]. 管理世界 (9): 158-169.

杨特, 赵文红, 周密, 2018. 网络规模对创业资源获取的影响: 创业者先前经验的调节作用[J]. 科技进步与对策 (2): 1-9.

杨熙, 2018. 青年创业者的积极创业心理构建及教育指导[J]. 中国青年研究 (9): 115-119.

杨学儒, 邹宝玲, 2018. 模仿还是创新: 互联网时代新生代农民工创业机会识别实证研究[J]. 学术研究 (5): 77-83.

杨燕, 2020. 乡村振兴背景下基于返乡创业农民工的新型职业农民培训[J]. 成人教育, 40(4): 33-36.

姚上海, 2012. 民族地区农民工返乡创业行为理论及实证研究[M]. 广州: 世界图书出版广东有限公司.

叶俊杰, 2006. 领悟社会支持、实际社会支持与大学生抑郁[J]. 心理科学 (5): 1141-1143, 1131.

易朝辉, 罗志辉, 兰勇, 2018. 创业拼凑、创业能力与家庭农场创业绩效关系研究[J]. 农业技术经济 (10): 86-96.

于晓宇, 孟晓彤, 蔡莉, 等, 2018. 创业与幸福感: 研究综述与未来展望[J]. 外国经济与管理, 40 (8): 30-44.

岳园园, 万丛颖, 赵婷, 2018. 创业与农民工幸福感关系研究——基于CFPS数据的研究[J]. 安徽师范大学学报 (人文社会科学版), 46 (5): 55-63.

张浩, 孙新波, 张雨, 等, 2018. 揭开创业机会识别的"红盖头"——基于反事实思维与创业机会识别的实证研究[J]. 科学学研究, 36 (2): 296-303.

张宏如, 李祺俊, 高照军, 2019. 新就业形态员工心理资本、目标导向对创业行为倾向的影响[J]. 福建论坛 (人文社会科学版)(11): 161-170.

张宏如，刘艳，彭伟，2018. 心理资本对创业精神的影响——基于新生代农民工的实证分析[J]. 中国科技论坛（5）：151-157.

张宏如，王北，彭伟，等，2018. 创业环境、创业认知与创业胜任力：一个新生代农民工创业促进的理论框架[J]. 浙江社会科学（8）：83-88，157-158.

张结海，1999. 后悔的一致性模型：理论和证据[J]. 心理学报，31（4）：451-459.

张静宜，李睿，陈传波，2021. 先前经验、政策支持与返乡创业机会识别[J]. 调研世界（9）：32-38.

张铭，胡祖光，2013. 企业家心理资本与创业管理[J]. 社会科学家（9）：64-66，74.

张强强，吴溪溪，马红玉，2022. 三维资本如何提升农民创业绩效——创业学习和创业机会识别的链式中介作用[J]. 农业经济与管理（3）：28-41.

张秀娥，2018. 创业自我效能感对创业坚持的作用机制[J]. 社会科学家（8）：24-30.

张秀娥，方卓，毛刚，2015. 基于信息生态学的创业认知边界研究[J]. 科技进步与对策，32（15）：91-97.

张秀娥，李梦莹，2019. 创业激情对创业成功的影响：一个有调节的中介效应模型[J]. 华东经济管理，33（9）：153-160.

张秀娥，李梦莹，2020. 创业韧性的驱动因素及其对创业成功的影响研究[J]. 外国经济与管理，42（8）：96-108.

张秀娥，李梦莹，2019. 社会支持对创业坚持的影响研究[J]. 科学学研究，37（11）：2008-2015.

张秀娥，李梦莹，2021. 创业激情对创业成功的作用机制研究[J]. 科研管理，42（9）：120-126.

张秀娥，张梦琪，王丽洋，2015. 返乡农民工创业企业成长路径选择及其启示[J]. 山东社会科学（4）：143-147.

张秀娥，张梦琪，王丽洋，2015. 社会网络对新生代农民工创业意向的影响机理研究[J]. 华东经济管理，29（6）：10-16.

张玉利，王北，彭伟，等，2018. 创业环境、创业认知与创业胜任力：一个新生代农民工创业促进的理论框架[J]. 浙江社会科学（8）：83-88.

张玉利，王晓文，2011. 先前经验、学习风格与创业能力的实证研究[J]. 管理科学，24（3）：1-12.

张玉利，薛红志，杨俊，2007. 论创业研究的学科发展及其对管理理论的挑战[J]. 外国经济与管理（1）：1-9.

张玉利，杨俊，任兵，2008. 社会资本、先前经验与创业机会——一个交互效应模型及其启示[J]. 管理世界（7）：91-102.

赵德昭，2016. 农民工返乡创业绩效的影响因素研究[J]. 经济学家（7）：84-91.

赵佳佳，魏娟，刘军弟，等，2020. 信任有助于提升创业绩效吗？——基于876个农民创业者的理论探讨与实证检验[J]. 中国农村观察（4）：90-108.

赵敏慧，刘伟江，孙聪，2019. 创业激情对创业成功的影响——基于有调节的中介效应模型[J]. 技术经济与管理研究（11）：26-34.

赵文红，孙卫，2012. 创业者认知偏差与连续创业的关系研究[J]. 科学学研究，30（7）：1063-1070.

赵文红，王垚，孙万清，2014. 连续创业研究现状评价与未来展望[J]. 管理学报，11（2）：293-301.

郑可，王雨林，卢毅，等，2019. 基于扎根理论的新农人创业认知特征识别[J]. 科学学研究，37（12）：2222-2230.

郑山水，2017. 强弱关系、创业学习与农民工返乡创业绩效[J]. 西部论坛，27（3）：25-33.

郑永君，2016. 生计风险约束下的返乡农民工创业实践——基于川北返乡农民工创业案例的比较[J]. 南京农业大学学报（社会科学版），

16（3）：55-65.

周冬梅，陈雪琳，杨俊，等，2020. 创业研究回顾与展望［J］. 管理世界，36（1）：206-225.

周小虎，姜凤，陈莹，2014. 企业家创业认知的积极情绪理论［J］. 中国工业经济（8）：135-147.

朱承亮，雷家骕，2020. 中国创业研究70年：回顾与展望［J］. 中国软科学（1）：11-20.

朱小麟，2011. 预期后悔、归因风格对购买决策中信息加工的影响［J］. 山东师范大学学报（人文社会科学版），56（3）：94-97.

2. 外文参考文献

ABDALLAH A A, SULAIMN N N, 2013. Factors that influence the interest of youths in agricultural entrepreneurship［J］. International Journal of Business and Social Science, 4(3): 288-302.

ABRAHAM C, SHEERAN P, 2003. Acting on intentions: The role of anticipated regret［J］. British Journal of Social Psychology, 42(4): 495-511.

ACS Z J, AUDRETSCH D B, 2010. Entrepreneurial human capital and the growth of high-technology start-ups［J］. International Journal of Technology Management, 51(3/4): 321-341.

ADOMAKO S, DANSO A, UDDIN M, et al, 2016. Entrepreneurs' optimism, cognitive style and persistence［J］. International Journal of Entrepreneurial Behavior & Research, 22(1): 84-108.

AHMAD N H, RAMAYAHT, WILSON C, et al, 2010. Is entrepreneurial competency and business success relationship contingent upon business environment? :a study of Malaysian SMEs［J］. International Journal of Entrepreneurial Behaviour & Research, 16(3-4): 182-203.

AIDIS R, ESTRIN S, MICKIEWICZ T, 2012. Institutions and entrepreneurship development in Russia: a comparative perspective [J]. Journal of Business Venturing, 27(6): 656-672.

AJZEN I, SHEIKH S, 2013. Action versus inaction: anticipated affect in the theory of planned behavior [J]. Journal of Applied Social Psychology, 43(1): 155-162.

ALDRICH H E, ZIMMER C, 1986. Entrepreneurship through social networks. [C] //The Art and Science of Entrepreneurship. Cambridge, Mass: Ballinger.

AMADI U P, 2012. Agricultural entrepreneurship development for youth empowerment in Nigeria: constraints and Initiatives for Improvement [J]. Journal of Educational and Social Research, 2(10): 107-114.

AMANKWAH-AMOAH J, 2017. Revitalising serial entrepreneurship in sub-Saharan Africa: insights from a newly emerging economy [J]. Technology Analysis and Strategic Management, 30(5), 499-511.

ANDERSON A, PARK J, JACK S, 2006. Entrepreneurial social capital: conceptualizing social capital in new high-growth firms [J]. International Journal of Entrepreneurship and Innovation Management, 6(3-4): 267-284.

ANDRIC M, BIRD M, HELLERSTEDT K, 2019. The impact of entrepreneurs' life events on entrepreneurial ventures' performance [J]. Babson College Entrepreneurship Research (8): 1-22.

ARENIUS P, CLERCQ D D, 2005. A network-based approach on opportunity recognition [J]. Small Business Economics, 24(3): 249-265.

AVEY J B, LUTHANS F, JENSEN S M, 2009. Psychological capital: a positive resource for combating employee stress and turnover [J]. Human Resource Management, 48(5): 677-693.

AVEY J B, LUTHANS F, YOUSSEF C M, 2015. Psychological capital and well -

being [J]. Stress and Health, 31(3): 180-188.

AVEY J B, REICHARD R J, LUTHANS F, et al, 2011. Meta-analysis of the impact of positive psychological capital on employee attitudes, behaviors, and performance [J]. Human Resource, 22(2): 127-152.

AZOULAY P, ZIVIN J G, 2005. The impact of academic patenting on the rate, quality, and direction of (public) research output [J]. Annales d'Économie et de Statistique, 9(80): 33-62.

BABALOLA S S, 2009. Women entrepreneurial innovative behaviour: the role of psychological capital [J]. International Journal of Business and Management, 4(11): 184-192.

BABBIE E R, 2009. The practice of social research [M]. Stanford: Cengage Learning Custom Publishing.

BALUKU M M, KIKOOMA J F, KIBANJA G M, 2016. Psychological capital and the startup capital-entrepreneurial success relationship [J]. Journal of Small Business & Entrepreneurship, 28(1): 27-54.

BALUKU M M, KIKOOMA J F, KIBANJA G M, 2016. Psychological capital and the startup capital-entrepreneurial success relationship [J]. Journal of Small Business & Entrepreneurship, 12(1): 22-43.

BANDURA A, 1986. Social foundations of thought and action [M]. Englewood Cliffs: Prentice-Hall: 523-582.

BANDURA A, ADAMS N E, BEYER J, 1977. Cognitive processes mediating behavioral change [J]. Journal of Personality and Social Psychology, 35(3): 125-139.

BARON R A, 1998. Cognitive mechanisms in entrepreneurship: why and when entrepreneurs think differently than other people [J]. Journal of Business Venturing, 13(4): 275-294.

BARON R A, 2004. The cognitive perspective: a valuable tool for answering entrepreneurship's basic "why" questions [J]. Journal of Business Venturing, 19(2): 221-239.

BARON R A, 2008. The role of affect in the entrepreneurial process [J]. Academy of Management Review, 33(2): 328-340.

BARON R A, FRANKLIN R J, HMIELESKI K M, 2016. Why entrepreneurs often experience low, not high, levels of stress: the joint effects of selection and psychological capital [J]. Journal of Management, 42(3): 742-768.

BARON R A, WARD T B, 2004. Expanding entrepreneurial cognition's toolbox: potential contributions from the field of cognitive science [J]. Entrepreneurship Theory and Practice, 28(6), 553-573.

BAUM J R, LOCKE E A, 2004. The relationship of entrepreneurial traits, skill, and motivation to subsequent venture growth [J]. Journal of Applied Psychology, 89(4): 587-589.

BECKER G S, 1964. Human capital: a theoretical and empirical analysis with special reference to education [M]. New York: Columbia University Press.

BIRD B, 2019. Reflection on entrepreneurial competency: in seminal ideas for the next twenty-five years of advances [J]. Emerald Publishing Limited, (3): 133-140.

BIRD B, SCHJOEDT L, BAUM J R, 2012. Entrepreneurs' behavior: elucidation and measurement introduction [J]. Entrepreneurship Theory and Practice, 36(5): 889-913.

BOCKORNY K, YOUSSEF-MORGAN C M, 2019. Entrepreneurs' courage, psychological capital, and life satisfaction [J]. Frontiers in Psychology, 10: 13-28.

BOSS A D, YAN J, REGER R K, 2023. Keep on keeping on: a psychological approach to entrepreneurial persistence [J]. Journal of Business Venturing Insights, 19: 12-25.

BOUDERBALA R, 2020. The direct role of anticipated regret in the formation of student's entrepreneurial intention [J]. Journal of Enterprising Culture, 27: 385-417.

BOURDIEU P, 1986. The forms of capital [C]//Richardson J G. Handbook of theory and research for the sociology of education. Westport: Greenwood Press.

BOUTILIER R G, 1989. The development of human capital in economic development [J]. Journal of Economic Dynamics and Control, 13(2): 151-168.

BRASINGTON D M, HITE D, 2005. Demand for environmental quality: a spatial hedonic analysis [J]. Regional Science and Urban Economics, 35(1): 57-82.

BROWN J D, MARSHALL M A, 2001. Great expectations: optimism and pessimism in achievement settings, in optimism and pessimism: implications for theory, research, and practice [J]. American Psychological Association: 239-255.

CALABRÒ A, CAMPOPIAN O G, BASCO R, 2017. Principal-principal conflicts and family firm growth: The moderating role of business family identity [J]. Journal of Family Business Management, 7(3): 291-308.

BURKE A, FITZROY F, 2003. Beyond the employee or entrepreneur dichotomy: Accounting for entrepreneurial persistence and type [M]. Warwick: Warwick business school.

CALIENDO M, GOETHNER M, WEIßENBERGER M, 2022. Entrepreneurial persistence beyond survival: measurement and determinants [J]. Journal of Small Business Management, 58(3): 617-647.

CAMPBELL C A, 1992. A decision theory model for entrepreneurial acts [J]. Entrepreneurship Theory and Practice, 17(1): 21-27.

CAMUFFO A, GERLI F, GUBITTA P, 2012. Competencies matter: Modeling effective entrepreneurship in northeast of Italy small firms [J]. Cross Cultural Management An International Journal, 19(1): 48-66.

CARDON M S, FOO M D, SHEPHERD D, et al, 2012. Exploring the heart: Entrepreneurial emotion is a hot topic [J]. Entrepreneurship Theory and Practice, 36(1): 1-10.

CARDON M S, KIRK C P, 2015. Entrepreneurial passion as mediator of the self-efficacy to persistence relationship [J]. Entrepreneurship Theory and Practice, 39(5): 1027-1050.

CARDON M S, WINCENT J, SINGH J, et al, 2009. The nature and experience of entrepreneurial passion [J]. Academy of Management Review, 34(3): 511-532.

CARREE M A, VERHEUL I, 2012. What makes entrepreneurs happy? determinants of satisfaction among founders [J]. Journal of Happiness Studies, 13(2), 371-387.

CASSON M, GIUSTA D M, 2004. Social capital and entrepreneurship [J]. Journal of Business Venturing, 22(3): 344-362.

CHANDLER G N, HANKS S H, 1992. Market attractiveness, resource-based capabilities, venture strategies, and venture performance [J]. Journal of Business Venturing(9): 331-350.

CHANG S J, WITTELOOSTUIJN V A, EDEN L, 2010. From the editors: common method variance in international business research [J]. Journal of International Business Studies, 41(2): 178-184.

CHEN C C, GREENE P G, CRICK A, 1998. Does entrepreneurial self-efficacy distinguish entrepreneurs from managers? [J]. Journal of Business Venturing, 13(4): 295-316.

CHEN Y, LI Y, ZHANG Y, 2020. Social support and entrepreneurial persistence:

the mediating role of psychological capital [J]. Journal of Business Research, 117: 435-444.

CHIMUCHEKA T, KARARACH G, 2016. The influence of entrepreneurial human capital on the performance of SMEs in South Africa [J]. Journal of African Business, 17(1): 1-20.

COBB S, 1976. Social support as a moderator of life stress [J]. Psychosomatic Medicine, 38(5): 300-314.

COGAN A, PRET T, CARDON M S, 2022. Everyday social support processes: household members'instrumental and emotional support of entrepreneurs [J]. International Small Business Journal, 40(5): 537-563.

COLEMAN J S, 1988. Social capital in the creation of human capital [J]. American Journal of Sociology(94): S95-S120.

COPE J, 2011. Entrepreneurial learning from failure: an interpretative phenomenological analysis [J]. Journal of Business Venturing, 26(6): 604-623.

COVINJ G, SLEVIND P, SCHULTZ R L, 1997. Top management decision sharing and adherence to plans [J]. Journal of Business Research, 40(1): 21-36.

CULBERTSON S S, FULLAGAR C J, MILLS M J, 2010. Feeling good and doing great: The relationship between psychological capital and well-being [J]. Journal of Occupational Health Psychology, 15(4): 421-443.

DAVIDSSON P, HONIG B, 2003. The role of social and human capital among nascent entrepreneurs [J]. Journal of Business Venturing, 18(3): 301-331.

DELGADO-GARCÍA J B, DE LA FUENTE-SABATÉ J M, 2021. Entrepreneurial identity and success in family firms: the moderating role of family support [J]. Journal of Family Business Strategy, 12(1): 100371.

DETIENNE D R, SHEPHERD D A, DE CASTRO J O, 2008. The fallacy of "only the strong survive": the effects of extrinsic motivation on the persistence decisions for under-performing firms [J]. Journal of Business Venturing, 23(5): 528-546.

DEW N, GRICHNIK D, MAYER-HAUG K, et al, 2015. Situated entrepreneurial cognition [J]. International Journal of Management reviews, 17(2): 143-164.

DIJKHUIZEN J, VELDHOVEN M, SCHALK R, 2016. Four types of well-being among entrepreneurs and their relationships with business performance [J]. The Journal of Entrepreneurship, 25(2): 184-210.

DIMOV D, 2010. Nascent entrepreneurs and venture emergence: opportunity confidence, human capital, and early planning [J]. Journal of Management Studies, 47(6): 1123-1153.

DOERN R, GOSS D, 2014. The role of negative emotions in the social processes of entrepreneurship: Power rituals and shame-related appeasement behaviors [J]. Entrepreneurship Theory and Practice, 38(4): 863-890.

DOUGLAS E J, SHEPHERD D A, 2000. Entrepreneurship as a utility maximizing response [J]. Journal of Business Venturing(3): 231-251.

DOWN S, REVELEYJ, 2004. Generational encounters and the social formation of entrepreneurial identity: 'young guns' and 'old farts' [J]. Organization, 11(2): 233-250.

DUCHEK S, 2018. Entrepreneurial resilience: a biographical analysis of successful entrepreneurs [J]. International Entrepreneurship and Management Journal, 14(2): 429-455.

DUCKWORTH A L, PETERSON C, MATTHEWS M D, et al, 2007. Grit: perseverance and passion for long-term goals [J]. Journal of Personality and Social Psychology, 92(6): 1087.

DUFFAYS F, HUYBRECHTS B, 2014. Connecting the dots for social value: a review on social networks and social entrepreneurship [J]. Journal of Social Entrepreneurship, 5(2): 214-237.

DUSTMANN C, BENTOLILA S, FAINI R, 1996. Return migration: the european experience [J]. Economic Policy, 11(22): 213-250.

EDELMAN L F, BRUSH C G, MANOLOVA T S, et al, 2010. Start-up motivations and growth intentions of minority nascent entrepreneurs [J]. Journal of Small Business Management, 48(2): 174-196.

ERIKSON T, 2002. Entrepreneurial capital: the emerging venture's most important asset and competitive advantage [J]. Journal of Business Venturing, 17(3): 275-290.

ESTRIN S, MICKIEWICZ T, REBMANN A, 2017. Prospect theory and the effects of bankruptcy laws on entrepreneurial aspirations [J]. Small Business Economics, 48: 977-997.

ESTRIN S, MICKIEWICZ T, STEPHAN U, 2013. Entrepreneurship, social capital, and institutions: social and commercial entrepreneurship across nations [J]. Entrepreneurship Theory and Practice, 37(3): 479-504.

FARMER J G, BROADWAY A, CAVE M R, et al, 2011. A lead isotopic study of the human bioaccessibility of lead in urban soils from Glasgow, Scotland [J]. Science of the Total Environment, 409(23): 4958-4965.

FISHER R, MARITZ A, LOBO A, 2016. Does individual resilience influence entrepreneurial success [J]. Academy of Entrepreneurship Journal, 22(2): 39-53.

FOLKMAN S, 1984. Personal control and stress and coping processes: a theoretical analysis [J]. Journal of Personality and Social Psychology, 46(4): 839.

FOO M D, UY M A, BARON R A, 2009. How do feelings influence effort? an empirical study of entrepreneurs'affect and venture effort [J]. Journal of Applied Psychology, 94(4): 1073-1086.

FORBES D P, 2005. The effects of strategic decision making on entrepreneurial self-efficacy [J]. Entrepreneurship Theory and Practice, 29(5): 599-626.

FORGAS J P, 1995. Mood and judgment: the affect infusion model [J]. Psychological Bulletin, 117(1): 39-66.

FREDRICKSON B L, 2001. The role of positive emotions in positive psychology: the broaden-and-build theory of positive emotions [J]. American Psychologist, 56(3): 218-229.

GARLAND H, 1990. Throwing good money after bad: the effect of sunk costs on the decision to escalate commitment to an ongoing project [J]. Journal of Applied Psychology, 75(6): 728-731.

GARTNER W B, SHAVER K G, CARTER N M, et al, 2004. Handbook of entrepreneurial dynamics: the process of business creation [M]. Los Angeles: Sage Publications.

GATEWOOD E J, SHAVER K G, GARTNER W B, 1995. A longitudinal study of cognitive factors influencing start-up behaviors and success at venture creation [J]. Journal of Business Venturing, 10(7): 371-391.

GEDAJLOVIC E, HONIG B, MOORE C B, et al, 2015. Social capital and entrepreneurship: a schema and research agenda [J]. Entrepreneurship Theory and Practice, 37(3): 455-478.

GENDOLLA G, 2000. On the impact of mood on behavior: an integrative theory and a review [J]. Review of General Psychology, 4(4): 378-408.

GIELNIK M M, ZACHER H, FRESE M, 2012. Focus on opportunities as a mediator of the relationship between business owners' age and venture growth [J]. Journal of Business Venturing, 27(1): 127-142.

GILOVICH T, MEDVEC V H, 1994. The temporal pattern to the experience of regret [J]. Journal of Personality and Social Psychology, 67: 357-365.

GIMENO J, FOLTA T B, COOPER A C, et al, 1997. Survival of the fittest? entrepreneurial human capital and the persistence of under performing firms [J]. Administrative Science, Quarterly 42(4): 750-783

GOLDSMITH A H, VEUM J R, DARITY W J, 1997. The impact of psychological and human capital on wages [J]. Economic Inquiry, 35(4): 815-829.

GOTTLIEB B H, BERGEN A E, 2010. Social support concepts and measures [J]. Journal of Psychosomatic Research, 69(5): 511-520.

GRANOVETTER M S, 1973. The strength of weak ties [J]. American Journal of Sociology, 78(6): 1360-1380.

HAHN V C, FRESE M, BINNEWIES C, et al, 2012. Happy and proactive? The role of hedonic and eudaimonic well-being in business owners' personal initiative [J]. Entrepreneurship Theory and Practice, 36(1): 97-114.

HAN J Y, HOVAV A, 2013. To bridge or to bond? diverse social connections in an is project team [J]. International Journal of Project Management, 31(3): 378-390

HAKEN H, 1975. Cooperative phenomena in systems far from thermal equilibrium and in nonphysical systems [J]. Reviews of Modern Physics, 47(1): 67-121.

HANK H, 1992. Market attractiveness, resource-based capabilities, venture strategies, and venture performance [J]. Journal of Business Venturing, 9: 331-350.

HARMELING S S, 2011. Restorying an entrepreneurial identity: education, experience and self-narrative [J]. Education and Training, 53(8): 741-749.

HART B, COLO E, 2014. Psychosocial peacebuilding in Bosnia and Herzegovina: approaches to relational and social change [J]. Intervention, 12(1): 76-87.

HATAK I, SNELLMAN K, 2017. The influence of anticipated regret on business start-up behaviour [J]. International Small Business Journal, 35(3): 349-360.

HAYES A, 2013. Introduction to mediation, moderation, and conditional process analysis [J]. Journal of Educational Measurement, 51(3): 335-337.

HITE D, 2005. Demand for environmental quality: a spatial hedonic analysis [J].

Regional Science and Urban Economics, 35 (1): 57-82.

HIZAM-HANAFIAH M, YOUSAF S U, USMAN B, 2017. The influence of psychological capital on the growth intentions of entrepreneurs: a study on Malaysian SME entrepreneurs [J]. Business and Economic Horizons, 13(5): 556-569.

HJEMDAL O, FRIBORG O, STILES T C, et al, 2006. Resilience predicting psychiatric symptoms: a prospective study of protective factors and their role in adjustment to stressful life events [J]. Clinical Psychology & Psychotherapy: An International Journal of Theory & Practice, 13(3): 194-201.

HMIELESKI K M, BARON R, 2009. Entrepreneurs' optimism and new venture performance: a social cognitive perspective [J]. The Academy of Management Journal, 52(3): 473-488.

HMIELESKI K M, CARR J C, 2009. The relationship between entrepreneur psychological capital and new venture performance [J]. Social Science Electronic Publishing (4): 57-79.

HOANG H, GIMENO J, 2010. Becoming a founder: how founder role identity affects entrepreneurial transitions and persistence in founding [J]. Journal of Business Venturing, 25(1): 41-53.

HOBFOLL S, 1989. Conservation of resources: a new attempt at conceptualizing stress [J]. American Psychologist, 44 (3): 513-524.

HOLLAND D V, 2008. Never, never, never give in? understanding the entrepreneur's decision to persist in the face of adversity [J]. Frontiers of Entrepreneurship Research(3): 1-27.

HOLLAND D V, AINGE C A, 2011. Entrepreneurs' startup decisions versus persistence decisions: a look at expectancy x value (summary) [J]. Frontiers of Entrepreneurship Research, 31(4): 9-17.

HOLLAND D V, GARRETT R P, 2013. Entrepreneur start-up versus persistence decisions: a critical evaluation of expectancy and value [J]. International Small Business Journal, 33(2): 194-215.

HOLLAND D V, SHEPHERD D A, 2013. Deciding to persist: adversity, values, and entrepreneurs' decision policies [J]. Entrepreneurship Theory and Practice, 37(2): 331-358.

HOUSER-MARKO L, 2006. Motivating behavioral: the self-as-doer construct [J]. Personality & Social Psychology Bulletin, 32(8): 1037-1049.

HOUSER-MARKO L, SHELDON K M, 2006. Motivating behavioral persistence: the self-as-doer construct [J]. Personality and Social Psychology Bulletin, 32(8): 1037-1049.

HORNSBY J S, KURATKO D F, 2003. Human resource management in the family business: a focus on entrepreneur identity [J]. Journal of Business Venturing, 18 (5), 635-649.

HUANG M J, ZHAO R R, 2024. How does social capital promote rural returnee entrepreneurs'entrepreneurial persistence? [J]. Social Behavior and Personality: an international journal, 52 (11): 1-9.

JACOBSON D E, 1986. Types and timing of social support [J]. Journal of Health & Social Behavior, 27(3): 250-264.

JANIS I L, MANN L, 1977. Decision making: a psychological analysis of conflict, choice, and commitment [M]. New York: Free Press.

JONES R, LATHAM J, BETTA M, 2008. Narrative construction of the social entrepreneurial identity [J]. International Journal of Entrepreneurial Behaviour & Research, 5(14): 330-345.

KAPLAN B H, CASSEL J C, GORE S, 1977. Social support and health [J]. Medical Care, 15(5): 47-58.

KARIMI S, BIEMANS H J, LANS T, et al, 2016. The impact of entrepreneurship education: a study of Iranian students' entrepreneurial intentions and opportunity identification [J]. Journal of Small Business Management, 54(1): 187-209.

KAUTONEN T, KIBLER E, MINNITI M, 2017. Late-career entrepreneurship, income and quality of life [J]. Journal of Business Venturing, 32(3): 318-333.

KERR W R, NANDA R, RHODES-KROPF M, 2014. Entrepreneurship as experimentation [J]. Journal of Economic Perspectives, 28(3): 25-48.

KIANI A, ALI A, BIRAGLIA A, et al, 2023. Why I persist while others leave? Investigating the path from passion to persistence in entrepreneurship [J]. Journal of Small Business Management, 61(6): 2818-2848.

KIM J, LEE S, LEE Y, 2020. The impact of social support on the entrepreneurial intention of women: Evidence from Korea [J]. International Entrepreneurship and Management Journal, 16(4): 1211-1232.

KIM P H, LONGEST K, ALDRICH H E, 2013. Can you lend me a hand? task-role alignment of social support for aspiring business owners [J]. Social Science Electronic Publishing, 40(3): 211-247.

KLYVER K, HINDLE K, MEYER D, 2015. The role of family support in entrepreneurship: evidence from Ghana [J]. International Small Business Journal, 33(8): 862-885.

KLYVER K, HONIG B, STEFFENS P, 2017. Social support timing and persistence in nascent entrepreneurship: exploring when instrumental and emotional support is most effective [J]. Small Business Economics, 51(3): 709-734.

KLYVER K, NIELSEN S L, EVALD M R, 2013. Women's self-employment: an act of institutional (dis) integration? a multilevel, cross-country study [J]. Journal of Business Venturing, 28(4): 474-488.

KYNDT E, BAERT H, 2015. Entrepreneurial competencies: assessment and predictive value for entrepreneurship［J］. Journal of Vocational Behavior, 90(1): 13-25.

LAGUNA M, 2013. Self-efficacy, self-esteem, and entrepreneurship among the unemployed［J］. Journal of Applied Social Psychology, 43(2): 253-262.

LAZEAR E P, 2014. Balanced skills and entrepreneurship［J］. The American Economic Review, 104(2): 208-211.

LEE J, WANG J, 2017. Developing entrepreneurial resilience: implications for human resource development［J］. European Journal of Training & Development, 41(6): 519-539.

LEE Y S, 2017. Entrepreneurship, small businesses and economic growth in cities［J］. Journal of Economic Geography, 17(2): 311-343.

LEWIS H, 2011. A model of entrepreneurial capability based on a holistic review of the literature from three academic domains［J］. Industry and Higher Education, 25(6): 429-440.

LI X, ZHANG Y, 2021. The relationship between social capital, weak ties, and entrepreneurial opportunity identification: the moderating role of entrepreneurial passion［J］. Frontiers in Psychology, 12: 665102.

LI Y, ZHANG Y, WANG Y, 2021. Social capital and entrepreneurial performance: the joint moderating role of social network structure and cultural values［J］. Journal of Business Research, 128: 16-27.

LIN N X, XU X, WANG L, 2020. Entrepreneurial identity and entrepreneurial intention: the mediating role of entrepreneurial self-efficacy and the moderating role of social support［J］. Journal of Business Research, 115: 87-96.

LIN N, 2008. Building a network theory of social capital［J］. Connections, 22(1): 28-51.

LOOMES G, SUGDEN R, 1982. Regret theory: an alternative theory of rational choice under uncertainty［J］. The Economic Journal, 92(368): 805-824.

LU J G, CHEN M J, 2018. New venture ideation and the influence of culture on entrepreneurial identity: Insights from Chinese college students [J]. Journal of Business Venturing Insights, 10: e00101.

LU Y, ZHOU Y, LIU P, 2023. Improving the entrepreneurial ability of rural migrant workers returning home in China: study based on 5 675 questionnaires [J]. Humanities and Social Sciences Communications, 10(1): 1-10.

LUTHANS F, 2002.Positive organizational behavior: developing and managing psychological strengths [J]. Academy of Management Executive, 16(1): 57-72.

LUTHANS F, AVEY J B, AVOLIO B J, et al, 2010. The development and resulting performance impact of positive psychological capital [J]. Human Resource Development Quarterly, 21(1): 41-67.

LUTHANS F, AVOLIO B J, 2003. Authentic leadership: a positive developmental approach [J]. Foundations of a New Discipline: 241-258.

LUTHANS F, AVOLIO B J, AVEY J B, et al, 2007. Positive psychological capital: Measurement and relationship with performance and satisfaction [J]. Personnel Psychology, 60(3): 541-572.

LUTHANS F, AVOLIO B J, WALUMBWA F O, et al, 2005. The psychological capital of Chinese workers: exploring the relationship with performance [J]. Management and Organization Review, 1(2): 249-271.

LUTHANS F, STAJKOVIC A D, IBRAYEVA E, et al, 2000. Environmental and psychological challenges facing entrepreneurial development in transitional economies [J]. Journal of World Business, 35(1): 95-110.

LUTHANS F, YOUSSEF C M, 2004. Human, social, and now positive psychological capital management: investing in people for competitive advantage [J]. Organizational Dynamics(33): 143-160.

LUTHANS F, YOUSSEF C M, 2007. Emerging positive organizational behavior

[J]. Journal of Management, 33(3): 321-349.

MACKIE D M, SILVER L A, SMITH E R, 2004. Emotion as an intergroup phenomenon [J]. The Social Life of Emotions(4): 227-245.

MAES J, LEROY H, SELS L, 2014. Gender differences in entrepreneurial intentions: a tpb multi-group analysis at factor and indicator level [J]. European Management Journal, 32(5): 784-794.

MALECKI C K, DEMARAY M K, 2003. What type of support do they need? Investigating student adjustment as related to emotional, informational, appraisal, and instrumental support [J]. School Psychology Quarterly, 18(3): 231-252.

MAN T W, LAU T, 2005. The context of entrepreneurship in Hong Kong: an investigation through the patterns of entrepreneurial competencies in contrasting industrial environments [J]. Journal of small business and Enterprise Development, 12(4): 464-481.

MARESCH D, HARMS R, KAILER N, 2020. How human capital, social capital, and cognitive adaptability affect entrepreneurs' resilience [J]. Journal of Business Research (117): 138-148.

MARVEL M R, DAVIS J L, SPROUL C R, 2016. Entrepreneurial human capital research: A critical review and future directions [J]. Entrepreneurship Theory and Practice, 40(3): 599-626.

MATHEWS R D, WESSEL R, GOLDSBY M, 2021. An examination of the effect of new venture ideation exercises on entrepreneurial intentions [J]. Entrepreneurship Education and Pedagogy, 4(4): 637-665.

MATHIAS B D, WILLIAMS D W, 2017. The impact of role identities on entrepreneurs' evaluation and selection of opportunities [J]. Journal of Management, 43(3): 892-918.

MCGRATH R G, 1999. Falling forward: real options reasoning and entrepreneurial failure [J]. Academy of Management Review, 24(1): 13-30.

MICHELOS A C, 2017. Highlights of four volume global report on student well-being [M]. London: Springer International Publishing.

MILLÁN J M, CONGREGADO E, ROMÁN C, 2014. Persistence in entrepreneurship and its implications for the European entrepreneurial promotion policy [J]. Journal of Policy Modeling, 36(1): 83-106.

MINELLO I F, SCHERER L A, ALVES L C, 2014. Entrepreneurial competencies and business failure [J]. International Journal of Entrepreneurship, 18: 1-14.

MITCHELL J R, MITCHELL R K, RANDOLPH-SENG B, 2014. Handbook of entrepreneurial cognition [M]. UK: Edward Elgar Publishing.

MITCHELL R K, BUSENITZ LW, BIRD B, et al, 2007. The central question in entrepreneurial cognition research [J]. Entrepreneurship Theory and Practice, 31(1): 1-27.

MITCHELL R K, SMITH B, SEAWRIGHT K W, et al, 2000. Cross-cultural cognitions and the venture creation decision [J]. Academy of Management Journal, 43(5): 974-993.

MITCHELMORE S, ROWLEY J, 2010. Entrepreneurial competencies: a literature review and development agenda [J]. International Journal of Entrepreneurial Behavior & Research, 16(2): 92-111.

MOORADIAN T, MATZLER K, UZELAC B, et al, 2016. Perspiration and inspiration: grit and innovativeness as antecedents of entrepreneurial success [J]. Journal of Economic Psychology, 56: 232-243.

MURNIEKS C Y, HAYNIE J M, WILTBANK R E, et al, 2011. I like how you think: similarity as an interaction bias in the investor-entrepreneur dyad [J]. Journal of Management Studies, 48(7): 1533-1561.

MURNIEKS C, MOSAKOWSKI E, 2007 Who am I? looking inside the

entrepreneurial identity [J]. Social Science Electronic Publishing, 5(27): 1-14.

MURNIEKS C Y, MOSAKOWSKI E, CARDON M S, 2014. Pathways of passion: identity centrality, passion, and behavior among entrepreneurs [J]. Journal of Management, 40(6): 1583-1606.

NAHAPIET J, GHOSHAL S, 1998. Social capital, intellectual capital, and the organizational advantage [J]. Academy of Management Review, 23(2): 242-266.

NAM V H, TRAM H B, 2021. Business environment and innovation persistence: the case of small-and medium-sized enterprises in Vietnam [J]. Economics of Innovation and New Technology, 30(3): 239-261.

NENEH B N, 2022. Entrepreneurial passion and entrepreneurial intention: the role of social support and entrepreneurial self-efficacy [J]. Studies in Higher Education, 47(3): 587-603.

NEUMEYER X, SANTOS S C, CAETANO A, et al, 2019. Entrepreneurship ecosystems and women entrepreneurs: a social capital and network approach [J]. Small Business Economics(53): 475-489.

OBSCHONKA M, SILBEREISEN R K, 2015. Entrepreneurial self-identity: predictors and effects within the theory of planned behavior framework [J]. Journal of Business Psychology, 30(2): 773-794.

OBSCHONKA M, SILBEREISEN R K, SCHMITT-RODERMUND E, et al, 2011. Entrepreneurial identity and the prediction of entrepreneurial behavior: a latent profile analysis [J]. Journal of Vocational Behavior, 79(1): 39-51.

PARKER S K, WILLIAMS H M, TURNER N, 2006. Modeling the antecedents of proactive behavior at work [J]. Journal of Applied Psychology, 91(3): 636-649.

PAUL M, SHARMA A, 2013. Entrepreneurship as a tool for rural development [J]. Global Journal of Management and Business Studies, 3(3): 319-322.

PETRIDOU E, GLAVELI N, 2008. Rural women entrepreneurship within co-operatives: training support [J]. Gender in Management, 23(4): 262-277.

PHAM M T, 2004. The logic of feeling [J]. Journal of Consumer Psychology, 14(4): 360-369.

PHAM T, MACPARLAND S A, MULROONEY P M, et al, 2004. Hepatitis C virus persistence after spontaneous or treatment-induced resolution of hepatitis [J]. Journal of Virology, 78(11): 5867-5874.

PODOYNITSYNA K, VANDER B H, SONG M, 2012. The role of mixed emotions in the risk perception of novice and serial entrepreneurs [J]. Entrepreneurship Theory and Practice, 36(1): 115-140.

PORTES A, 1998. Social capital: its origins and applications in modern sociology [J]. Annual Review of Sociology, 24: 1-24.

PREACHER K J, HAYES A F, 2008. Asymptotic and resampling strategies for assessing and comparing indirect effects in multiple mediator models [J]. Behavior Research Methods, 40(3): 879-891.

PRIGOGINE I, 1985. Order out of chaos: man's new dialogue with nature [J]. Process Studies, 14(3): 204-220.

PUTNAM R D, 1993. The prosperous community: social capital and public life [J]. The American Prospect, 13(3): 35-42.

RASHID K, BAYAT A, 2019. Explaining the relationship between dimensions of psychological capital and components of emotional empathy by the mediation of aesthetic intelligence [J]. Journal of Psychological Science, 18(74): 171-180.

RAUCH A, WIKLUND J, LUMPKIN G T, et al, 2009. Entrepreneurial orientation and business performance: an assessment of past research and suggestions for the future [J]. Entrepreneurship Theory and Practice, 33(3): 761-787.

REB J, CONNOLLY T, 2009. Myopic regret avoidance: feedback avoidance and learning in repeated decision making [J]. Organizational Behavior and Human Decision Processes, 109(2): 182-189.

SABLI H M, LATIFF H A, WAHI M, 2018. Review on factors affecting micro entrepreneur performance in Malaysia: a conceptual model [J]. International Journal of Academic Research in Progressive Education and Development, 7(3): 539-548

SÁNCHEZ J C, CARBALLO T, GUTIÉRREZ A, 2011. The entrepreneur from a cognitive approach [J]. Psicothema, 23(3): 433-438.

SASSETTI S, MARZI G, CAVALIERE V, et al, 2018. Entrepreneurial cognition and socially situated approach: a systematic and bibliometric analysis [J]. Scientometrics, 116(3): 1675-1718.

SCHEIER M F, CARVE C S, 1985. Optimism, coping, and health: assessment and implications of generalized outcome expectancies [J]. Health psychology, 4(3): 219-232.

SCHINDEHUTTE M, ALLEN M J, 2006. Beyond achievement: entrepreneurship as extreme experience [J]. Small Business Economics, 27(4-5): 349-368.

SCHULTZ T W, 1959. Investment in human capital [J]. The American Economic Review, 51(1): 1-17.

SELIGMAN M E P, CSIKSZENTMIHALYI M, 2000. Positive psychology: an ntroduction [J]. American Psychologist, 55(1): 514-520.

SHANE S, LOCKE E A, COLLINS C J, 2003. Entrepreneurial motivation [J]. Human Resource Management Review, 13(2): 257-279.

SHANE S, VENKATARAMAN S, 2000. The promise of entrepreneurship as a

Field of Research [J]. Academy of Management Review, 25(1): 217–226.

SHANG J, LI H, 2021. From rural migrant workers to entrepreneurs: the roles of social capital and psychological capital [J]. Journal of Business Research, 125: 44-55.

SHAVER K G, SCOTT L R, 1992. Person, process, choice: the psychology of new venture creation [J]. Entrepreneurship Theory and Practice, 16(2): 23-46.

SHEPHERD D A, WENNBERG K, SUDDABY R, et al, 2018. What are we explaining? a review and agenda on initiating, engaging, performing, and contextualizing entrepreneurship [J]. Journal of Management, 14: 18-67.

SHEPHERD D A, WILLIAMS T A, PATZELT H, 2015. Thinking about entrepreneurial decision making: review and research agenda [J]. Journal of Management, 41(1): 11-46.

SIMON H A, 1979. Information processing models of cognition [J]. Annual Review of Psychology, 30(1): 363-396.

SIMON M, HOUGHTON, 2002. The Relationship among biases, misperceptions and introducing pioneering products: examining differences in venture decision contexts [J]. Entrepreneurship Theory & Practice, 27(2): 105-124.

STAJKOVIC A D, 2006. Development of a core confidence-higher order construct [J]. Journal of Applied Psychology, 91(6): 1208-1223.

STAM W, ELFRING T, 2020. Entrepreneurial orientation and performance: the role of network externalities [J]. Academy of Management Journal, 63(5): 1545-1568.

STETS J E, BURKE P J, 2005. Identity verification, control, and aggression in marriage [J]. Social Psychology Quarterly, 68(2): 160-178.

STRYKER S, BURKE P J, 2000. The past, present, and future of an identity theory [J]. Social Psychology Quarterly, 63(4): 284.

SUH Y H, LEE J Y, 2021. The role of human capital in entrepreneurial intention and behavior: evidence from South Korea [J]. Journal of Business Research, 124: 191-199.

SULU E E, PURBA D E, 2022. The role of grit on entrepreneurial commitment to young entrepreneurs with social support as a moderating variable [J]. International Journal of Research in Counseling and Education, 6(2): 183-190.

SUTCLIFFE K M, VOGUS T J, 2003. Organizing for resilience [C] // CAMERON K, DUTTON J E, QUINN R E. Positive organizational scholarship. San Francisco: Berrett-Koehler: 94-110.

SWEETMAN D, LUTHANS F, 2010. The power of positive psychology: psychological capital and work engagement [C] // BAKKER A B, LEITER M P. Work engagement: a handbook of essential theory and research, Brandon: Psychology Press: 54-68.

TEHSEEN S, RAMAYAH T, 2015. Entrepreneurial competencies and SMEs business success: the contingent role of external integration [J]. Mediterranean Journal of Social Sciences, 6(1): 50-61.

THOITS P A, 1982. Conceptual, methodological, and theoretical problems in studying social support as a buffer against life stress [J]. Journal of Health Social Behavior, 23(2): 145-159.

TOEGEL G, KILDUFF M, ANAND N, 2013. Emotion helping by managers: an emergent understanding of discrepant role expectations and outcomes [J]. Academy of Management Journal, 56(2): 334-357.

UCBASARAN D, WESTHEAD P, WRIGHT M, 2016. Entrepreneurial human capital and venture performance: a meta-analytic review [J]. Journal of Business Venturing, 31(6): 673-692.

UCBASARAN D, WESTHEAD P, WRIGHT M, et al, 2010. The nature of entrepreneurial experience, business failure and comparative optimism [J]. Journal of Business Venturing, 25: 541-555.

UY M A, FOO M D, ILIES R, 2015. Perceived progress variability and entrepreneurial effort intensity: the moderating role of venture goal commitment [J]. Journal of Business Venturing, 30(3): 375-389.

UY M A, SUN S, FOO M D, 2017. Affect spin, entrepreneurs' well-being, and venture goal progress: the moderating role of goal orientation [J]. Journal of Business Venturing, 32(4): 443-460.

VALLERAND R J, BLANCHARD C, MAGEAU G A, et al, 2003. Les passions deâme: on obsessive and harmonious passion [J]. Journal of Personality and Social Psychology, 85(4): 756.

VAN GELDEREN M, KAUTONEN T, FINK M, 2015. From entrepreneurial intentions to actions: self-control and action-related doubt, fear, and aversion [J]. Journal of Business Venturing, 30(5): 655-673.

VENKATARAMAN S, SARASVATHY S D, DEW N, et al, 2012. Reflections on the 2010 AMR decade award: whither the promise? moving forward with entrepreneurship as a science reflections of the artificial [J]. Academy of Management Review, 37(1): 21-33.

VESALA K M, PEURA J, MCELWEE G, 2007. The split entrepreneurial identity of the farmer [J]. Journal of Small Business and Enterprise Development, 14(1): 48-63.

VOLERY T, MUELLER S, SIEMENS V B, 2015. Entrepreneur ambidexterity: a study of entrepreneur behaviours and competencies in growth-oriented small and medium-sized enterprises [J]. International Small Business Journal, 33(2): 111-112.

VROOM V H, 1964. Work and Motivation [M]. New York: Wiley.

WANG H, ZHANG Y, 2021. Social capital and entrepreneurial success: the role of entrepreneurial passion and resilience [J]. Journal of Business Venturing, 36(1): 106059.

WANG J, 2018. Family support, entrepreneurial passion, and entrepreneurial intention: a moderated mediation analysis [J]. Journal of Business Research, 86: 364-374.

WANG Y I, WANG X, 2023. Can the social networks of migrant workers enhance the operational performance of businesses started upon return to their hometowns? based on survey data from businesses started by returnee entrepreneurs nationwide [J]. Journal of Huazhong Agricultural University (Social Science Edition), 3(1): 120-132.

WANG Y, LI H, WANG Y, 2021. The interplay of entrepreneurial psychological capital and human capital: the moderating role of entrepreneurial experience [J]. Journal of Business Research, 133: 136-146.

WANG Y, WU J, LI X, 2020. The effects of entrepreneurial identity and social capital on entrepreneurial intention among rural returnees in China [J]. Journal of Business Research, 118: 243-254.

WEINER B, 1974. Achievement motivation and attribution theory [M]. General Learning Press.

WIKLUND J, SHEPHERD D, 2005. Entrepreneurial orientation and small business performance: a configurational approach [J]. Journal of Small Business Management, 43(3): 369-385.

WILLIAMS T A, SHEPHERD D A, 2016. Victim entrepreneurs doing well by doing good: venture creation and well-being in the aftermath of a resource shock [J]. Journal of Business Venturing, 31(4): 365-387.

WILSON F, KICKUL J, MARLINO D, 2007. Gender, entrepreneurial self-efficacy, and entrepreneurial career intentions: implications for entrepreneurship education [J]. Entrepreneurship Theory and Practice, 31(3): 387-406.

WRIGHT M O, MASTEN A S, 2001. Resilience processes in development [J]. American Psychologist, 56(3), 227-238.

WU S, MATTHEWS L, DAGHER G K, 2007. Need for achievement, business goals, and entrepreneurial persistence [J]. Management Research News, 30(12): 928-941.

YITSHAKI R, KROPP F, 2016. entrepreneurial passions and identities in different contexts: a comparison between high-tech and social entrepreneurs [J]. Entrepreneurship and Regional Development, 28(3-4): 1-28.

YOUSSEF C M, LUTHANS F, 2007. Positive organizational behavior in the workplace: the impact of hope, optimism, and resilience [J]. Journal of Management, 33(5): 774-800.

YOUSSEF - MORGAN C M, LUTHANS F, 2015. Psychological capital and well - being [J]. Stress and Health, 31（3）：180-188.

ZAHRA S A, 1996. Technology strategy and financial performance: examining the moderating role of the firm's competitive environment [J]. Journal of Business Venturing, 11(3): 189-219.

ZAHRA S A, BOGNER W C, 2000. Technology strategy and software new ventures' performance [J]. Journal of Business Venturing, 15(2): 135-173.

ZEELENBERG M, 1999. Anticipated regret, expected feedback and behavioral decision making [J]. Journal of Behavioral Decision Making, 12(2): 93-106.

ZEELENBERG M, BOS K, DIJK E, 2002. The inaction effect in the psychology of regret [J]. Journal of Personality and Social Psychology, 82: 314-327.

ZEELENBERG M, PIETERS R, 2007. A theory of regret regulation [J]. Journal of Consumer Psychology, 17(1): 3-18.

ZHANG Y, DUYSTERS G, CLOODT, M, 2014. The impact of prior knowledge and familiarity on entrepreneurial intention [J]. Journal of Business

Venturing, 29（5）: 632-653.

ZHANG Y, LIANG X, 2021. Entrepreneurial human capital and the consolidation and synergistic development of entrepreneurial social capital [J]. Journal of Business Research, 136: 180-189.

ZHAO H, SEIBERT S E, PENG M L, 2019. Entrepreneurial social capital and business creation: the impact of social support and social buffering [J]. Journal of Business Venturing, 34(3): 459-476.

ZHAO X, LYNCH J G, CHEN Q, 2010. Reconsidering Baron and Kenny: myths and truths about mediation analysis [J]. Journal of Consumer Research, 37(2): 197-206.

附　录

附录A

附录A-1　创业心理资本对创业坚持行为影响的访谈提纲

访谈对象：返乡创业农民工 15 名

访谈目的：深入探索创业心理资本对返乡创业农民工创业坚持行为的影响，获得返乡创业农民工在创业心理资本、创业认知、预期后悔、社会支持和创业坚持行为方面的相关情况，验证理论模型的合理性，为变量测量和问卷设计提供依据。

请您结合自身情况谈谈对返乡创业的看法，对您的相关信息我们会保密处理。感谢您的支持和配合！

一、返乡农民工创业者的基本资料

1. 年龄、学历、工作经历、创业经历；

2. 返乡创业动机、返乡创业行业、返乡创业年限等。

二、以下是本次访谈的基本框架，可以根据自己的经验和感受谈谈您的看法

1. 在您返乡创业过程中有过放弃的想法吗？如果有，是什么事情，能具体描述一下吗？

2. 您认为好的心理状态对支撑着您走到现在重要吗？哪些心态您觉得非常重要？

3. 您认为要持续经营现有业务，需要提升心理素质及能力吗？哪些心理素质或能力需要提升？

4. 为了更好地进行返乡创业，您认为您有做好准备吗？继续坚持下去的动力是什么？继续坚持下去需要哪些能力？

5. 在返乡创业过程中，您认为自己有哪些优势和不足，面临哪些主要困难？

6. 您后悔返乡创业活动坚持到现在吗？

7. 在返乡创业过程中您是否获得过家人、伙伴（朋友）、机构在情感上、物质上，或者信息上的支持？

附录A-2　创业心理资本对创业坚持行为影响的调查问卷

问卷编号　　　　　　　　　　　　　填表日期

致受访者：

　　您好！谢谢您参与本次关于返乡创业的调研，本问卷旨在通过搜集您返乡创业的心历路程及创业坚持情况，为持续助力乡村振兴提出有针对性的政策建议。您的回答只用于学术研究，并将完全保密，我们由衷感谢您的帮助，并祝事业顺利，宏图大展！（您在作答过程中，纸质版问卷只需在题项对应的选项上画"√"即可，电子版问卷则直接点题项对应选项即可。）

本部分仅用于分类汇总、核对资料时所需，绝不对外公开。

1. 姓　名：_____
2. 企业或返乡创业项目名称：_____
   如果您对研究结论感兴趣，请留下您的联系方式：_____
3. 联系电话（或微信）：_____
4. 通信地址：_____；邮编：_____

第一部分　您的基本资料

A1. 您的性别为

（1）男　　（2）女

A2. 您的年龄为

（1）25岁及以下　　（2）26~35岁　　（3）36~45岁

（4）46~55岁　　（5）56岁及以上

A3. 您的最高受教育程度为

（1）没上过学　　（2）小学　　（3）中学/中职　　（4）高中/高职

（5）大学（包括大专）及以上

A4. 在这次创业之前，您共有（　）年工作经验

（1）1年及以下　　（2）2~4年　　（3）5~7年　　（4）8~10年

（5）11年及以上

A5. 在您本次返乡创业前，您有过（　）次创业经历

（1）没有　　（2）1次　　（3）2次　　（4）3次及以上

A6. 您是否参加过创业相关培训

（1）没有　　（2）有

A7. 您目前的创业项目拥有的员工人数为

（1）无雇佣　　（2）5人及以下　　（3）6~20人　　（4）21~50人

（5）51~100人　　（6）101人及以上

A8. 您的返乡创业年限为

（1）不到1年　　（2）1~2年　　（3）3~5年　　（4）6~8年

（5）9年以上

A9. 您所在行业类别为

（1）养殖业

（2）种植业

（3）特色农业

（4）农产品营销/加工业

（5）农资经销/农业生产专业服务业

（6）零售/批发业

（7）餐饮住宿业

（8）食品加工业

（9）制造业

（10）建筑业

（11）医疗业

（12）居民服务业

（13）文化和娱乐业

（14）电商业

（15）自媒体及其他个体创业

A10. 您的经营形式为

（1）家庭农场　　（2）专业大户　　（3）农民专业合作社

（4）龙头企业　　（5）个体经营

第二部分　您的一些创业动态

A11. 您当初返乡创业的动机是什么？（可多选）

（1）解决温饱问题　　（2）提高生活水平　　（3）提高社会地位

（4）实现个人理想抱负　　（5）解决看病、学习、结婚等急需

（6）带领乡亲致富　　（7）照顾家人及其他

A12. 请您对当前创业的难易程度进行判断

（1）非常难　　（2）比较难　　（3）一般　　（4）比较容易　　（5）容易

A13. 您在返乡创业过程中面临的主要困难是什么？（可多选）

（1）资金困难　　（2）技术困难　　（3）招工困难　　（4）用地困难

（5）行政审批困难　　（6）其他

A14. 您在返乡创业过程中有过放弃的想法吗？

（1）是　　（2）否

A15. 您认为好的心理状态对支撑您走到现在重要吗?

（1）完全不重要　（2）不重要　（3）一般　（4）重要

（5）非常重要

A16. 您认为坚持创业到现在,哪个心理因素更重要?

（1）创业激情　（2）创业效能感　（3）创业韧性

（4）创业乐观　（5）创业幸福感

A17. 您认为要持续经营现有业务,提升心理素质及能力重要吗?

（1）完全不重要　（2）不重要　（3）一般　（4）重要

（5）非常重要

A18. 在您返乡创业过程中是否获得过来自家人的支持?

（1）是　（2）否

A19. 在您返乡创业过程中是否获得过来自伙伴的支持?

（1）是　（2）否

A20. 在您返乡创业过程中是否获得过当地政府或者其他机构的支持?

（1）是　（2）否

第三部分 关于您在返乡创业过程中的心态、认知、行为情况

（请根据您对创业过程及当前结果的实际感知,对以下项目做出回答。选择的数字越大,表明该描述与您实际情况吻合程度越高。纸质版问卷请在对应的数字上画"√",电子版直接点对应的数字即可）

A21. 关于您的创业心理资本（创业心理资本即创业过程中的积极心理状态或者情绪体验）

	1=非常不符合 2=不符合 3=有点不符合 4=不确定 5=有点符合 6=符合 7=非常符合	
创业心理资本	1. 我对自己的创业能力充满自信	1 2 3 4 5 6 7
	2. 我能克服成为创业者的大部分困难	1 2 3 4 5 6 7
	3. 对我来说创办和经营企业不是难事	1 2 3 4 5 6 7
	4. 我进行返乡创业，成功率会很高	1 2 3 4 5 6 7
	5. 我有能力制订合适的创业计划	1 2 3 4 5 6 7
	6. 我喜欢接受创业过程中的各种挑战	1 2 3 4 5 6 7
	7. 拥有自己的企业使我充满奋斗的动力	1 2 3 4 5 6 7
	8. 将一个新企业培养成功是非常振奋人心的	1 2 3 4 5 6 7
	9. 企业创建者是表明我身份的重要部分	1 2 3 4 5 6 7
	10. 培育和发展企业是表明我身份的重要部分	1 2 3 4 5 6 7
	11. 在返乡创业过程中，我在压力条件下能够清晰地思考	1 2 3 4 5 6 7
	12. 在返乡创业过程中，我能够适应变革	1 2 3 4 5 6 7
	13. 在返乡创业过程中，我能够处理不愉快的情绪	1 2 3 4 5 6 7
	14. 在返乡创业过程中，我能够从逆境中反弹	1 2 3 4 5 6 7
	15. 在返乡创业过程中，我相信自己是强者	1 2 3 4 5 6 7
	16. 我觉得我的企业在未来能够获得预想的成功	1 2 3 4 5 6 7
	17. 如果一些好的事情会发生，它就会发生	1 2 3 4 5 6 7
	18. 我通常预期自己的生活水平将不断提高	1 2 3 4 5 6 7
	19. 在不确定的情况下，我常常预想最好的结果	1 2 3 4 5 6 7
	20. 总的来说，我认为将来发生在我身上的好事会比坏事多	1 2 3 4 5 6 7
	21. 我的创业工作正有序进行并已小有成绩	1 2 3 4 5 6 7
	22. 我的公司业绩令人满意	1 2 3 4 5 6 7
	23. 我从返乡创业活动中能获得成就感	1 2 3 4 5 6 7
	24. 返乡创业让我实现自己的人生价值	1 2 3 4 5 6 7
	25. 我的社会地位有所提高	1 2 3 4 5 6 7

A22. 关于您的创业认知（创业认知即您对自身和创业环境的感知、判断情况）

1= 非常不符合　2= 不符合　3= 有点不符合　4= 不确定　5= 有点符合　6= 符合　7= 非常符合		
创业认知	1. 我可以轻松地进入准备创业的领域	1　2　3　4　5　6　7
	2. 我拥有与返乡创业相关的资源	1　2　3　4　5　6　7
	3. 我拥有相应的技术专利保护	1　2　3　4　5　6　7
	4. 我拥有进行返乡创业的时间和精力	1　2　3　4　5　6　7
	5. 我拥有适合返乡创业的新颖产品或服务	1　2　3　4　5　6　7
	6. 我能很快适应新环境	1　2　3　4　5　6　7
	7. 我做事雷厉风行	1　2　3　4　5　6　7
	8. 我随时准备迎接变化	1　2　3　4　5　6　7
	9. 我是一个敢于冒险的人	1　2　3　4　5　6　7
	10. 我是一个诚实守信的人	1　2　3　4　5　6　7
	11. 我对每一件事情都能够全身心投入	1　2　3　4　5　6　7
	12. 我有良好的创业知识储备	1　2　3　4　5　6　7
	13. 我能够准确地识别潜在的创业机会	1　2　3　4　5　6　7
	14. 我能够准确地判断特定的情境	1　2　3　4　5　6　7
	15. 我能够迅速地判断问题所在	1　2　3　4　5　6　7

A23. 关于您返乡创业过程中的预期后悔情况（预期后悔即不继续做某事的后悔程度）

1= 非常不符合　2= 不符合　3= 有点不符合　4= 不确定　5= 有点符合　6= 符合　7= 非常符合		
预期后悔	1. 如果我在未来 12 个月内不继续从事创业活动，我会感到后悔	1　2　3　4　5　6　7
	2. 如果我在未来 12 个月内不继续从事创业活动，我会感到沮丧	1　2　3　4　5　6　7
	3. 如果我在未来 12 个月内不继续从事创业活动，我会感到焦虑	1　2　3　4　5　6　7

A24. 关于您返乡创业过程中获得社会支持的情况（社会支持即感受到或者实际得到的来自家庭、创业伙伴或朋友、政府或各类机构的支持情况）

1= 非常不符合 2= 不符合 3= 有点不符合 4= 不确定 5= 有点符合 6= 符合 7= 非常符合	
社会支持	1. 父母、亲属在返乡创业过程中给予了我情感上的安慰、鼓励与支持　　1 2 3 4 5 6 7
	2. 我能与自己的家庭谈论我的难题　　1 2 3 4 5 6 7
	3. 在需要时我能够从家庭中获得物质上的帮助和支持　　1 2 3 4 5 6 7
	4. 我能与我的朋友们和业务伙伴分享返乡创业中的快乐与忧伤　　1 2 3 4 5 6 7
	5. 在发生困难时我可以依靠我的朋友们或者业务伙伴　　1 2 3 4 5 6 7
	6. 业务伙伴在创业过程中给予了我有用的信息、知识和物质支持　　1 2 3 4 5 6 7
	7. 当地的领导关心我返乡创业的情况　　1 2 3 4 5 6 7
	8. 我能获得当地政府的创业政策支持　　1 2 3 4 5 6 7
	9. 当地政府和机构能够提供创业及农业方面的相关培训、支持　　1 2 3 4 5 6 7

A25. 关于您返乡创业过程的创业坚持行为（创业坚持行为即坚定创业目标，即使遇到困难和挫折依然坚持先前创业活动的行为）

1= 非常不符合 2= 不符合 3= 有点不符合 4= 不确定 5= 有点符合 6= 符合 7= 非常符合	
创业坚持行为	1. 在返乡创业过程，当别人都放弃的时候我会仍然坚持　　1 2 3 4 5 6 7
	2. 当其他人已经退出返乡创业活动时，我会反复思考是否继续坚持　　1 2 3 4 5 6 7
	3. 无论返乡创业多么具有挑战性，我都不会放弃　　1 2 3 4 5 6 7
	4. 我愿意花费了数年时间完成一个创业项目　　1 2 3 4 5 6 7
	5. 当别人劝我放弃时，我仍要继续克服困难完成工作　　1 2 3 4 5 6 7

本问卷到此结束，请您检查一下有没有漏填
………再次谢谢您完成此问卷!祝您一切顺利，宏图大展!………

附录B

附录B-1　创业人力资本对创业坚持行为影响的访谈提纲

访谈对象：返乡创业农民工 15 名

访谈目的：深入探索创业人力资本对返乡创业农民工创业坚持行为的影响，获得返乡创业农民工在创业人力资本、创业能力、家庭支持和创业坚持行为方面的相关情况，验证理论模型的合理性，为变量测量和问卷设计提供依据。

请您结合自身情况谈谈对返乡创业的看法，对您的相关信息我们会保密处理。感谢您的支持和配合！

一、返乡农民工创业者的基本资料

1. 年龄、学历、工作经历、创业经历；
2. 返乡创业动机、返乡创业行业、返乡创业年限等。

二、以下是本次访谈的基本构架，可以根据自己的情况和感受谈谈您的看法

1. 在您返乡创业过程中有过放弃的想法吗？如果有，是什么事情，能具体描述一下吗？
2. 您认为过去的受教育情况（学历）、所掌握的知识，以及返乡前后的相关工作经验、行业经验等，对您此次返乡创业重要吗？哪些知识、技能或者经验您觉得非常重要？
3. 您认为要持续经营现有业务，需要提升知识和技能吗？哪些能力需要提升？

4. 为了更好地进行返乡创业，您认为您有做好准备吗？继续坚持下去的动力是什么？继续坚持下去需要哪些能力？

5. 在返乡创业的过程中，您认为自己有哪些优势和不足，面临哪些主要的困难？

6. 在您持续到现在的返乡创业活动中是否获得过家人在情感上、物质上，或者信息上的支持？

附录B-2　创业人力资本对创业坚持行为影响的调查问卷

问卷编号　　　　　　　　　　　　　　　填表日期

致受访者：

您好！谢谢您参与本次关于返乡创业的调研，本问卷旨在通过搜集您返乡创业人力资本及创业坚持情况，为持续助力乡村振兴提出有针对性的政策建议。您的回答只用于学术研究，并将完全保密，我们由衷感谢您的帮助，并祝事业顺利，宏图大展！（您在作答过程中，纸质版问卷只需在题项对应的选项上画"√"即可，电子版问卷则直接点题项对应选项即可。）

本部分仅用于分类汇总、核对资料时所需，绝不对外公开。
1. 姓　名：_____
2. 企业或返乡创业项目名称：_____
如果您对研究结论感兴趣，请留下您的联系方式：_____
3. 联系电话（或微信）：_____
4. 通信地址：_____；邮编：_____

第一部分　您的基本资料

A1. 您的性别为

（1）男　　（2）女

A2. 您的年龄为

（1）25 岁及以下　　（2）26~35 岁　　（3）36~45 岁

（4）46~55 岁　　（5）56 岁及以上

A3. 您的最高受教育程度为

（1）没上过学　　（2）小学　　（3）中学/中职　　（4）高中/高职

（5）大学（包括大专）及以上

A4. 在这次创业之前，您共有（　　）年工作经验

（1）1 年及以下　　（2）2~4 年　　（3）5~7 年　　（4）8~10 年

（5）11 年及以上

A5. 您的返乡创业年限为

（1）不到 1 年　　（2）1~2 年　　（3）3~5 年　　（4）6~8 年

（5）9 年以上

第二部分　关于您在返乡创业过程中的人力资本、创业能力、行为情况

（请根据您对创业过程及当前结果的实际感知，对以下项目做出回答。选择的数字越大，表明该描述与您实际情况吻合程度越高。纸质版问卷请在对应的数字上画"√"，电子版直接点对应的数字即可）

A6. 关于您的创业人力资本（创业人力资本泛指返乡农民工创业者拥有的知识、技能和经验的总和）

1= 非常不符合　2= 不符合　3= 有点不符合　4= 不确定　5= 有点符合　6= 符合　7= 非常符合		
创业人力资本	1. 我接受过创业方面的培训	1　2　3　4　5
	2. 我有丰富的创业知识	1　2　3　4　5
	3. 我有丰富的"三农"领域知识	1　2　3　4　5
	4. 我有较强的沟通技能	1　2　3　4　5
	5. 我有一定互联网运用技能	1　2　3　4　5
	6. 我在创业项目领域有较强的技术技能	1　2　3　4　5
	7. 我有丰富的管理经验	1　2　3　4　5
	8. 我有丰富的创业经验	1　2　3　4　5
	9. 我有丰富的打工经验	1　2　3　4　5

A7. 关于您的创业能力（创业能力是返乡农民工创业者识别与开发市场机会、运营管理创业企业所必备的知识、技能和态度的集合）

1= 非常不符合　2= 不符合　3= 有点不符合　4= 不确定　5= 有点符合　6= 符合　7= 非常符合		
创业能力	1. 我能准确感知消费者未被满足的要求	1　2　3　4　5
	2. 我善于开发新产品或服务	1　2　3　4　5
	3. 我善于发现新市场	1　2　3　4　5
	4. 我能合理配置创业项目现有资源	1　2　3　4　5
	5. 我能根据创业过程的内外部情况及时调整经营目标和经营思路	1　2　3　4　5
	6. 我能与创业项目内对社会关系网络成员建立良好的关系	1　2　3　4　5

A8. 关于您在返乡创业过程中获得家庭支持的情况（家庭支持即感受到或者实际得到来自家庭、的情感、物质、信息等支持的情况）

1= 非常不符合　2= 不符合　3= 有点不符合　4= 不确定　5= 有点符合　6= 符合　7= 非常符合

家庭支持	1. 父母、亲属在返乡创业过程中给予了我情感上的安慰、鼓励与支持	1　2　3　4　5
	2. 我能与自己的家庭谈论我的难题	1　2　3　4　5
	3. 在需要时我能够从家庭中获得物质上的帮助和支持	1　2　3　4　5
	4. 我的家庭能心甘情愿地协助我做出各种决定	1　2　3　4　5

A9. 关于您返乡创业过程的创业坚持行为（创业坚持行为即坚定创业目标，即使遇到困难和挫折依然坚持先前创业活动的行为）

1= 非常不符合　2= 不符合　3= 有点不符合　4= 不确定　5= 有点符合　6= 符合　7= 非常符合

创业坚持行为	1. 在返乡创业过程，当别人都放弃的时候我会仍然坚持	1　2　3　4　5
	2. 当其他人已经退出返乡创业活动，我会反复思考是否继续坚持	1　2　3　4　5
	3. 无论返乡创业多么具有挑战性，我都不会放弃	1　2　3　4　5
	4. 我愿意花费了数年时间完成一个创业项目	1　2　3　4　5
	5. 当别人劝我放弃时，我仍要继续克服困难完成工作	1　2　3　4　5

本问卷到此结束，请您检查一下有没有漏填

………再次谢谢您完成此问卷!祝您一切顺利，宏图大展!………

附录C

附录C-1　创业社会资本对创业坚持行为影响的访谈提纲

访谈对象：返乡创业农民工15名

访谈目的：深入探索创业社会资本对返乡创业农民工创业坚持行为的影响，获得返乡创业农民工在创业社会资本、社会支持、创业认同和创业坚持行为方面的相关情况，验证理论模型的合理性，为变量测量和问卷设计提供依据。

请您结合自身情况谈谈对返乡创业的看法，对您的相关信息我们会保密处理。感谢您的支持和配合！

一、返乡农民工创业者的基本资料

1. 年龄、学历、工作经历、创业经历；
2. 返乡创业动机、返乡创业行业、返乡创业年限等。

二、以下是本次访谈的基本构架，可以根据自己的经验和感受谈谈您的看法

1. 在您返乡创业过程中有过放弃的想法吗？如果有，是什么事情，能具体描述一下吗？

2. 在您创业或企业运营过程中的社会网络中，哪些人对您创业的顺利开展或对您个人创业过程中的成长有重要的影响？您从他们身上得到了什么（提供了对您创业及企业运营有帮助的信息、知识、技能，或者心理与精神支持等）？

3. 在您持续到现在的返乡创业活动中是否获得过家人、伙伴（朋友）、机构在情感上、物质上，或者信息上的支持？

4. 返乡创业后，作为一名返乡创业者您对现在的状况认可吗？有没有获得一定的归属感或者成就感？

5. 在返乡创业的过程中，您认为自己有哪些优势和不足？面临哪些主要困难？

附录C-2　创业社会资本对创业坚持行为影响的调查问卷

问卷编号　　　　　　　　　　　　　　　填表日期

致受访者：

您好！谢谢您参与本次关于返乡创业的调研，旨在通过搜集您返乡创业社会资本及创业坚持行为的情况，为持续助力乡村振兴提出有针对性的政策建议。您的回答只用于学术研究，并将完全保密，我们由衷感谢您的帮助，并祝事业顺利，宏图大展！（您在作答过程中，纸质版问卷只需在题项对应的选项上画"√"即可，电子版问卷则直接点题项对应选项即可。）

本部分仅用于分类汇总、核对资料时所需，绝不对外公开。

1. 姓名：_____
2. 企业或返乡创业项目名称：_____
   如果您对研究结论感兴趣，请留下您的联系方式：_____
3. 联系电话（或微信）：_____
4. 通信地址：_____；邮编：_____

第一部分　您的基本资料

A1. 您的性别为

（1）男　　（2）女

A2. 您的年龄为

（1）25岁及以下　　（2）26~35岁　　（3）36~45岁

（4）46~55岁　　（5）56岁及以上

A3. 您的最高受教育程度为

（1）没上过学　　（2）小学　　（3）中学/中职　　（4）高中/高职

（5）大学（包括大专）及以上

A4. 在这次创业之前，您共有（　）年工作经验

（1）1年及以下　　（2）2~4年　　（3）5~7年　　（4）8~10年

（5）11年及以上

A5. 您返乡创业时间为

（1）不到1年　　（2）1~2年　　（3）3~5年　　（4）6~8年

（5）9年以上

第二部分　关于您在返乡创业过程中的社会资本、社会支持、创业认同及创业坚持行为情况

（请根据您对创业过程及当前结果的实际感知，对以下项目做出回答。选择的数字越大，表明该描述与您实际情况吻合程度越高。纸质版问卷请在对应的数字上画"√"，电子版直接点对应的数字即可）

A6. 关于您的创业社会资本（社会资本是创业者所拥有的社会网络及其带来的社会资源的总和）

1= 非常不符合　2= 不符合　3= 有点不符合　4= 不确定　5= 有点符合　6= 符合　7= 非常符合		
创业社会资本	1. 我在返乡创业过程中可以与亲朋好友保持密切的合作关系	1　2　3　4　5　6　7
	2. 我在返乡创业过程中经常与亲朋好友共享知识	1　2　3　4　5　6　7
	3. 我在返乡创业过程中与亲朋好友的关系是值得信赖的	1　2　3　4　5　6　7
	4. 亲朋好友在我返乡创业过程中提供的信息是可靠的	1　2　3　4　5　6　7
	5. 我能与返乡创业过程中建立的纵向关系（供应商、客户等）、横向关系（同行、竞争对手等）、资源关系（政府及其他机构等）进行良好的沟通	1　2　3　4　5　6　7
	6. 我能与返乡创业过程中建立的纵向关系（供应商、客户等）、横向关系（同行、竞争对手等）、资源关系（政府及其他机构等）共同合作解决问题	1　2　3　4　5　6　7
	7. 我能在与返乡创业过程中建立的纵向关系（供应商、客户等）、横向关系（同行、竞争对手等）资源关系（政府及其他机构等）合作时考虑共同利益	1　2　3　4　5　6　7
	8. 我能在与返乡创业过程中建立的纵向关系（供应商、客户等）、横向关系（同行、竞争对手等）、资源关系（政府及其他机构等）合作时保持信任	1　2　3　4　5　6　7
	9. 我有丰富的打工经验	1　2　3　4　5　6　7

A7. 关于您的创业认同情况（创业认知即您对自身和创业环境的感知、判断情况）

1= 非常不符合　2= 不符合　3= 有点不符合　4= 不确定　5= 有点符合　6= 符合　7= 非常符合		
创业认同	1. 我认为创业者这个身份符合我的自我认知	1　2　3　4　5　6　7
	2. 作为创业者参与相关创业活动对我来说完全不陌生	1　2　3　4　5　6　7
	3. 作为创业者参与相关创业活动符合我对自身和未来工作的形象认知	1　2　3　4　5　6　7

A8. 关于您返乡创业过程中获得社会支持的情况（社会支持即感受到或者实际得到来自家庭、创业伙伴或朋友、政府或各类机构的支持情况）

1=非常不符合　2=不符合　3=有点不符合　4=不确定　5=有点符合　6=符合　7=非常符合	
社会支持	1. 父母、亲属在返乡创业过程中给予了我情感上的安慰、鼓励与支持　　1　2　3　4　5　6　7
	2. 我能与自己的家庭谈论我的难题　　1　2　3　4　5　6　7
	3. 在需要时我能够从家庭中获得物质上的帮助和支持　　1　2　3　4　5　6　7
	4. 我能与我的朋友们和业务伙伴分享返乡创业中的快乐与忧伤　　1　2　3　4　5　6　7
	5. 在发生困难时我可以依靠我的朋友们或者业务伙伴　　1　2　3　4　5　6　7
	6. 业务伙伴在创业过程中给予了我有用的信息和知识、物质支持　　1　2　3　4　5　6　7
	7. 当地的领导关心我返乡创业过程中的情况　　1　2　3　4　5　6　7
	8. 我能获得当地政府的创业政策支持　　1　2　3　4　5　6　7
	9. 当地政府和机构能够提供创业及农业方面的相关培训、支持　　1　2　3　4　5　6　7

A9. 关于您返乡创业过程的创业坚持行为（创业坚持行为即坚定创业目标，即使遇到困难和挫折依然坚持先前创业活动的行为）

1=非常不符合　2=不符合　3=有点不符合　4=不确定　5=有点符合　6=符合　7=非常符合	
创业坚持行为	1. 在返乡创业过程，当别人都放弃的时候我会仍然坚持　　1　2　3　4　5　6　7
	2. 当其他人已经退出返乡创业活动，我会反复思考是否继续坚持　　1　2　3　4　5　6　7
	3. 无论返乡创业多么具有挑战性，我都不会放弃　　1　2　3　4　5　6　7
	4. 我愿意花费了数年时间完成一个创业项目　　1　2　3　4　5　6　7
	5. 当别人劝我放弃时，我仍要继续克服困难完成工作　　1　2　3　4　5　6　7

本问卷到此结束，请您检查一下有没有漏填

………再次谢谢您完成此问卷!祝您一切顺利，宏图大展!………

后 记

近年来,随着经济的发展和城市化进程的加速,城市就业市场竞争加剧。加之乡村振兴战略的实施,国家推出了一系列扶持"三农"的政策,越来越多的农民工发现了农村发展的机会,选择返回家乡创业。目前,农民工返乡创业呈现出年轻化、科技化、服务化和政策扶持化的趋势。农民工返乡创业对促进农村经济发展、缓解城市就业压力、保持农村劳动力稳定、促进农村文化建设和增加农民收入具有重要意义。但是返乡创业并非易事,如何充分利用与提升返乡创业农民工的三维创业资本,以促进其创业坚持行为进而获得创业成功是值得探究的问题。

笔者从小生活在农村,深知作为农民工的父母回乡发展种植业遇到的诸多问题,也感受到了社会资本、人力资本、心理资本在他们创业过程中发挥的重要作用。因此,笔者在工作后开始筹划报考福建农林大学涉农企业管理专业博士时,已将返乡创业农民工作为博士期间的研究对象,并将促进其创业坚持行为作为研究目的。由于笔者研究精力有限,只关注了返乡创业农民工的创业心理资本这一内驱力,随着研究的深入发现,创业坚持行为不仅与创业心理资本有关,还要综合考虑创业过程中的社会资本、人力资本等情况。近年来,笔者始终关注着返乡农民工创业者创业心理资本、创业人力资本和创业社会资本的情况及其对创业坚持行为的影响,加之先前对创业者的创业能力有较为深入研究,使得本书对三维创业资本的研究思路更加清晰。

为了保证研究内容理论性与实证性的统一,一方面笔者通过社交软件、电话、短信等渠道对返乡农民工创业者进行访谈。另一方面,笔者及所在研究团队深入福建省、江西省部分县域进行考察、调研、发放问卷,走访当地政府相关部门以了解各农民工返乡回流情况,收集农民工返乡创业资料,深入返乡创业农民工创办的企业,进行细致的个案访谈,掌握了大量的一手资料和二手资料。

在调研期间笔者发现,许多乡镇、乡村有了前所未有的变化。其中,农民工返乡创业功不可没。农民工返乡创业对推动当地经济发展、促进农村地区产业升级和转型、改善当地居民生活条件等方面都具有非常积极的影响。农民工创业的成功与他们的创业资本和创业坚持密不可分。不少返乡创业农民工能够有效地利用自身的资源优势,尽可能地弥补不足,充分利用已有经验、新技术和新方法,为发展自己创办的小企业、民宿、农家乐等新兴服务业。

在此,我衷心感谢为调研工作给予巨大支持和帮助的地方政府及相关部门,感谢给予我宝贵资料的返乡农民工创业者,感谢在调研过程中为我提供便利和支持的亲朋好友。同时,我要特别感谢我的博士生导师福建农林大学经济管理学院李中斌教授,以及福建农林大学相关研究中心和福建商学院相关研究中心的老师给予我的大力支持和真诚帮助。最后,我要感谢我的家人,能够理解我在工作和学习期间的忙碌,并且给予支持和鼓励。

编　者